Beck'sche Schwarze Reihe
Band 134

HEINZ LUDWIG ARNOLD

Gespräche mit Schriftstellern

Max Frisch, Günter Grass, Wolfgang Koeppen, Max von der Grün, Günter Wallraff

VERLAG C. H. BECK MÜNCHEN

CIP-Kurztitelaufnahme der Deutschen Bibliothek

Gespräche mit Schriftstellern: Max Frisch, Günter Grass, Wolfgang Koeppen, Max von der Grün, Günter Wallraff / Heinz Ludwig Arnold.
(Beck'sche schwarze Reihe; Bd. 134)
ISBN 3 406 04934 6

NE: Arnold, Heinz Ludwig [Hrsg.]

ISBN 3 406 04934 6

Einbandentwurf von Rudolf Huber-Wilkoff, München

Satz: Georg Appl, Wemding – Druck: aprinta, Wemding
Printed in Germany

Inhalt

Vorbemerkung

Die hier vorliegenden Gespräche mit Max Frisch, Günter Grass, Wolfgang Koeppen, Max von der Grün und Günter Wallraff habe ich im Verlaufe eines guten Jahres geführt. Der Versuch, Schriftsteller im Gespräch zu porträtieren, sie also nicht nur nach aktuellen Ereignissen, sondern ausführlich nach Herkunft, Werk, Gedankenwelt und Entwicklung zu befragen, gelang erstmals 1971 in einem Gespräch mit Heinrich Böll – und reizte dann zur Fortsetzung. Andere Gesprächspartner außer den eben genannten waren seither Martin Walser, Hans Magnus Enzensberger, Franz Josef Degenhardt und zuletzt Friedrich Dürrenmatt*. Ihrer aller Bereitschaft, sich oft über einige Tage hinweg meiner Neugier auszusetzen, machte nicht nur das gemeinsame Sprechen aufs Tonband, sondern die Begegnungen insgesamt interessant und lehrreich für mich.
Die hier im Gespräch porträtierten Schriftsteller repräsentieren in ihrer Individualität verschiedene Richtungen der deutschsprachigen Gegenwartsliteratur. Gleichwohl wird man hin und wieder in diesen Gesprächen ähnliche Fragen gestellt finden – keine automatischen Stereotypen, sondern beabsichtigte gleichlautende Fragen, gedacht als Querverweise in einer alle Gespräche verbindenden Themen- und Fragestruktur: Fragen nach dem in den Fünfziger und Sechziger Jahren vielbeschworenen literarischen Engagement; nach der Veränderung dieses Engagements durch die politische Entwicklung der späten Sechziger Jahre; nach der Wechselwirkung von Politik und Literatur; nach dem literarischen und politischen Selbstverständnis

* Das Gespräch mit Heinrich Böll erschien als Einzelpublikation: „Im Gespräch: Heinrich Böll mit Heinz Ludwig Arnold", München (Edition Text + Kritik) 1971; das Degenhardt-Gespräch wurde gedruckt in: „Väterchen Franz. Franz Josef Degenhardt und seine politischen Lieder", Reinbek (Rowohlt, rororo Nr. 1797) 1975, S. 18–37; das Gespräch mit Friedrich Dürrenmatt erscheint ebenfalls als Einzelpublikation im Arche-Verlag, Zürich.

der Schriftsteller; nach politischen Einflüssen; nach Erfahrungen mit der Gruppe 47; dann natürlich die gemeinsamen Fragen nach den Milieus der Herkunft, nach ersten Schreibmotivationen, nach ersten und möglicherweise nachwirkenden, zumindest eindrucksvollen Lektüren; usw. Im Zusammenhang gelesen ergeben sich so Gemeinsamkeiten in Selbstverständnis und Urteil von Schriftstellern, deren öffentliches Erscheinungsbild zum Teil immerhin so gegensätzlich ist wie das der hier im Gespräch Porträtierten.
Wolfgang Koeppen hat die Niederschrift meines Gespräches mit ihm gründlich bearbeitet. Alle anderen Autoren haben die Tonbandabschriften, die nur geringfügige Glättungen an wenigen offensichtlich fehlgebauten Sätzen notwendig machten, ohne verändernde Eingriffe autorisiert. So konnte der lebendige Gesprächsfluß, konnte der Charakter von Gespräch und gesprochenem Wort für die Druckfassung erhalten bleiben. Der Reiz spontan gesprochener Sätze erwies sich als stärker denn die Angst vor einer vielleicht unscharfen Formulierung, vor einem nicht ausdiskutierten Thema. Denn die spontane Rede im Wechsel von Frage und Antwort schafft ein unverstellteres Bild vom Gesprächspartner als eine schriftliche Äußerung – gerade beim Schriftsteller. So daß diese Gespräche Porträts geworden sind nicht nur durch das, *was* die Schriftsteller auf meine Fragen antworteten, sondern vor allem auch dadurch, *wie* sie es sagten, *wie* sie reagierten und argumentierten.
Mit Max Frisch sprach ich an verschiedenen Tagen zwischen dem 24. und 27. November 1974 in Zürich; mit Günter Grass am 10. September 1974 in Berlin; mit Wolfgang Koeppen am 24. Januar 1974 in München; mit Max von der Grün am 17. August 1974 in Göttingen und mit Günter Wallraff am 18. März 1975 in Köln. Ihnen allen sage ich hier noch einmal herzlichen Dank für die Geduld und die Mühe, die sie mit mir als Fragepartner und dann auch noch mit der Durchsicht und Bearbeitung der vorliegenden Druckfassungen hatten.
Schließlich danke ich auch der Hannoveraner Kultur-Redaktion des Norddeutschen Rundfunks, mit der zusammen die Idee zu allen hier erwähnten Porträtgesprächen verwirklicht werden konnte.

Göttingen, im April 1975 Heinz Ludwig Arnold

Gespräch mit Max Frisch

Arnold: Herr Frisch, mich interessieren Ihre Jugend, Ihr Elternhaus, Ihre frühen Lektüren, literarische Anregungen – die geistige und soziale Welt, aus der Sie kommen.

Frisch: Mein Vater ist Architekt gewesen, ein Selfmademan, kein studierter Architekt, und um noch genauer zu sein: Während des ersten Weltkrieges hatte er keine Arbeit, das heißt, daß wir sehr armselig gelebt haben; er ist dann Grundstücksmakler geworden. Vom Vaterhaus habe ich wenig Anregungen bekommen. Es war der Ehrgeiz des Vaters, beide Söhne studieren zu lassen. Der ältere Bruder hat Chemie studiert; ich durfte wählen und habe mich für das Studium der Germanistik entschieden. Die ersten geistigen Einflüsse kommen aus der Gymnasialzeit durch die Lektüre und durch frühe Theaterbesuche. Ich bin nie ein starker Leser gewesen, auch in der Jugend nicht. Sehr wichtig als erste große Lektüre war der „Don Quixote".

A.: In welchem Alter?

F.: Ich war sechzehn, siebzehn, so daß ich es noch richtig als Schelmengeschichte habe lesen können. Später ziemlich durcheinander die Schullektüre mit Kleist, Mörike, wechselnde Lieblinge. Und sehr spät eigentlich Gottfried Keller; den „Grünen Heinrich" habe ich zum Glück erst gelesen, als er mich direkt anging, als ich überzeugt war, daß mein Leben gescheitert sei, mit fünfundzwanzig, sechsundzwanzig Jahren. Das war das große väterliche Buch, das auch einen entscheidenden Einfluß auf die eigene Produktion gehabt hat. Das Milieu, kurz gesagt, ist kleinbürgerlich gewesen. Ich bin durch die Schule in andere Kreise hineingekommen, hauptsächlich durch einen Freund, Sohn aus reichem, gebildetem Haus, der dann auch mein Mäzen geworden ist für mein zweites Studium.

A.: Gab es damals auch schon Schreibversuche?

F.: Ich habe sehr früh angefangen zu schreiben, als Sechzehnjähriger: Theaterstücke. Nach den ersten Besuchen im Theater, die mir einen ungeheuren Eindruck gemacht haben – ich habe nicht verstehen können, daß ein Mensch, der mehr Taschengeld hat als ich, nicht jeden Abend im Theater ist – fing ich mit dem Schreiben von Theaterstücken an, habe die auch sofort an die großen Bühnen geschickt, also an Reinhardt usw., und habe so bis zur Maturität drei, vier Stücke geschrieben, die nicht mehr existieren. Ich bin zur Literatur ganz eindeutig nicht vom Roman oder vom Gedicht her gekommen – Gedichte habe ich versucht, das war gar nichts –, sondern durchs Theater.

A.: Was bedeutete die Schule für Sie? War sie eher ein bedrängendes Element oder war sie ein Stück Freiheit, in dem Sie sich ausleben konnten?

F.: Ich glaube, es war mir schon bewußt, daß ich dadurch, daß ich in die Schule gehen kann, privilegiert bin und nicht Lehrling sein muß. Ich war kein glänzender Schüler, auch kein schlechter, und habe mich, ich will nicht sagen: durchgeschwindelt, aber es ging grad so mit einigen Angstfächern und mit anderen, die mir sehr gut gefallen haben. Ich habe keine intensive Erinnerung an diese Mittelschulzeit, also auch nicht die, daß es ein Schrecken war. Es ging halt grad so.

A.: Und Deutsch? Was war das für ein Fach in diesem Zusammenhang?

F.: Deutsch hat mich am meisten interessiert. Und alles, was mit Zeichnen zu tun hatte, Stereometrie, Geometrie.

A.: Aber mathematisches Zeichnen, kein künstlerisches Zeichnen?

F.: Nein, mathematisches Zeichnen. Künstlerisches Zeichnen auch, später habe ich das sogar etwas entwickelt, aber das blieb in einem argen Dilettantismus, so daß ich es dann ganz aufgegeben habe.

A.: Sie haben nach der Schule mit dem Studium der Germanistik angefangen. War das von der Schule oder vom Theater bestimmt?

F.: Dem Theater galt mein Hauptinteresse, also ging ich diesen dummen Weg: Ich wollte in die Literatur hinein – und das über die germanistische Fakultät. Ich habe aber bald gesehen, daß ich dort nichts lerne fürs Handwerk, und bin ziemlich herumgeirrt in dieser Hochschule, habe auch schon Fächer vermieden, die für mich als künftigen Schriftsteller nicht nützlich sein würden, und habe andere besucht: Ich habe forensische Psychologie belegt statt Linguistik usw.

A.: Sie wollten damals schon Schriftsteller werden?

F.: Ich wollte das unbedingt; das war ganz eindeutig bis zum Alter von einundzwanzig, zweiundzwanzig Jahren. Dann starb mein Vater und hinterließ Schulden, es war kein Geld da, ich bekam ein Stipendium von 800 Franken im Jahr – es war auch damals nicht möglich, lange davon zu leben –; ich mußte also mit zweiundzwanzig Jahren anfangen, meinen Lebensunterhalt zu verdienen. Da lag – das sind alles diese Fehler, die man macht – am nächsten bei der Literatur der Journalismus. Wobei der Fehler darin bestand, daß ich den Journalismus nicht als Journalismus betrieben habe, sondern als schlechtere Literatur, was ja nicht Journalismus ist.

A.: Journalismus also weniger mit der Absicht, eine Sache zu vermitteln als sich selbst auszudrücken, sich literarisch zu artikulieren?

F.: Genau. Feuilletonismus war das: Reisebeschreibungen, Landschaftsbeschreibungen usw. Eine recht gefällige, zum Teil sogar virtuose Schreibart.

A.: Aber eben auch die Möglichkeit, zum Stipendium etwas dazuzuverdienen.

F.: Ja. Ich mußte das, ich konnte nicht anders leben. Die 800 Franken reichten nicht aus, Geld war nicht da, also mußte ich das machen. Aber das wurde mir ziemlich bald verleidet. Als ich fünfundzwanzig war, wurde mir auch ein Redaktionsposten angeboten; nun, ich habe instinktiv entschieden: nein. Ich hatte damals auch schon zwei kleine Bücher publiziert, das erste mit zweiundzwanzig, und dann noch eines, ein sehr schlechtes, das hieß „Antwort aus der Stille“, eine sehr epigonale Geschichte. Ich kam dann zu der Einsicht, daß es mit meiner Literatur nichts ist, und habe sie radikal aufgegeben.

A.: Wie kamen Sie zu dieser Einsicht: aus sich selbst heraus – oder durch Kritik?

F.: Durch mich selbst. Ich bin sogar sehr verwöhnt worden: Die Bücher wurden sofort gedruckt und publiziert – in der Deutschen Verlagsanstalt –, sie hatten eine freundliche gute Presse. Ich merkte aber, daß das nicht hält – nicht vom Ökonomischen her, sondern ich spürte, daß das nicht meine Sache ist. Das eben war, was ich vorhin erwähnt habe, das Gefühl, gescheitert zu sein. Dann hatte ich das Glück, einen Freund zu haben, der sehr reich war und mir als Mäzen geholfen hat, ein zweites Studium anzufangen: die Architektur. Das war gleichzeitig für mich die Entscheidung: weg von der Literatur, weg von dem, was drohte, nämlich ein Bohémienleben. Ich habe mich dann ganz entschieden bekannt zu einer bürgerlichen Existenz, habe dann auch sehr bürgerlich geheiratet. Ich war also ein bewußter Bürger, einer, der Bürger sein will, und ich habe meinen Preis dafür gezahlt und meine Erfahrung damit gemacht. Im Rückblick bereue ich es nicht, weil ich wirklich einmal versucht habe, diese Rolle zu spielen und sie dadurch auch etwas mehr durchschaut habe, als wenn ich sie immer nur von außen gesehen hätte.

A.: Das kehrt in Ihrer ganzen Romanwelt wieder. – Ich möchte noch ein bißchen bei der früheren Zeit bleiben. Sie hatten diese frühe Neigung zum Theater und haben während der Schulzeit vier Stücke geschrieben, ohne daß eines aufgeführt worden wäre. Haben Sie während des Studiums der Germanistik keine Stücke mehr geschrieben?

F.: Während des Germanistikstudiums habe ich keine Stücke mehr geschrieben.

A.: War die Enttäuschung, daß die ersten Stücke nicht von einer Bühne angenommen wurden, zu groß?

F.: Die Enttäuschung war zu groß. Ich fand, es sei schon zu spät: Schiller hat immerhin schon mit 18 Jahren seine „Räuber" abgeliefert, und ich war schon 21, da war nichts mehr drin für mich, nicht wahr? Das war also diese Resignation – und ich habe dann eben mit der Kleinarbeit angefangen, mit Zeitungsarbeiten usw.

A.: Ich habe diese ‚Theorie' einmal in einer Lyrikkritik erwähnt gefunden, über einen Lyriker, der erst sehr spät angefangen hat, mittelmäßige Gedichte zu schreiben: daß das lyrische Alter ein sehr frühes sei – Hofmannsthal habe schon mit siebzehn bedeutende Gedichte geschrieben –, daß das epische Alter ein spätes sei und daß das dramatische Alter eigentlich nicht auf eine Altersstufe zu beschränken ist, Theater also immer geschrieben werden könne, ohne daß etwas über eine prinzipielle Zulänglichkeit gesagt werden könne. Wie gesagt, eine ‚Theorie', die sich ein bißchen empirisch gibt.

F.: Bei dieser Einteilung würde mich am meisten überzeugen, daß das Epische einer späteren Zeit zugehört, weil es einfach eine Fülle von Erfahrung oder Weltkenntnis erfordert.

A.: Gerade Sie aber können nicht sagen, daß Ihre damalige Einschätzung Ihrer und Schillers Alterssituation richtig gewesen sei – denn Sie sind ja immerhin einer der erfolgreichsten deutschsprachigen Theaterautoren des 20. Jahrhunderts.

F.: Das ist erst sehr spät gekommen. Ich habe den Umweg über Romane gemacht, über Erzählungen, und bin erst sehr viel später vom Schauspielhaus Zürich direkt und persönlich ermuntert worden, es mit dem Theater zu versuchen; die wußten nichts von meinen frühen Versuchen. Das gab mir dann den Ansporn und den Mut, es mit dieser begrabenen Hoffnung noch einmal zu versuchen; und es wurde schließlich auch alles sofort aufgeführt.

A.: Haben Sie früher auch selbst Theater gespielt?

F.: Ich habe nie gespielt. Ich hätte immer sehr gerne gespielt, aber ich traute mich nicht.

A.: Sie haben zwar Germanistik studiert, um mit der Literatur in Verbindung zu bleiben, spürten aber bald, daß dieses Studium für die Ausbildung des Schriftstellerberufs nichts bringt, keine handwerklichen Erkenntnisse usw. Nun haben Sie im Tagebuch einmal notiert: „Die reine Philosophie, mit wirklicher Inbrunst befragt, offenbarte mir nur den eigenen Mangel an Denkkraft." Vielleicht ist das auch etwas kokett ausgedrückt – ist es aber auch mehr, vielleicht eine Absage an das Theoretische überhaupt?

F.: Ich bin heute der Meinung, daß das Theoretische nie meine Stärke gewesen ist. Ich hab's natürlich auch versucht, aber ich denke anderen Menschen dann doch sehr nach, also ich glaube nicht, daß ich eigentliche genuine theoretische Einfälle gehabt habe. Das hat sicher damit zu tun, daß mir die Germanistik als mein Feld nicht gefiel. Und auch etwas anderes: Dadurch, daß ich schreiben wollte, war ich ein schlechter Leser; in dem Sinne bin ich's auch immer geblieben; ich lese im Hinblick auf meine Arbeit, also Dinge, die mich anregen, die mich herausfordern. Es kommt auch heute noch vor – und ist alle Zeit so gewesen –, daß ich Bücher, die ich bewundere, nicht zu Ende lese, weil sie mich stören, weil ich Angst habe – vor allem als junger Mensch hatte ich diese Angst zu Recht –, daß sie mich zu stark beeinflussen, daß es mich ein oder zwei Jahre, eine längere Zeit jedenfalls kostet, bis ich wieder frei werde davon; oder daß ich Bücher, die sehr gut sind, die bewundernswert sind, nicht lesen kann, weil sie eine Position einnehmen, die ich für mich gerade überwunden habe und zu der ich nicht zurückgehen darf. Es ist also ein egoistisches Auswahlprinzip, wenn ich lese. Das eignet sich natürlich nicht für eine kritische Arbeit; denn als Kritiker oder als Verlagslektor oder als Redaktor oder als Theaterleiter muß ich doch diese Neutralität haben, daß ich ganz verschiedene Richtungen akzeptieren kann. Das konnte ich nicht.

A.: Haben Sie das damals denn selbst gespürt, daß diese beiden – wie Sie sie selbst bezeichnen – epigonalen Bücher, die Sie publiziert haben zu Anfang der Dreißiger Jahre, beeinflußt waren von ganz bestimmten Lektüren, von ganz bestimmten Schreibweisen?

F.: Eigentlich doch nicht, nein, eigentlich doch nicht. Sie waren mir nur zu dünn, das Schreiben fiel mir sehr leicht, und das hat mich geängstet. Dann, als ich mit der Architektur anfing, zuerst mit einem vierjährigen Studium, habe ich mit Lesen ziemlich gestoppt – das ist, wie wenn man ein Land oder eine Person verläßt: dann möglichst keinen Kontakt, damit es keine Rückfälligkeit gibt. Ich habe in meinem Lebensablauf etwa zehn Jahre von Nichtlektüre; die fehlen mir.

A.: Was fehlt Ihnen daran?

F.: Kenntnisse, die ich später versucht habe nachzuholen, was ich aber nicht ganz geschafft habe.

A.: Inhaltliche – oder auch stilistische Kenntnisse?

F.: Inhaltliche. Die Kenntnis der Weltliteratur.

A.: Was am Theater war für Sie eigentlich so faszinierend?

F.: Das kann man mit einem Satz sagen: Das Theater ist etwas Erotisches im weiteren Sinn des Wortes; es ist die Körperhaftigkeit, die Sinnlichkeit von Körper und Stimme. Von heut aus gesehen denke ich, daß es in beiden Feldern, in der Architektur wie beim Theater, das gleiche war: dieser Drang zur Verdinglichung, zur Verkörperlichung, zur Versinnlichung. Man könnte auch sagen, daß das in den erzählenden Texten vor allem der letzten Zeit wieder zum Vorschein kommt: der Drang zum Konkreten, zum Körperlichen und zum Dinglichen.

A.: Trotz der Faszination vor dem Theater: Ihre erste Veröffentlichung, die sogar mit dem Conrad-Ferdinand-Meyer-Preis ausgezeichnet wurde, war der Roman „Jürg Reinhart". Ich habe dieses Buch nicht auftreiben können.

F.: Der existiert auch nicht mehr und braucht auch nicht mehr zu existieren, das ist so der übliche erste Roman, eine schwach getarnte Autobiographie, und als Autobiographie einfach nicht ehrlich genug, also von daher nicht interessant; ein Versteckspiel und eine Beschäftigung mit den ersten jugendlichen Nöten.

A.: Wie war das dann später mit dem Schwur, nicht mehr zu schreiben? Der Schwur erfolgte ja nach „Antwort aus der Stille".

F.: Ja, nachdem ich schon die Bezeichnung ‚Schriftsteller' in meinem Paß hatte; die habe ich dann ausradieren lassen und ‚stud. arch.' hineinschreiben dürfen. Und ich habe mich streng daran gehalten, nicht zu schreiben, habe alles, was an Entwürfen da war, vernichtet. Und da ist natürlich dann die Frage: Wann kommt dieser Vertragsbruch. Der kam 1939, bei Kriegsausbruch, als ich an der Südgrenze der Schweiz stand und überzeugt war, daß die Schweiz diesmal in den Krieg kommt und wir sehr wenig Zeit haben werden – unter diesen Notumständen habe ich mir wieder erlaubt zu schreiben. Ich habe damals dieses kleine Buch angefangen mit dem Titel „Blätter aus dem Brotsack", also ein Tagebuch als einfacher Soldat. Da kam ich wieder in die Literatur hinein, machte aber die Architektur weiter, ich mußte noch mein Diplom machen, bekam dann eine Anstellung, war zuerst Angestellter; später hatte ich ein eigenes Office. Erst nach und nach hat das Schreiben wieder angefangen. Ein äußerlicher Grund war: Ich hatte sehr wenig zu tun, während des Krieges wurde sehr wenig gebaut, ich war nicht voll beschäftigt und fiel dann doch wieder aufs Theater zurück und aufs Romaneschreiben. Eine Zeitlang habe ich das nebeneinander betrieben, bis zu dem Punkt, wo ich feststellte, daß ich meine beiden Bauzeichner nicht aus den Architekturhonoraren, sondern aus den Theatertantiemen bezahle; das war nun das Zeichen, daß ich mir dieses Büro nicht leisten konnte. Der ernsthafte Grund ist natürlich ein anderer: Ich wurde um die vierzig Jahre alt, hatte auf beiden Feldern einen gewissen Erfolg und mußte nun die Entscheidung fällen, was ich nun wirklich machen wollte; denn es bestand die Gefahr von einem, zwar erfolgreichen, Doppeldilettantismus; das war nicht eine Frage der Kraft oder der Zeit, sondern es gab dann immer die Gefahr, daß man ausweicht. Man kann es so sagen: Für einen Architekten war das, was ich literarisch lieferte, ganz großartig; das, was ich baute, war für einen Schriftsteller ganz großartig – nicht? Ich hatte Angst vor der üblen Nachrede, daß die Architekten sagen: Er soll ein guter Schriftsteller sein; und daß die Schriftsteller sagen: Er soll ein guter Architekt sein. Dann kam ich zu dieser Entscheidung, weil ich den Eindruck hatte, daß ich auf dem literarischen eigener sein würde als auf dem architektonischen Gebiet.

A.: Bevor wir vom literarischen Gebiet reden, möchte ich auf zwei Dinge zurückkommen. Zum ersten: Warum studierten Sie Architektur?

F.: Mein Vater war Architekt, ich war in seinem Büro und lernte da die Gerätschaften kennen: die Reißschiene, die so wippt – das war ein verbotenes Kinderspielzeug –, das Metermaß, das man einrollen kann. Kurz und gut: Ich kannte dieses Gebiet, nicht die Architektur, aber die Werkstatt. Dann hatte ich auch zeichnerische Fähigkeiten; ich ging also den Weg der mir naheliegendsten Fähigkeiten – ich habe diesen Entschluß erst nach dem Tode meines Vaters gefaßt, er wußte nichts davon. Ich habe keine andere Möglichkeit gesehen; z.B. eine kaufmännische Begabung ist nicht da, eine Lehrbegabung ist nicht da; also man schaut sich um: Was kannst du noch am ehesten? Und da war das Zeichnen. Nachher erst habe ich gemerkt, was mich tatsächlich gelockt hat. Zuerst war ich als Architekt ein kalligraphischer Zeichner, es blieb auf dem Papier, Grazie auf dem Papier, und ich mußte langsam lernen: die Umsetzbarkeit in die Körperlichkeit, ins Material. Von diesem Augenblick an hat es sich für mich mehr und mehr gelohnt. Von den großen Erlebnissen dabei wären zu erwähnen der Rohbau, der Aushub, der Umgang mit den Arbeitern, das Entstehen, das sachliche, dingliche Erbauen als ungeheure Befriedigung. So bin ich sehr froh, daß ich dieses Studium gemacht habe und die Gelegenheit hatte, wirklich zu bauen. Ich habe nie drüber geschrieben – oder fast nicht. Ich habe die Architektur also nicht so betrieben, als sei sie ein Thema für die Literatur. Und es ist der Vorteil auch nicht darin zu sehen, wie es manchmal vermutet wird, daß ein Architekt konstruiert – da lerne man etwas für die literarische Konstruktion; das ist eine viel zu simple Übertragung, die überhaupt nicht stimmt. Vielmehr hat mich dieser Beruf in die Lage gebracht, in der ich nicht als Betrachter in einem sozialen Gefüge bin, sondern als Tätiger: Ich habe zu tun mit Behörden, mit Arbeitern, mit Unternehmen, mit Geldgebern, und zwar nicht als einer, der aushorcht, sondern in der Funktion des Architekten.

A.: Also ein produktives Arbeiten.

F.: Ja. Das hätte natürlich auch ein anderer Beruf sein können, Arzt vielleicht; aber ich bin froh gewesen, daß ich einmal den Normalfall über zwölf Jahre durchexerziert habe, ein Lohnabhängiger zu sein und ein Boß zu sein und mit allen anderen zu tun zu haben und nicht das Sozialgefüge nur aus der Literatur zu kennen und nur vom grünen Tisch her zu beurteilen.

A.: Das andere: Sie sagten, daß Sie für lange Jahre bewußt ein bürgerliches Leben geführt haben. Sie sagten, Sie kommen her aus dem kleinbürgerlichen Milieu. Wenn Sie sagen, Sie wollten ein bürgerliches Leben führen – und Sie haben dementsprechend geheiratet, und dies wurde dann eine wichtige Erfahrung für Sie, fast eine solch wichtige Erfahrung wie der Architekturberuf –, warum dies?

F.: Als ich in diese bürgerliche Ehe einstieg – das war die Verheiratung mit einer Tochter aus dem Großbürgertum –, ging ich da hinein mit allem Goodwill, also wie ein Don Quixote; ich habe die belletristischen Wörter und Werte des Bürgertums mal für bare Münze genommen und versucht, sie zu leben.

A.: Sie hatten keine ironische Distanz dazu?

F.: Überhaupt nicht. Ich hatte keine ironische Distanz und wollte auch nicht beobachten; es erschien mir als eine sinnvolle Gesellschaftsform. Ich merkte natürlich mehr und mehr, daß ich der einzige war, der das ernst nimmt und dran glaubt. Und merkte, was alles nicht stimmt, wie schal es ist, wie verlogen – also all das, was wir wissen. Aber wichtig dabei ist, daß ich als Gläubiger, sozusagen als Konvertit, dahinein kam und nachher ausgestiegen bin. Ich bin nicht ausgestiegen, weil ich es nie angenommen und nur von außen beobachtet und analysiert hätte, sondern ich bin ausgestiegen mit dem Impuls eines ziemlichen Ekels davor.

A.: Sie haben sehr lange gebraucht, um diesen Ausstieg zu realisieren.

F.: Überhaupt habe ich in allem sehr lange gebraucht. Das ist vielleicht etwas Alemannisches, wir sind sehr langsam, brauchen die Entwicklungen, die Sie in meiner Arbeit sehen; die sind ziemlich stetig, sie sind nie sturzartig, sie sind langsam; sie gehen voran, aber langsam.

A.: War „Jürg Reinhart" schon eine Verarbeitung dieses Erlebnisses?

F.: Nein, das lag vorher. Da wollte ich ein Künstler sein, ein Dichter sein – ich gebrauche diese Wörter absichtlich –, außerhalb der Gesellschaft, eine völlig romantische Art von Autorenschaft. Nach diesem Zusammenbruch ging ich in das Bürgertum hinein und löste mich da dann langsam wieder heraus. Wenn wir realistisch sind: Es ist ja auch nicht leicht, sich herauszulösen. Mal ganz einfach: Sie haben einen Beruf, Sie haben einen Auftrag von der Stadt, den Sie durchführen müssen. Sie können nicht einfach sagen: Ich habe jetzt eine Einsicht, die dem allen entgegensteht. Sie haben die Verträge, Verpflichtungen, ferner haben Sie eine Ehe – und eine erste Ehe scheidet sich nicht so leicht, jedenfalls gelang es mir nicht, mit drei Kindern –; das braucht einfach Zeit, Zeit der Unsicherheit, Zeit der Mühen, Zeit des schlechten Gewissens usw.

A.: Haben Sie diese Erlebnisse dann bewußt literarisch verarbeitet?

F.: Im „Stiller" ist sehr viel davon vorhanden. Sie haben recht, wenn Sie denken, daß in den Romanen viel Autobiographisches ist. Merkwürdig ist natürlich immer, daß der Leser das Autobiographische dort vermutet, wo die bare Fiktion ist und umgekehrt – also das ist ein sehr täuschender Steckbrief. Autobiographisch ist eigentlich das Klima, aber nicht die Aktionen, nicht die Personen.

A.: Also Julika ist nicht Ihre erste Frau usw.?

F.: Gar nicht. Aber der Konflikt zwischen Stiller und dieser Frau ist ein selbst erlebter Konflikt, der hier auf andere Figuren übertragen worden ist.

A.: „Stiller" kam erst 1954. – 1939 brach der zweite Weltkrieg aus und Sie wurden Soldat, blieben es bis 1945. Da kamen 1940 die „Blätter aus dem Brotsack" als ein Tagebuch und 1943 auch der zweite Roman „J'adore ce qui me brûle oder Die Schwierigen", in dem das Thema Ihres Schreibens – Ihres Romanschreibens –: die Suche nach Identität, die Frage der Selbstannahme usw. schon angeschlagen ist. Ist das auch schon eine Antwort auf die Erfahrung mit der bürgerlichen Welt?

F.: Der Roman „J'adore ce qui me brûle" ist noch der Versuch, die bürgerliche Welt zu lobpreisen, sie ernst zu nehmen, sie zu bejahen; der Versuch, diese Welt affirmativ darzustellen. Schon im Roman zeigt es sich dann, daß es dem Helden nicht gelingt – er erlebte es aber und bezeichnet es so, als *sein* Ungenügen und nicht als das Ungenügen der Gesellschaft; er nimmt sein Scheitern auf sich und verinnerlicht es.

A.: Er nimmt Abschied von der Gesellschaft, verschwindet in der Anonymität, wird Gärtner.

F.: Aber die Gesellschaft läßt er gelten. Die Unvereinbarkeit kommt zum Ausbruch in der Zeit – nun biographisch geredet –, als ich sie noch gelebt habe, ich war noch Bürger, Ehemann, Architekt, und hatte Angst davor, daß ich scheitere, war noch nicht so weit, die Gesellschaft scheitern zu lassen.

A.: Es kommt während des Krieges noch diese lyrische Prosa „Bin oder Die Reise nach Peking" – auch eine Fluchtposition, die bezogen wird.

F.: Das ist richtig. Es ist nun überhaupt diese Zeit von 1939–1945. Sie haben das Militär erwähnt: Das war bei uns so, daß wir nicht dauernd unter Waffen waren, sondern das waren Ablösungsdienste, der eine hatte mehr Dienst-Tage zu leisten, der andere weniger. Ich war in einer glücklichen Situation, ich war Student zu dieser Zeit, bekam gewisse Sonderurlaube, damit ich zu Ende studieren konnte; später, als ich mein Diplom hatte, bekam ich bestimmte Sonderurlaube, um einen städtischen Auftrag so weit zu treiben, daß man nach dem Krieg bauen konnte – man dachte, man brauche das zur Arbeitsbeschaffung nach dem Krieg, dann sah es jedoch völlig anders aus. So habe ich alles in allem etwa 700 Dienst-Tage geleistet; es war also immer ein ziviles Leben, nur unterbrochen von Militärdienst. Das läßt sich natürlich mit dem Militär- oder Soldatenerlebnis eines Bürgers aus kriegsführenden Ländern nicht vergleichen. Dennoch war das ungeheuer lästig, weil es sich nämlich immer noch an der zivilen Situation hat messen müssen; man mußte ja die zivile Arbeit weiterführen, wurde dann mal wieder für drei Monate unterbrochen usw. Wir waren jedenfalls nicht dauernd im Militär. – Sie kommen jetzt auf „Bin oder Die Reise nach Peking". Zur Zeit, da es erschien, 1943, wußte ich ungefähr, was geschieht, wußte von den Handlungen auf den Kriegsschauplätzen, zum Teil auch von den Kriegsverbrechen, von den Lagern auch schon. Und nun kann man sagen: Jetzt geht dieser Mensch hin und schreibt so ein zärtlich-romantisches Gebilde. Ich kann nicht sagen, daß ich mich dessen schäme; es verwundert mich nur und ich versteh's auch. Diese Ereignisse, von denen wir wußten und an denen wir nicht beteiligt waren, sind für mich einfach nicht darstellbar gewesen. Es ist ja auch eine Frage der Kompetenz, die sich auch später wieder gestellt hat, beim Stück „Nun singen sie wieder". Ich traf Leute, die aus Dachau kamen: Das waren so ungeheuerliche Berichte, die man hören konnte – nur war ich nicht der Mann, darüber zu schreiben – das ist nicht eine Talentfrage, sondern eine Kompetenzfrage. So verkroch ich mich ganz in eine Fluchtliteratur, in einen Elfenbeinturm. Man könnte dem auch entgegenhalten: Warum stellten Sie dann nicht die Situation in der Schweiz dar. Das wäre natürlich die entscheidende Frage. Die hat mich sehr beschäftigt. Ich kann nur feststellen, ich hatte nicht die Mittel dazu, ich hatte vielleicht auch nicht den Mut dazu – ich meine jetzt nicht den Mut gegen außen, sondern den Mut, daß man sich und seinem Können das zutraut, diese Dinge darzustellen –; das fing erst gegen Kriegsende an, daß ich die Welt, die mich bedrängt, darzustellen begann und die Literatur nicht mehr als Fluchtgefilde betrachtete.

A.: Wenn Sie es auch nicht dargestellt haben: Wie sahen Sie denn die Situation der Schweiz während des Weltkrieges? Die Schweiz war ein Emigrantenland, Exilland, und – aus der Rückschau im Vergleich mit anderen Exilländern – als Exilland nicht sehr freundlich, nicht sehr angenehm, nicht ideal, jedenfalls nicht für das, scharf gesprochen, ‚Proletariat' der Exilierten, die Armen; und schon gar nicht für die Juden.

F.: Ich weiß, wie ich es von heute sehe. Aber wie habe ich es damals gesehen? Das ist eine andere Frage. Aus der Rückschau habe ich im „Dienstbüchlein" darüber geschrieben – jetzt aber will ich versuchen, mich zu erinnern, wie das war. – Erstens gab es bei mir eine ganz klare Antinazi-Haltung, die aber nicht aus politischer Vorschulung kam, sondern völlig intuitiv, mit einem Ekel, den ich mir vorläufig nicht genau begründen konnte. Das hat auch zu tun mit der Biographie: Ich hatte vor dem Krieg eine jüdische Braut, eine Deutsche – wir haben dann doch nicht geheiratet und sie ist zum Glück gerettet worden. Alles, was braun war, war mein Feind. So daß ich, früher auch etwas Pazifist, in dieser Situation überhaupt keine Bedenken hatte, als Soldat anzutreten; ich meine, ich wäre bereit gewesen zu kämpfen mit den ungeheuer ungenügenden Mitteln, die wir hatten. Und in dieser Situation kommt zwangsläufig eine Denkverengung: Ich wollte nicht wissen, was meinen Glauben völlig aufhebt – denn kein Schweizer, kein noch so hoher Offizier hat im Ernst geglaubt, daß wir auf Dauer der Hitler-Armee hätten standhalten können; es war nur der Gedanke, den Preis so hoch wie möglich zu schrauben, bis es dazu kommt; diese Überlegung war richtig; im Nachhinein wissen wir, daß die Kampfbereitschaft nicht so geschlossen war, wie wir damals meinten, es wäre also recht schlimm ausgegangen für uns, anders schlimm, als man es ohnehin erwartet hat –; das gab also eine Verengung. Und nun die Tatsache, daß man sich prüft: Wir hatten dieses Land zu verteidigen, diese Nicht-Nazi-Gegend deutscher Sprache und anderer Sprachen – und ich vertrug eine Kritik an diesem Lande in diesem Augenblick nicht. Man steht mit dem Rücken zur Wand und ist nicht in der Situation, Selbstkritik zu betreiben. Denn die Arroganz der Macht, die uns umgeben hat mit der Achse, war so enorm, daß man dagegen nur mit einem blinden und zum Teil auch dummen Glauben antreten konnte.

A.: Ist daraus vielleicht auch die Haltung gegenüber den Exilierten zu erklären, daß ein Land sich selbst gefährdet hätte, das so nahe an der deutschen Grenze z.B. den Exilierten erlaubt hätte, sich politisch gegen die Nazis zu betätigen? Oder steckt das Isolationistische in diesem Land?

F.: Sie wissen, daß ich mich sehr kritisch geäußert habe über das Verhalten der Schweiz in dieser Zeit, und zwar deshalb, weil hier eine Legende entstanden ist: wie gut man es damals hier gemacht und wie brav man gerettet habe. Auf der anderen Seite muß man sich schon um ein gewisses Verständnis bemühen, was nicht ein entschuldigendes ist, aber einfach ein Verständnis. Erstens: Das Land hat damals viereinhalb Millionen Einwohner gehabt, konnte also nicht ohne weiteres eine halbe oder eine Million Menschen aufnehmen – vor allem auch, weil man darauf nicht vorbereitet gewesen ist. Das deutsche Bürgertum, auch die deutsche Arbeiterschaft waren auf Hitler auch nicht vorbereitet; das gesamte deutsche Judentum – obgleich „Mein Kampf“ vorlag – ist nicht auf Hitler vorbereitet gewesen. Wieso hätten nun die Behörden oder das Volk hier vorbereitet gewesen sein sollen? Es war tat ächlich lange Zeit so, daß, wenn eine Schreckensnachricht kam, man dachte: Das ist aber nun das Maximum und das Äußerste, was passieren kann. Einen Monat später kam die nächste Stufe usw., vom Entzug der Pässe bei den Juden bis zur Gaskammer, Schritt für Schritt. Und es ist ein ungeheures Phänomen, daß man den Schrecken nicht weiter denkt, sondern von dem momentanen Schrecken so eingedeckt ist, daß man hofft, es bleibe bei dem oder es gehe zurück, aber nicht, daß es weitergeht. Und daraus sind natürlich sehr viele Fehler entstanden. Zum anderen: Ein nicht Krieg führendes Land, eine Bevölkerung, seien es nun Schweizer, Deutsche oder was für ein Volk es sei, ist in einer schwierigen Situation; so viel Phantasie haben die Menschen im allgemeinen nicht, daß sie sich den Schrecken einer bombardierten Stadt vorstellen können, wenn sie nicht in der Nähe sind, oder den Schrecken eines Lagers. Bilder gab es keine. Man hörte davon: Ist es wahr, ist es nicht wahr? Ja, es ist wahr. Aber nun kam wirklich ein Mangel an Phantasie; und das Schlimmere – und da setzt die politische Kritik ein –: Unser Bürgertum wie jede Bourgeoisie hat eine Tendenz zum Faschismus hin und hat zum Teil einen Trend zum Sympathisieren gehabt (‚besser das als der Kommunismus' usw.). Das waren auch Motive, die die Exilpolitik bestimmt haben: Wenn Kommunisten herüberkamen, so waren es für die Schweizer Bourgeoisie eben Kommunisten, vor allem Kommunisten, und dann vielleicht auch Flüchtlinge; und mit den Juden war es dasselbe – es gibt ja den latenten Antisemitismus in der Schweiz. Sie wissen, der J-Stempel in den deutschen Pässen ist eine schweizerische Erfindung gewesen, da waren sie gezeichnet mit den Pässen –, es dauerte lange, bis die Juden als Juden in den Status der Flüchtlinge kamen, wenn ich mich richtig erinnere: erst im Jahre 1943, nachdem schon einige Hunderttausende getötet worden waren. Man muß sehen, wie es zu dieser Geschichte gekommen ist, und ein nicht entschuldigendes Verständnis dafür haben.

A.: Parallelen dazu gibt es auch in der Bundesrepublik, z.B. wenn chilenische Flüchtlinge, die ihr nacktes Leben retten wollen, in die Bundesrepublik kommen wollen, und sie sind Kommunisten, Sozialisten; wenn sie überhaupt nach Deutschland einreisen dürfen, werden sie mit unverhohlenem Argwohn betrachtet.

F.: Das ist auch hier der Fall mit den chilenischen Flüchtlingen: Sie werden als Agitatoren angesehen, sie sind die politischen Gegner. – Zum vorigen wäre noch etwas zu sagen: Selbst wenn die Behörde getan hätte, was sie hätte tun können, so ist da die Grenze gesetzt. Die Schweiz ist von der Achse umgeben gewesen; wenn sie hier 500000 aktive Anti-Nazis gehabt hätte, so wäre ganz sicher, daß die Wehrmacht gekommen wäre und ausgeräumt hätte. Eine zweischneidige Sache. Denn das hätten sich die Deutschen nicht gefallen lassen. Drum habe ich einmal gesagt: Das Nationaldrama der

Schweiz ist nicht der „Tell", sondern „Der gute Mensch von Sezuan": der gute Vetter, der böse Vetter – und in unserem Nationalbewußtsein wird der böse Vetter vergessen.
A.: Das ist jetzt die Beurteilung aus der Rückschau. Damals gab es zwar Ihre Irritation während der Kriegszeit, aber es gab von Ihnen keine öffentliche Reaktion, Sie haben Ihre Irritation damals nicht öffentlich gemacht. Es gab keine literarische Umsetzung dieser geschichtlichen Irritation, sondern noch die Flucht als Ausweg. Die Geschichte irritiert Ihr Schreiben sichtbar dann erst im Tagebuch?
F.: Ja. Das, was ich literarisch gemacht habe, habe ich auch nie als ein Heilmittel angesehen, sondern als Ausdruck einer Ohnmacht: in einem Gefangenenlager sitzen und Körbe flechten oder Blumen züchten und nichts dagegen machen können – wahrscheinlich hätte man mehr machen können, jedenfalls mehr als ich getan habe; andere haben auch mehr getan.
A.: Haben Sie hier Kontakt mit exilierten Schriftstellern gehabt?
F.: Ich habe mit Emigranten Kontakt gehabt, aber erst in den letzten Jahren des Krieges, also zu der Zeit, als ich mit dem Theater zu tun hatte und selbst wieder zu schreiben begonnen hatte. Als Architekt war ich merkwürdig isoliert in einem kleinbürgerlich-bürgerlichen Milieu von Arbeitern, Bauherren, Behörden. Das war sehr schweizerisch. Erst durch die eigene literarische Arbeit, durch Verlage, durch das Theater bin ich in Kontakt zu den Leuten gekommen. Mit Langhoff zum Beispiel, der aus Dachau kam, der als erster, 1943, über Dachau ein Buch veröffentlicht hat. Von da an wußte man dann sehr viel mehr.

A.: Das erste Stück, das von Ihnen aufgeführt wurde, war „Nun singen sie wieder", im Jahre 1945.
F.: Ein halbes Jahr vorher habe ich noch „Santa Cruz" geschrieben. Das waren so Zwischenarbeiten neben der Arbeit im Architekturbüro. Das Stück wurde geschrieben in fünf Wochen, als Entertainment für mich. Und das Stück „Nun singen sie wieder" – ich erinnere mich daran sehr genau – wurde im Januar 1945 geschrieben, auch in zwei, drei Wochen. Das war nun wirklich ein erster Reflex auf die Ereignisse, die uns umgaben, damals noch mit der Haltung des Erschrecktseins und des Versöhnenwollens.

A.: „Santa Cruz" war auch noch, wenn man so will, ein ‚Fluchtstück'.

F.: Das gehört auf die Linie von „Bin oder die Reise nach Peking". Dann hatte es damit aber ein Ende. Dann fing das andere an. Nach dem Krieg gab es nun endlich die Möglichkeit, daß wir reisen konnten. So leicht war das nicht – meine erste Reise nach Deutschland geschah auf Einladung der US-Army, durch einen Theateroffizier –, man mußte sich die Pässe beschaffen usw. Nun muß man sich vorstellen, wir waren ja sechs, sieben Jahre in diesem sehr kleinen Land gefangen; nun kam, ich war so fünfunddreißig, sechsunddreißig Jahre alt, die brennende Neugierde, die Welt zu sehen, so wie sie der Krieg zurückgelassen hat, und daraus kam dieses Reisebedürfnis – soweit ich es finanzieren konnte, was auch nicht so ohne weiteres möglich war –, dieses Bedürfnis nach einer Bestandsaufnahme der Welt. Damit hörte diese Art der Fluchtliteratur auf – es begann die Bestandsaufnahme.

A.: In der Schweiz war, im Gegensatz zu Deutschland, während dieser ganzen Zeit 1933–1945 ein weltliterarischer Anschluß vorhanden: an die amerikanische, französische, englische Literatur. Haben Sie diesen Anschluß gesucht?

F.: Ich habe ihn gehabt. Aber in der Rückschau beklage ich, daß ich ihn nicht mehr benutzt, nicht intensiver betrieben habe. Ich wußte gar nicht, welche enorme Chance wir dem deutschen Zeitgenossen gegenüber hatten. Das war eben meine Architekturzeit, eine nicht sehr starke Lese-Zeit. Aber natürlich stand uns diese ganze literarische Welt offen. Und das Züricher Schauspielhaus hat die Stücke gespielt, die in Deutschland nicht möglich waren: Uraufführungen von Brecht, Wilder, Claudel, um einmal die ganze weite liberale Sparte zu nehmen.

A.: Eine der wichtigsten literarischen Begegnungen in Ihrem Leben war zweifelsohne die Begegnung mit Bertolt Brecht nach 1945 hier in der Schweiz. Hat diese Begegnung mit Brecht bei Ihnen einen literarischen und politischen Veränderungsprozeß in Gang gesetzt?

F.: Ich habe schon ziemlich viel über Brecht geschrieben, und da ist es schwierig, spontan noch einmal zu antworten. Lassen Sie mich einen kleinen Umweg machen. Darin steckt ja auch die Frage: Welche direkten Kontakte mit zeitgenössischen Autoren sind wichtig gewesen? Und wenn wir da in der Zeitfolge vorangehen, so war vorher noch die Begegnung mit dem jungen Friedrich Dürrenmatt. Das war die erste für mich wichtige Kameradschaft mit einem produktiven Zeitgenossen; sie fing an um 1946 nach seinem ersten Stück „Es steht geschrieben"; ich hatte eine sehr große Bewunderung für ihn. Wir haben auch sehr bald festgestellt, daß wir völlig unterschiedliche Temperamente sind, von einem ganz anderen Hintergrund herkommend: er zweifellos vom Theologischen her, und ich, wenn man es so mit einer Etikette sagen will, vom Aufklärerischen her, rationalistischer, humanistisch usw. Es hat uns auch immer geärgert und zu schaffen gemacht, daß wir zusammengesehen worden sind wie Castor und Pollux, und zwar einfach darum: zwei Schweizer, zwei Stückeschreiber – in Deutschland gab es zu dieser Zeit fast niemanden außer Borchert, der früh gestorben ist –; wir wurden also zwangsvereint. Das hat uns aber nicht gehindert, wirklich eine Arbeitsfreundschaft aufzubauen; d.h. wir haben uns die Stücke gezeigt, wir haben sie kritisiert, mit Verständnis, ohne Verständnis. Das muß vorausgeschickt werden. – Und dann kam die Begegnung mit Brecht 1948, die sehr entscheidend war – es war in meinem Leben bis dahin der größte Schriftsteller, dem ich persönlich begegnet bin. Brecht hatte in Zürich auch Zeit; er kannte nicht viele Menschen, er war froh um jüngere Menschen; zu denen gehörte ich. Ich war zu dieser Zeit – politisch gesprochen – ein humanistischer, etwas vager Sozialist. In der Begegnung mit Brecht ist allerdings die politische Auseinandersetzung nicht so entscheidend gewesen, denn er hat dafür nicht viel Geduld gehabt, mein Lehrmeister zu sein, und ich hatte auch viele Widerstände. Der Einfluß, auch der politische, war ein indirekter, nämlich über das Arbeitsgespräch: über die Bühne, über Schauspieler, über Inszenierungen.

A.: War denn Brecht für Sie schon damals der große Autor, bevor Sie ihn persönlich kennenlernten, oder hat er sich erst durch die persönliche Freundschaft als der große Schriftsteller herausgestellt?

F.: Eine gute Frage. Man darf sich da nicht täuschen. Ich denke, wenn ich damals hätte eine Wertliste aufstellen müssen, hätte ich Brecht sofort genannt, hätte wahrscheinlich auch Camus genannt, hätte Giraudoux genannt – der heute für mich nicht auf derselben Bank sitzt –, das wäre damals also schon so gewesen; jedenfalls gehörte er für mich zu den Entscheidenden, aber natürlich noch nicht in diesem Klassiker-Vorrang, den er später gehabt hat. Ich kannte einiges von seinen Werken, weil sie hier uraufgeführt wurden. Wir bekamen auch während des Krieges auf Schreibmaschinenzetteln seine Gedichte – das war so ein privater Betrieb: Man bekam ein Manuskript, mußte das sechsmal abschreiben und durfte dann eines behalten. Brecht war mir schon sehr vertraut. Und dann war er anderthalb Jahre hier, ich konnte ihn sehr oft besuchen. Das Großartige an ihm war natürlich, daß er an alles den großen Maßstab anlegte, den man nicht erreichte; aber seine Kritik war eine stimulierende Kritik. Das gleiche gilt übrigens auch von der Kritik Peter Suhrkamps, den ich zu dieser Zeit kennenlernte. Ich möchte es doch erwähnen, ohne aus den Toten Popanze zu machen: Was die großen Leute auszeichnet, ist, daß ihre Kritik ansteckend ist, sie ist sehr hart, aber nicht entmutigend, und zwar einfach weil man an Unerreichtem gemessen und also doch in diesen Rang gehoben wird, auch wenn man ihn noch nicht hat. Das verdanke ich Brecht und Peter Suhrkamp mehr als ich es vorher irgend einem anderen verdankt hätte. – Die Geschichte mit Brecht ganz kurz gesagt: Er ging dann weg nach Ostberlin, wie es damals genannt wurde – ich war übrigens der Botenträger, ich brachte ihm diesen Brief von den russischen Behörden, die ihm angeboten haben, daß er dort ein Theater machen könnte; ich wußte allerdings nicht, was in diesem Brief steht. Als er dann in Berlin war, habe ich ihn hin und wieder besucht. Der Kontakt war dann natürlich sporadischer und wurde auch schwieriger. Das Gespräch hat unter dieser Kalten-Kriegs-Situation gelitten; er konnte mir auch nicht ohne weiteres sagen, was er denkt, wie er denkt; denn ich gehe ja wieder hinüber in den Westen – wie ich das darstelle, ob ich das darstelle, wußte er nicht; das war alles viel zu riskant für ihn. Die entscheidende Zeit war schon die, als er hier war, bevor er nach Berlin ging.

A.: Sie sind nie ein Brechtschüler in dem Sinne geworden, daß Sie brechtisch schreiben, auch Ihre Stücke sind im wesentlichen nicht brechtisch?

F.: Gewisse Einflüsse sind sicher da, z.B. „Biedermann" steht unter seinem Einfluß, „Andorra" steht unter seinem Einfluß, rein stilistisch.

A.: Das sind aber auch Lehrstücke.

F.: Ja, es sind Zeigestücke, Parabelstücke. Doch, es ist schon ein starker Einfluß da.

A.: Kommt bei Ihnen das Brechtsche Prinzip der Verfremdung auf andere Weise wieder?

F.: Im direkt brechtischen Sinn kommt es zweifellos vor im „Biedermann"-Stück durch den Chor, im „Andorra"-Stück durch das Vortreten der einzelnen Protagonisten, die zwar keinen Song haben, aber Statements von sich geben – da ist ganz sicher, daß ich das von Brecht übernommen habe. Sie meinen aber die Verfremdung im weiteren Sinne. Ich habe mich schon damals gefragt: Wie ist es nun mit der Verfremdung beim Epischen, und habe später auch versucht, im „Gantenbein"-Roman, auch in den Tagebüchern, die Dinge zu verfremden, damit sie nicht die Illusionswelt darstellen. Es ist eigentlich nicht so, daß das nur durch Brecht angeregt wurde, sondern das war bei mir vorhanden, bei vielen andern auch, aber Brecht war natürlich der Protagonist und auch der Theoretiker, der es verschärft hat. Man wußte mehr als vorher, was man will. – Der politische Einfluß von Brecht, das wäre sehr schwer zu beantworten – wenn Sie mir diese Frage stellen würden.

A.: Ich hätte sie Ihnen sofort gestellt.

F.: Das dachte ich mir, die liegt in der Luft. Ich habe durch ihn sehr viel mehr vom Marxismus verstanden als ich vorher verstanden habe.

A.: Hatten Sie sich denn vorher schon mit Marxismus befaßt?

F.: Ja. Bei Brecht wurde er mir plötzlich sehr viel konkreter, anschaulicher und humaner.

A.: Damals stand Brecht noch unter dem Eindruck des Exils. Ist Brecht später nicht mehr und mehr in eine dogmatische Richtung gegangen?

F.: Er wurde mir fremder, aber ich weiß nicht, ob er fremder war; er wurde undurchschaubar, er war natürlich in eine Situation gedrängt, wo er eine Fassade zeigen mußte, die er manchmal durchbrochen hat, sehr heftig durchbrochen hat. Ich erinnere mich an einen Besuch in Weißensee in Berlin, wo er sehr zornig sein konnte. Aber er war dort natürlich ein hoher Staatsangestellter und hatte seine Obligationen, nicht zuviel zu sagen.

A.: Sie sind doch nie in eine Brecht-Adoration verfallen – was ich als ausgesprochen positiv, wohltuend empfinde, auch innerhalb des

Werks. Bei alledem, was Sie von Brecht haben, haben Sie doch stets Ihre eigene Person, Ihre eigene Persönlichkeit gewahrt.
F.: Ich glaube, das ist aber die Tugend von dem Brecht selbst, daß man ihm – und das hat man sehr rasch gemerkt – mit Bewunderung nicht beikommt; er duldet sie nicht.
A.: Um es kraß zu sagen: Brecht-Kreaturen hat Brecht nicht gemocht.
F.: Nein. Da spürte man sehr rasch eine gewisse Verachtung. Er war auch einmal sehr zornig; nach der Aufführung von „Antigone" fragte er mich – er wollte es ja wissen –: „Nun, haben Sie es gesehen, und was sagen Sie?" Ich weiß jetzt nicht mehr genau, was ich gesagt habe, ich erinnere mich nur, daß ich einfach eine Laudatio von mir gegeben habe: wie großartig ich's fände, sowohl die Aufführung als auch das Stück usw., so Advertising-Sätze, die man für die Reklame verwenden könnte. Er war sehr sauer und sagte: „Und sonst haben Sie nichts zu sagen?" Das als Muster. Man machte sich damit lächerlich vor ihm – er forderte eben mehr.
A.: Hat Sie das auch zu einer stärkeren eigenen Persönlichkeit gebildet?
F.: Sicher, ja, sicher. Ich hab ganz früher mal einen Freund gehabt, das war dieser Mäzen, den ich so bewundert habe, und der nur von meiner Bewunderung lebte, ich von seinem Geld; das war eine sterile Beziehung, das war für mich persönlichkeitsschädigend und für ihn wahrscheinlich auch. Bei Brecht ist das eben genau anders, daß er den anderen zwar nicht zur Persönlichkeit erzieht, ihn aber dazu macht, denn sonst scheidet man aus. Ich habe es auch später bei Brechtianern gesehen, wie er die ansah, wenn ihm die nachschwätzten – die waren alle abgeschrieben, ohne daß sie es merkten.
A.: Sie sind nun ein – verzeihen Sie, daß ich das so sage – sehr sympathischer, ein liebenswerter, zugänglicher Mensch und Autor. Brecht war doch wohl sehr viel verschlossener?
F.: Der erste Eindruck war garantiert der, daß er sehr verschlossen, sehr oft verschlossen war, vor allem in größerer Gesellschaft; da machte er, ich will nicht sagen: das Monument, aber den Funktionär. Unter vier Augen konnte er sehr anders sein, er konnte sehr herzlich sein, er konnte sehr spontan sein. Unsere Gespräche waren nie Intimgespräche; er wußte, daß ich verheiratet bin, daß ich Kin-

der habe, wußte, daß ich in Scheidung war – das alles interessierte nicht; ich wußte von seinen Sachen auch nichts. Also ich meine die Herzlichkeit und das Spontane auf einem anderen Gebiet, ich denke an Brecht auf den Proben: Da war er derjenige, der sich zuerst und am entschiedensten von den theoretischen Forderungen abgehoben hat, wenn ihm etwas nicht gefiel. Jeder, der damals mit ihm gearbeitet hat, war brechtischer als der Brecht selbst, weil er wirklich empirisch gearbeitet hat; also wenn man sich vorher überlegt hätte, das und das muß so und so sein, und nun machen wir's und es geht nicht gut, so war er der erste, der sagte: Dann müssen wir's anders machen. Und diese Lebendigkeit – die war das Faszinierende: das Unbornierte. Er wirkt ja, wenn man ihn nur liest, vor allem die theoretischen Schriften, borniert, kategorisch, katechismushaft. Ich habe immer den Eindruck gehabt, er brauche das, weil er sonst völlig wild spontan drauflos arbeitet; er braucht ein Gehege, er braucht ein Spalier. Nun war er ein so starker Wuchs, daß er das Spalier sprengte und überwucherte; und viele andere, die dann nur dieses Spalier haben und nicht diese Kraft, die sind dann nur borniert und langweilig usw.

A.: Hat Brecht Humor gehabt?

F.: O ja, den hat er schon gehabt, ja.

A.: Um von Brecht wegzukommen: Wie sahen die publizistischen und literarischen Erfolge Ihrer Kontakte mit Deutschland nach dem zweiten Weltkrieg aus? Sie sind 1946 zum ersten Male nach Deutschland gereist. Hatten Sie – bis in die frühen Fünfziger Jahre hinein – auch Beziehungen zur jungen deutschen Literatur? Und welches Verhältnis hatten Sie dann zur Gruppe 47?

F.: Wir mußten ja ein bißchen warten, bis die Schriftsteller nach dem Krieg publizieren konnten. Dann habe ich das gelesen, was da war, also den frühen Böll, Koeppen, Eich. Ich bin zuerst auch nicht eingeladen worden zur Gruppe 47, richtigerweise, denn das war eine Gruppe von deutschen Schriftstellern, die keine Metropole, kein Caféhaus, keinen Verlag hatten, sich also zu einer Arbeitskonferenz trafen. Daß ich da nicht eingeladen wurde, war richtig, denn ich war ein Ausländer. Später wurde ich eingeladen und habe die Einladung nicht angenommen; ich hatte nicht die Courage, hatte nicht das Gefühl, dazuzugehören. Es machte mir, und uns allen, ganz einfach einen zu großen Eindruck, daß diese Leute aus dem Krieg kamen; und man wäre sich vorgekommen wie ein Kiebitz – also es war ein Moment der Scham, nicht der Gleichgültigkeit, daß man sich da nicht eingemischt hat in die frühe Gruppe 47. Später kamen dann andere, rein private Gründe dazu, warum ich nicht hinging. Ich habe die Arbeit der Gruppe 47 verfolgt, habe Freunde dabei gehabt; aber zur Gruppe selber gehörte ich nie; und ich will betonen, daß das nicht ein Nein gegen die Gruppe war, sondern aus einer bestimmten Konstellation heraus so entstanden ist. – Kontakte mit jüngeren deutschen Schriftstellern kamen erst später, in den Fünfziger und Sechziger Jahren, mit Leuten wie Grass, Johnson, Höllerer, Enzensberger, Martin Walser. Ich erinnere mich z.B. an die erste Begegnung mit Grass. Die war sehr früh, und zwar kam er als völlig unbekannter Autor zu mir und wollte etwas, ellenbogenhaft und mit einer Miene der Geringschätzung für alles andere. Das war gar nicht so leicht – ich habe im Tagebuch ein kleines Porträt über ihn geschrieben, aber zu einem richtigen Porträt gehören sehr viel mehr Ausschläge zu dem, was einem gefällt, und zu dem, was mißfällt; so ist es nur die etwas kurzgefaßte Geschichte einer schwierigen Entstehung einer Freundschaft oder Kameradschaft: Wir hatten es gar nicht leicht miteinander; später ging's dann gut. Das wollte ich da eigentlich darstellen.

A.: Sie haben über keinen anderen Schriftsteller – außer über Brecht – öffentlich so intensiv nachgedacht wie über Grass.

F.: Ich habe auch über andere geschrieben; das ging dann aber nicht aus Gründen der persönlichen Rücksichtnahme. Wir haben hier, im deutschen Sprachgebiet, nicht diese Offenheit, wie sie etwa die Brüder Goncourt hatten: daß man einfach jeden durchnimmt. Das ist im deutschen Sprachbereich noch etwas provinziell; man ist einfach gekränkt, sehr leicht gekränkt, will nicht kränken. Ich habe auch über andere Porträts geschrieben, aber die sind in der Schublade geblieben; nicht weil die so eminent böse wären, aber sie waren etwas freier, zum Teil natürlich auch etwas spitzer.

A.: Also ein Paul Léautaud für Deutschland ist nicht denkbar.

F.: Ich sehe das nicht. Das ist etwas Urbanes, was wir nicht haben. Es kommt bei uns dann in die Gehässigkeit hinein, in die Häme und in die richtige Feindschaft. Ein richtig urban-kritisches öffentliches Verhältnis haben wir nicht. – Die Beziehungen zu deutschen Schriftstellern sind auf dem Gebiet des Privaten geblieben, der kollegialen Zusammenarbeit, und sie sind für mich sehr wichtig geworden.

A.: Sie erwähnten bei Grass eine frühe starke Ellenbogentätigkeit, ein starkes Selbstbewußtsein also. Grass ist auch der Autor der Gruppe 47, der am meisten öffentliche Statur gewonnen hat in der Bundesrepublik.

F.: Er hat es auch darauf angelegt. Das gehört zu ihm, das muß er haben, er braucht dieses Wirkungsfeld, dieses Bestätigungsfeld. Das hat sich dann natürlich verstärkt durch seine direkte politische Arbeit.

A.: Wie beurteilen Sie die Wirkung der Schriftsteller aus der Gruppe 47 für die Entwicklung einer neuen westdeutschen Literatur?

F.: Ich denke schon, daß eine Zeit lang – ich wäre jetzt in Verlegenheit, wenn ich Jahreszahlen nennen müßte – diese Gruppe eine stilbildende Funktion hatte; vielleicht nicht einmal schulisch, aber daß sie Maßstäbe gesetzt hat. Es war eine gute Erfindung, daß die einander kritisierten. Und wie wir wissen, ging das gut, solange es nicht eine öffentliche Veranstaltung wurde. Nachher wurde es ein literarischer Markt: Der Verleger, der Kritiker saß im Hintergrund – ich weiß das mehr von den Äußerungen von Freunden wie Günter Eich, der mir sagte, da gehe er nicht mehr hin. Denn früher war es so, daß man eine Arbeit vorlesen konnte, von der man nicht sicher war: taugt sie, taugt sie nicht, was haltet ihr davon? Und dann arbeitete man weiter. Aber das kann man nicht am öffentlichen Pranger machen; dann liest jeder sowieso nur das vor, was ihm gesichert erscheint; und damit wird es eine Mustermesse, nicht ein workshop. Damit hat es dann den Sinn verloren und die Kraft, etwas zu bewirken – es mußte natürlicherweise auseinander gehen.

A.: Die Nachkriegsliteratur kam mit Macht auf gegen Ende der Fünfziger Jahre. Es erschienen die „Blechtrommel" von Grass, Walsers „Halbzeit", Johnsons Romane. Sie hatten den „Stiller", Sie hatten Stücke geschrieben, die erfolgreich waren – das waren doch wesentliche Bereicherungen auch der stilistischen Möglichkeiten innerhalb der jungen deutschsprachigen Literatur. Diese Ihre Arbeiten hatten doch sicherlich Vorläuferfunktion, waren für einige prägend. In Ihrem epischen Werk fand man doch, weil das während des Dritten Reiches in der Schweiz möglich war, Aufnahme und Verarbeitung moderner Stilformen.

F.: Natürlich hatten wir nicht diese abgebrochene Tradition; da konnten wir eine Brücke schlagen, nicht viele, Dürrenmatt und ich und noch ein paar andere. Ich selber war sehr froh, als die deutsche Produktion einsetzte mit dieser Kraft, also mit den genannten Autoren, denn es ist gar nicht so herrlich – etwas übertrieben gesagt –, der einzige auf einem leeren Feld zu sein; es ist viel stimulierender, wenn viele Kräfte da sind, die sich natürlich zuerst stoßen und reiben und auch gewisse Verachtungen gegeneinander haben.

A.: Gab es das denn?

F.: Es gab schon diesen Ton: Wir sind wieder da, wen gibt es denn eigentlich sonst noch? Eigentlich niemanden, nicht? Das war die Eroberungsgeste. Die mußte auch sein, sie hat sich nachher verflüchtigt.

A.: Hat sie sich dann später nicht auch für eine Zeit lang verfestigt? Martin Walser sprach in Bezug auf die späte Gruppe 47 einmal von einer Weltmeisterschaft in Literatur.

F.: Doch, ja.

A.: Haben Sie Ihre Vorläuferfunktion damals begriffen?

F.: Überhaupt nicht.

A.: Immerhin kamen aber doch junge deutsche Schriftsteller zu Ihnen.

F.: Ja, Grass. Martin Walser habe ich durch den Verlag kennengelernt, ebenfalls Enzensberger. Ich hatte aber nie das Gefühl, daß die zu mir in dieser Funktion kommen, zum Glück nicht. Die haben auch ihre großen Väter gehabt, Brecht, Kafka usw. Ich würde heute im Rückblick auch sagen, daß gewisse Einflüsse dagewesen sind. Das Merkwürdige ist, daß es mir jetzt bewußt ist in einer zweiten Welle, in Bezug auf die DDR. Daß zum Beispiel der „Gantenbein"-Roman einen Einfluß auf das Schreiben dort ausgeübt hat, das wäre nachzuweisen.

A.: Bei Christa Wolf.

F.: Ganz sicher; nicht Plagiat, selbstverständlich, aber Einfluß, weil sich das Land lange Zeit abgeschlossen hatte, kann man jetzt dort diese Funktion spüren. Hinzu kommt, daß dort der nicht bundesdeutsche zeitgenössische deutschsprachige Schriftsteller wieder einen Sonderstatus hat. Das kann akzeptiert werden, weil es nicht von der bösen Bundesrepublik kommt; wie böse oder nicht böse die Schweiz ist, kann gleichgültig sein.

A.: Wann hatten Sie in Deutschland jenen Erfolg, der Sie dann zu einem der meistgelesenen, meistgespielten Autoren machte? Gibt es da einen belegbaren Durchbruch?

F.: Ich habe eigentlich nie diesen frappanten Durchbruch gehabt. Langsam, wie überhaupt bei mir, war auch das. Ich hatte also nie einen Hit, einen Schlager, wie z.B. die „Blechtrommel" einer war. Der „Stiller" zum Beispiel, der dann immer weitere Kreise zog, hatte im ersten Jahr eine Auflage von 3000, im zweiten Jahr vielleicht 2000, fünfzehn Jahre später hatte er dann in einem Jahr 8000–10000. Das ist alles sehr langsam gekommen. Und dasselbe auf dem Theater. Ein solcher Hit war in München Dürrenmatts „Ehe des Herrn Mississippi" – vorher wollten die deutschen Theater gar nichts von ihm wissen, ich fand ihn großartig, und dann kam diese Aufführung in München und dann war er plötzlich *der* Mann. Bei mir lief das alles ganz anders, was mir auch angenehmer ist. Man wird weniger leicht gestürzt, wenn man nicht sofort so hoch auf den Thron gehoben wird.

A.: Und das Tagebuch?

F.: Das ist, ich will nicht sagen unter Ausschluß der Öffentlichkeit, aber doch sehr, sehr langsam gelaufen. Das waren Bücher, die gerade an der unteren Grenze des Verlustes für den Verleger liefen; mit guter Kritik, aber es dauerte furchtbar lange Zeit, bis diese Bücher eine Verbreitung gefunden haben.

A.: Welches Ihrer Bücher hat die größte Auflage?

F.: Ich glaube der „Stiller", dann wohl der „Homo Faber" und zwei, drei Stücke: „Andorra" und „Biedermann" sicherlich; das sind Schullehrstoffe geworden.

A.: „Biedermann" wurde erst als Hörspiel und dann als Bühnenstück geschrieben; seine Fabel steht schon im Tagebuch I. Es ist wohl das erfolgreichste Stück, weil es Eingang in die Schulen gefunden hat.

F.: Auch auf der Bühne. Zur Arbeitsgeschichte wäre noch etwas anderes zu sagen: Die Geschichte, der Plot, die Idee steht im ersten Tagebuch als Prosaskizze. Dann gab mir der deutsche Rundfunk einen Auftrag für ein Hörspiel, und ich brauchte die 3000 DM, die angeboten waren, hatte aber keine Idee; da sagte mir der Mann vom Rundfunk: Aber schauen Sie doch in Ihren Büchern nach, vielleicht ist doch im Tagebuch etwas – er mußte mich noch darauf stoßen.

Dann habe ich dieses Hörspiel gemacht, es ist also schon aus einer Verlegenheit entstanden und war eine reine Auftragsarbeit, so eine richtige Geldverdien-Arbeit. Die zweite Stufe war wieder so: Ich hatte einen Roman abgeschlossen und publiziert: den „Homo Faber", und ich halte es nicht aus, ohne zu arbeiten – da war ich schon freier Schriftsteller, ich konnte also nicht auf die Baustelle gehen –, und das Schauspielhaus Zürich sagte: Schreib ein Stück, schreib ein Stück! Ich sagte: Ich habe keines. Die sagten: Wie wäre es mit diesem Hörspiel? Also das zweite Mal, daß mich einer darauf aufmerksam machen mußte. Und dann habe ich das Stück draus gemacht. Ich erzähle das nicht als Anekdote, sondern weil diese Art von Arbeit – wenn man einen eigenen Stoff bearbeitet wie einen fremden, der einen nicht mehr als Erfindung interessiert – die handwerklich viel freiere und souveränere ist. Es ist eine ideale Arbeitsmethode: Ich bin nicht mehr verstrickt in die Herrlichkeit oder Schwäche des Einfalls, sondern ich bekomme diesen Einfall, diesen Stoff wie aus der Literatur und bearbeite ihn. Und als Bearbeiter ist man dann besser, im Nachhinein.

A.: Würden Sie das „Biedermann"-Stück wirklich für eines Ihrer besten Stücke halten?

F.: Rein vom Handwerklichen: ja.

A.: Ich halte es für eines Ihrer schwächsten Stücke …

F.: Ja was!

A.: … weil es mir zu hypertroph symbolisiert, zu äußerlich ist, weil seine Abläufe zu sichtbar sind, weil es zu wenig ambivalent, zu wenig offen, zu wenig künstlerisch ist; eher zu künstlich, zu konstruiert – eben deshalb vielleicht handwerklich gelungen?

F.: Das nehme ich an. Es ist kein Widerspruch zu dem, was ich sagen wollte: es sei das Bestgelungene im Sinne der Handwerksarbeit. Es ist mir nicht das Liebste. Ich kann Ihnen auch sofort sagen, welches das liebste ist – kein gelungenes Stück, aber das geheimnisvollste: der „Graf Öderland".

A.: Der von der Kritik sehr hart behandelt worden ist.

F.: Ja. Ich bin mit dem Stück nie fertig geworden, ich habe drei Fassungen gehabt, mache keine vierte mehr, aber das ist für mich das lebendigste Stück. Aber dort war ich immer in diesem Engagement an den Stoff, an die Erfindung, an die Undurchsichtigkeit dieses Stoffes, so daß ich handwerklich nicht so souverän arbeiten konnte wie mit diesem mir schon gleichgültig gewordenen Stoff des „Biedermann". Das meinte ich damit: das Handwerkliche, Technische.

A.: Vielleicht ist deshalb der „Biedermann" so erfolgreich in den Schulen, weil sich daran so viel Handwerkliches zeigen läßt, weil sich daran das Technische, das Dramaturgische üben und studieren läßt.

F.: Ja.

A.: Vielleicht ist der „Biedermann" in meinen Augen auch deshalb ein bißchen schlecht weggekommen, weil es ein ausgesprochenes Parabelstück ist und weil Parabelstücke diese Art Vorzeigestücke sind, die Tendenzen, Lösungen, Ergebnisse anbieten, also wenig Geheimnisvolles haben. Und auch die Tatsache, daß in diesen Stücken Ergebnisse demonstriert werden, ist für Sie doch untypisch.

F.: Sie haben die Antwort schon halb vorweggenommen. Ich habe zwei Stücke geschrieben, die man als Parabelstücke bezeichnen kann, das sind „Biedermann" und „Andorra". Wie kommt man nun zur Parabel? Nicht nur durch Brecht, der hauptsächlich Parabelstücke geschrieben hat. Ich bin dazu gekommen, weil die Parabel eine der Möglichkeiten ist, das illusionistische Theater zu vermeiden. Es wird nicht vorgegeben, das passiere jetzt, sondern es wird ein Modell gezeigt, ein Experiment. Das hat vonvornherein eine Künstlichkeit. Das war bei mir der Impuls zum Schreiben der Parabeln: weg von dem illusionistischen Theater. Nachher habe ich mit der Parabel nicht weitermachen können, weil ich entdeckt habe, daß die Parabel unweigerlich einen didaktischen Trend hat, d.h. eine Parabel lehrt etwas; dem wird auch nicht dadurch abgeholfen, wenn ich den witzigen Titel mache: ein Lehrstück ohne Lehre – das signalisiert nur meine Skepsis. Ich habe einfach festgestellt, daß ich durch die Form der Parabel mich nötigen lasse, eine Botschaft zu verabreichen, die ich eigentlich nicht habe.

A.: Die Sie nicht haben wollen?

F.: Ja, oder: nicht habe. Ich komme zu einem Credo aus Formzwang. Als ich das gemerkt habe, war für mich die Parabel – wie gesagt: nur für mich – unmöglich geworden. Ich stehe auch den Parabeln anderer und großer Autoren skeptisch gegenüber, weil sie dadurch, daß sie nicht in den historischen Raum gesetzt sind, auch so eine Vielanwendbarkeit haben. Das trifft z.B. auch auf Brechts „Turandot"-Stück zu, das sich geschichtlich auf die Zwanziger Jahre bezieht, davon aber nicht spricht; und als Parabel stimmt es hinten und vorne nicht; es ist für Ostblockländer viel peinlicher als für die westlichen Länder, denn die Situation des Intellektuellen bei uns ist ungeheuer schwierig, aber auf eine andere Art: Wir müssen nicht zu einem Kongreß gehen und z.B. zum Vietnam-Krieg Ja sagen; wir *müssen* gar nichts sagen, wir *können* etwas dagegen sagen, die Malaise fängt erst da an, wo unser Dagegen-Sagen vermutlich gar keinen Einfluß hat. Also stimmt diese Parabel für uns nicht. Sie ist aber auch nicht für die DDR geschrieben worden, sondern ist bezogen auf die Zwanziger Jahre. Die Parabel ist ein Wechselbalg. Ich habe das auch einmal mit dem „Biedermann"-Stück erlebt, in New York – ich habe die Aufführungen allerdings nicht gesehen –: Gleichzeitig wurde es aufgeführt von einer Gruppe von schwarzen Schauspielern und von der Bildungsabteilung der New Yorker Polizei; es müssen beide in genau demselben Stück doch wohl etwas Verschiedenes gesehen haben.

A.: Sie haben anläßlich der „Turandot"-Aufführung hier in Zürich im zweiten Tagebuch geschrieben: „Aber Zürich hat gejubelt. Das tut keine Gesellschaft, die sich entlarvt sieht. Es war schlimm, ein Theaterereignis." Weil Brecht auf halbem Wege stehen geblieben ist? Oder ist auch die Inszenierung schlecht gewesen? Sie haben im gleichen Zusammenhang geschrieben: „Es ist eine Sache mit der Parabel." Das schließt, wohl etwas resignierend, an das an, was Sie soeben zur Parabel gesagt haben. Waren Ihre Stücke, oder deren Inszenierungen, mehr als Theaterereignisse? Oder würden Sie, da Sie ja Didaktisches ablehnen und keine Lösungen anbieten möchten, weil Sie, wie Sie sagen, keine Lösungen haben, auch immer nur erwarten, daß Aufführungen Ihrer Stücke Theaterereignisse sind?

F.: Das letztere ist der Punkt. Das ist auch der Unterschied zu Brecht. Was ich geschrieben habe, ist zwar, um das Wort einmal zu benutzen, engagiertes Theater, aber es erwartet nicht, daß es eine revolutionäre Wirkung habe. Wenn das also nur ein Theaterereignis bleibt, so ist das eigentlich im Rahmen dessen, was der Autor sich hat erhoffen können. Dagegen setzt die Ironie natürlich bei Brecht ein, der ja revolutionäre Stücke geschrieben hat oder meinte, sie geschrieben zu haben; und wenn das dann eintritt, daß wir in Mailand Brecht-Stücke sehen, in herrlicher Inszenierung bei Strehler, und im Parkett sitzen lauter Nerzmäntel usw., dann ist dieses Theater völlig integriert, es ist das kulinarische Theater: Marxismus als kulinarisches Theater – dort setzt diese fürchterliche Ironie ein. Brecht ist im Westen auch viel mehr gespielt worden als im Osten. Die Bourgeoisie hat ihn, weil er Klassiker geworden ist, verdauen können. Das ist bei Brecht natürlich schlimmer, als wenn Sie ein nichtrevolutionäres, ein nur kritisches, engagiertes Stück von sich geben und es bleibt ein Theaterereignis. Die Frage ist, ob ein Theaterstück überhaupt mehr sein kann als ein Theaterereignis. Immer dieselbe Gretchenfrage: Wieviel erwarten wir an Wirkung vom Theater. Es gibt ein paar Fälle, wo Theater Revolution ausgelöst hat.

A.: Es braucht nicht unbedingt Revolutionen auszulösen, es kann aber zu Bewußtseinsklärungsprozessen führen, somit also durchaus verändernd wirken.

F.: Das tut es schon, das unbedingt. Das würde ich auch von meinen Stücken zum Teil denken. Auch vom „Andorra"-Stück: Das ist für viele Zuschauer doch, wenn auch ein Anfängerkurs, aber doch ein Kurs gewesen in der Beschäftigung mit dem Phänomen Vorurteil, Massenvorurteil – das hat wohl schon ein gewisses Bewußtsein geschärft. Was nun diese Leute mit dem Bewußtsein machen – aktiv politisch in ihrem Leben –, das ist schwer abzuschätzen.

A.: Mich hat das „Andorra"-Stück sehr beeindruckt. Gerade vielleicht weil ich aus einem Land komme, in dessen jüngster Geschichte das Vorurteil eine besonders erschreckende, grauenvolle Auswirkung gehabt hat. Und wo es nun wieder beginnt, eine schlimme Rolle zu spielen.

F.: Ja, mit anderen Besetzungen. Dazu wäre noch etwas zu sagen: Hier waren die Leute sehr betroffen von dem Stück, die wußten nämlich, daß sie gemeint waren, und zwar hypothetisch: Wie hättet ihr euch verhalten? Das Stück ist absichtlich so gearbeitet, daß die Schwarzen, die Schlächter, die Himmler-Leute nicht in Erscheinung treten: das ist die Maschinerie, der man jemanden ausliefert. Hier, in der Schweiz, waren die Leute sehr schockiert; sie wußten, wo Andorra liegt. In anderen Ländern wieder war es sehr verschieden. Ich habe einmal mit einem brasilianischen Regisseur gesprochen, der

„Andorra" dort inszeniert hat und von der großen Wirkung sprach. Auf meine Frage, auf welches Exemplar das Stück angewendet werde – die Schwarzen, die Juden scheiden aus –, sagte er: Dort ist der outcast der Linke. Es ist eben eine Parabel, es ist auswechselbar. Wie es in östlichen Ländern gesehen worden ist, weiß ich nicht recht. In Rußland durfte es noch nicht gespielt werden; das ist leicht zu erklären: Offiziell haben sie keinen Antisemitismus – und das Stück erinnert sie dann doch daran, daß sie ihn haben. Aber um auf die Hauptfrage zurückzukommen: Es entsteht eine gewisse Bewußtseinsveränderung. Auch wenn das in Schulen gelesen wird, ohne daß man sich allzuviel davon verspricht, glaube ich doch, daß einigen Schülern etwas aufgeht, nicht nur im Zusammenhang mit der düstersten Seite der deutschen Geschichte in diesem Jahrhundert; die Schüler verstehen das auch an anderen Modellen: In der Klasse ist einer der outcast, der Jude, der Sündenbock – dieser Mechanismus spielt immer. Daß man diesen Mechanismus einmal theatralisch möglichst durchsichtig vorführt, hat einen Zweck.

A.: Das eben ist doch die große Leistung von „Andorra", daß es diese Durchsicht durch den Vorurteilsmechanismus für die verschiedenen Gesellschaften leistet.

F.: Wenn es das tut, ist es gut.

A.: Wie stehen Sie selbst zu diesem Stück, gesehen im Kontext der anderen?

F.: Ich bin froh, daß ich es geschrieben habe, ich bin froh, daß es sehr viel aufgeführt worden ist – ich habe nicht allzu viele Aufführungen gesehen. Es ist nicht so, daß ich es mir jetzt noch sehr gerne anschauen würde; es ist mir zu durchsichtig – es wären noch eine ganze Reihe anderer Sachen dazu zu sagen –; aber dann wäre es vielleicht nicht mehr in dem Sinne wirkungsvoll, wie wir es vorher sagten: als Anfängerkurs in der Beschäftigung mit dem Phänomen Vorurteil. Es ist mir nicht geheimnisvoll genug, für mich selber. Aber das geht einem natürlich bei allen Dingen so: Wenn Sie einen Text, ein Stück, einen Essay oder etwas anderes lesen, das Ihnen nur das erzählt, was Sie selber sattsam wissen, dann interessiert es Sie nicht mehr.

A.: Und „Graf Öderland" ist ein Stück, das Sie sehr lieben, weil es für Sie nicht so durchsichtig ist.

F.: Ja. Es ist nicht parabolisch, nicht ideologisiert. Und Öderland ist eine echte Erfindung einer Figur, die es vorher nicht gegeben hat; und dadurch, daß sie auf der Bühne ist, hat sie dies: Der Zuschauer meint, das sei nicht eine vom Autor erfundene Figur, sondern schon eine Figur der vorhandenen Legende. Ich bin immer wieder gefragt worden: Das ist also aus einer nordischen Legende – aus welcher? Aber: Nichts nordische Legende, das ist hier erfunden worden, zu Hause. Und das ist schön: daß eine Figur diese Glaubwürdigkeit im Fabelbereich annimmt. Es gab 1972 in Paris eine gute Aufführung vom „Öderland" – das Stück ist 1951 geschrieben worden. Als es dann 1972 in Paris gespielt wurde, lag das nach den Pariser Ereignissen von 1968: dadurch wurde es verständlich. Diese Ereignisse haben sehr viel mit dem Stück zu tun, es war eine Revolte, nicht eine Revolution, es ist eine Eruption gewesen, sie hat ungeheuer viel Ähnlichkeit mit dem Stück. Der Staatsanwalt, also der Repräsentant der Ordnung, explodiert, weil die Ordnung nicht lebbar ist, nicht elastisch genug ist, ohne daß er ein anderes Programm oder einen Verbesserungsvorschlag hat; also eine Eruption, sinnlos und notwendig, und sie hat indirekt die Wirkung, daß die Gesellschaft verklagt wird mit der Aussage: In dieser Gesellschaft kann die Vitalität nur kriminell werden. Und das war 1951/52, als es hier in Zürich aufgeführt wurde, nicht zu sehen; sie wollten ein marxistisches Revolutionsstück darin sehen, was es nicht war und ist.

A.: Wo halten Sie sich für erfolgreicher, wo für gelungener: auf der Bühne, also als Theaterautor, oder als Romancier? Und welche Formen bevorzugen Sie?

F.: Sie meinen die Frage: Welche Gattung hat, nach außen hin, die größere Wirkung gehabt – eine legitime Frage. Und gleichzeitig die Frage: Wo, in welchem Gewand, fühlt man sich eigener, komfortabler, kongruenter? Dies habe ich immer wechselnd beantwortet: Nämlich nach einem Stück hatte ich das Gefühl, ich müßte das Medium, die Form wechseln, um zu mir selber zu kommen. Es hat sich dann von selbst so abgespielt, daß meist nach einem Stück eine epische Arbeit kam usw. Der Wechsel der Formen, der Wechsel zwischen Theater und Epik hat unter anderem einen sehr einfachen, natürlichen Grund: Wenn ich ein Stück geschrieben habe, so habe ich mir einen Dialog erarbeitet, der für dieses Stück, so hoffe ich, richtig ist, eine Art Ready-made-Dialog, den ich so leicht nicht vergesse und loswerde; es besteht, wenn ich dann in eine neue Stückarbeit hineingehe, durchaus die Gefahr, daß ich diesen Dialog, das Spezifische dieses Dialogs, übernehme für das andere Stück und mir dadurch den Stoff verderbe. Wenn ich aber zwischenhinein in die Prosa gehe, so verliere ich diesen Dialog und habe eher die Möglichkeit, wenn ich wieder an ein Stück gehe, den Dialog zu suchen und zu finden, der für diesen Stoff richtig ist. Eine andere Differenz zwischen der epischen und theatralischen Arbeit, in Bezug auf meine Autorenschaft, ist natürlich, daß, wie die Kritik auch mit Recht festgestellt hat, die epischen Arbeiten bei mir stärker autobiographisch sind als die dramatischen, weil die Bühne die Ich-Position weniger zuläßt – sie läßt sie sogar auch zu, mehr als ich gedacht habe. Ich brauchte also gegenüber dem Gefälle des Romans zum Autobiographischen hin, und nicht nur zum Autobiographischen hin, sondern zu den Problemen der zwischenmenschlichen Beziehungen, eine andere Form, die das nicht so zentral setzt, sondern die mich nötigt, mich mit den öffentlichen Problemen zu befassen. Dieses Wechselbad war, glaube ich, gut und richtig; dabei muß ich gestehen, daß, als ich's machte, ich das nicht bewußt gemacht habe, sondern einem Bedürfnis nachgebend.

A.: Und die Wirkung?

F.: Es ist schwer zu sagen. Ein Stück, das Erfolg hat, ist momentan natürlich stärker vorhanden als ein Buch, und es ist auch ein großer Reiz – einer der Reize, der mich immer zum Theater geführt hat –, daß die Aufführung eine öffentliche Angelegenheit ist, eine Konfrontation mit der Kundschaft. Das ist beim Roman nicht der Fall; den lesen viele Leute nebeneinander, sie sind aber nicht miteinander, sie beeinflussen sich nicht so direkt wie im Theater an einem Theaterabend. Diese Herausforderung, jetzt also in die Arena zu treten und sich vor dem Publikum zu produzieren und die Reaktion des Publikums aufzunehmen, das ist die Verlockung zum Theater gewesen. Dann, in dem Augenblick, hat man das Gefühl, daß das Theater die größere Wirkung habe. Schaut man sich's aber genauer an, so ist das zeitlich sehr beschränkt, auf zwei oder drei Winter mit einem Stück – gut, später werden sie wieder mal aufgeführt, aber das Stück ist nicht oder kaum vorhanden, wenn es nicht auf den Bühnen ist –; das Buch, die Erzählung, bleibt dort herumliegen und sie wirkt über zehn, fünfzehn Jahre immer wieder nach, d.h. sie ist präsent. Das sind andere Arten der Wirkung – ich wüßte nicht, welche nun die größere gewesen ist.

A.: In der Schule, das haben wir gesagt, wirkt aber gerade „Biedermann und die Brandstifter" sehr lange, eigentlich dauernd, weil es als Modellstück immer wieder erarbeitet wird.

F.: Aber eben als gelesenes Stück und nicht als theatralische Aufführung. Und ich habe Stücke immer mit dem ganz festen Wunsch geschrieben, daß sie aufgeführt werden, also nicht als Lesestücke.

A.: Welche Position hat dazwischen das Tagebuch? Ich habe den Eindruck, das Tagebuch sei etwas Uneigentlicheres von Ihnen als Ihre Romane, das Tagebuch sei mehr Fiktion und weniger Autobiographie als die Romane.

F.: Da kann ich Ihnen einfach sagen, wie ich dazu gekommen bin. Das hat mit der Biographie zu tun, mit der Zeit, die wir schon besprochen haben, jener Zeit, als ich Architekt gewesen bin, also den ganzen Tag voll beschäftigt, dann aber doch mehr und mehr das Bedürfnis hatte zu schreiben. Ich hatte schlicht und einfach nicht die Zeit für eine große Form; so entstand das Tagebuch 1946–1949. Ein Sonntagsschreiber, wenn Sie so wollen. Ich hatte Stoffe, hatte Ideen, die ich aber nur in Skizzenform niederschreiben konnte; das Tagebuch war also zuerst eine Notform für mich. Nachher habe ich aber festgestellt, daß es eine – und ich widerspreche Ihnen da – sehr eigentliche Form für mich ist und habe sie dann später auch wieder aufgenommen, als ich freier Schriftsteller war, als Professional. Die Zeit ist keine Ausrede mehr, und ich könnte genauso gut an einem langen Roman sitzen wie sechs Jahre an einem Tagebuch. Es muß also noch andere Gründe gehabt haben, warum mir das Tagebuch entspricht, und ich meine, einer davon ist mir bewußt geworden: Das Tagebuch zeigt die permanente Konfrontation erstens von Fiktion und Faktum – Sie erinnern sich, im ersten wie im zweiten Tagebuch kommen fiktionale Erzählungen vor, die stehen aber in einem nicht leicht zu durchschauenden Kontext mit den geschichtlichen Ereignissen des Tages –; und der andere Kontrapunkt ist das persönliche Leben: Ich bin hier, ich bin in New York, ich bin in Moskau usw., also die Person Frisch, und ich schreibe da und dort dies und das, d.h. indem ich die Subjektivität des Standortes mit einbeziehe, wird das, was ich zu melden habe, objektiver, indem es sich nicht objektiv und absolut gibt. Ich glaube, das Tagebuch ist – ich will nicht sagen: ein Ausweg, weil das negativ klingt, aber – eine Antwortform auf die allgemeine Skepsis, die wir hatten und noch haben, vielleicht weniger, als wir sie früher hatten, gegen die fiktionale Erzählung, gegen die Illusionserzählung. Und das Tagebuch war nun eine Möglichkeit, die Fiktion stehen zu lassen, aber sie abzusichern durch den Widerspruch Realität/Faktum und Fiktion. Es ist darum nicht mehr nur eine Form, die sich aus den Arbeitsbedingungen ergibt, sondern sie entspricht mir sehr. Ich möchte aber nicht immer Tagebuch schreiben; ich habe dieses zweite Tagebuch schon vor zwei Jahren veröffentlicht und habe seitdem für mich nur private Tagebücher geführt, kein Tagebuch als Kunstform. Ich habe auch zwischen dem ersten und dem zweiten Tagebuch, zwei Jahrzehnte also, kein Tagebuch veröffentlicht aus Angst, daß es für mich dann eine Formroutine wird; also mußte ich abbrechen, und ich habe auch jetzt wieder abgebrochen.

A.: Aber das erste Tagebuch, so könnte man mutmaßen, war doch nicht primär für die Veröffentlichung geschrieben – dem zweiten Tagebuch merkt man viel mehr an, daß es für die Veröffentlichung geschrieben ist.

F.: Das erste war genauso als Tagebuch für die Veröffentlichung geschrieben. Ich habe damals auch ein privates Tagebuch geführt, nicht zur Veröffentlichung bestimmt. Aber alles, was in diesem ersten Tagebuch steht, ist für die Veröffentlichung geschrieben worden. Die Tagebücher eins und zwei geben nie vor, nicht mit dem Leser zu rechnen; es ist eine Form wie der Briefroman usw.

A.: Wenn Sie sagen, daß das Tagebuch den objektiven Charakter des Faktums in die Fiktion hebe oder die Objektivität, die vorgegeben wird, durch die Form ironisiert und in Frage stellt, dann könnte man daraus, indem man auf die beiden anderen Gattungen Theater und Roman schließt, folgern, daß Sie die Bühne für das fiktionale Geschehen vorsehen, weil die Bühne das fiktionale Geschehen als solches immer durchsichtig macht und sofort offen zeigt, daß hier etwas gespielt wird, während der Roman bei Ihnen gesättigt ist mit Autobiographie, gemischt natürlich mit Fiktionalem, aber so, wie Sie einmal gesagt haben: daß das für ein Faktum Gehaltene meist das Fiktive ist und umgekehrt. Kann man vor dieser Erkenntnis

sagen, daß „Stiller", „Homo Faber" und „Gantenbein" Ihre Autobiographie mehr enthalten als sogar das Tagebuch?
F.: Da ist etwas Richtiges dran. Wenn ich als Tagebuch-Ich auftrete, so tarne ich mich mehr, als wenn ich in der Er-Form auftrete, also im Roman. Das Ich ist paradoxerweise eine schamhaftere Form als das Er. Und auch das, was Sie sagen, hat eine Richtigkeit: Beim Theater ist es von vornherein klar, das ist ein Spiel. Bei den Romanen müssen wir unterscheiden; ein Roman wie „Stiller" bleibt weitgehend in der Tradition des Illusionsromans, er behauptet, dies und das sei geschehen, und der Leser wird eingeladen oder verführt, während des Lesens zu glauben: Das geschieht, das ist nicht geschehen, das hat er gesagt, usw. Der bisher letzte Roman, der „Gantenbein", löst das natürlich vollkommen auf, der treibt ein reines Spiel mit der Fiktion, indem er eigentlich nur eine Ausgangsposition bietet, die sehr einfach ist: Ein Mann sitzt allein in einer Wohnung, vermißt jemanden, eine Frau, was ist geschehen? Es wird nicht erzählt, was geschehen wird, sondern es werden nur Möglichkeiten fingiert. Im „Gantenbein" geschieht das, was Brecht im „Organon" die Verfremdung nennt: Das Spiel wird als Spiel gezeigt, und es wird als veränderbar gezeigt, als auswechselbar dargestellt. Dort ist nun genausoviel Spielcharakter wie in einem Theaterstück.
A.: Es sind Versuche gemacht worden, „Gantenbein" als Ihre Erfahrungsseite Ihres Lebens mit Ingeborg Bachmann zu interpretieren, so wie „Malina" Ingeborg Bachmanns Erfahrung ihres Zusammenlebens mit Ihnen sei. Ist das so haltbar?
F.: Ich glaube, dazu habe ich mich nicht zu äußern. Es ist ganz offensichtlich, daß der „Malina"-Roman geschrieben worden ist nach der Zeit, die wir, hauptsächlich in Rom, zusammen gelebt haben, und auch der „Gantenbein" ist nach dieser Zeit geschrieben. Sicher ist auch, daß diese Begegnung, dieses Scheitern der Begegnung, beide zentral beschäftigt hat – also ohne die beiden Bücher zu kennen, könnte man die legitime Vermutung haben, daß hier zwei Äußerungen zu einer Geschichte, die ja nie eine Geschichte ist, es ist die Geschichte zweier Menschen, dastehen.
A.: Prinzipiell zum Romanwerk: Dort ist das zentrale Thema die Suche nach der Identität der Figuren, also nach der Identität des Menschen. Welche Auffassung von Welt – um nicht das Wort Weltbild zu benutzen – steht hinter dieser Suche? Woher bezieht sie

ihr Motiv? Kommt sie nur aus persönlichen Erfahrungen oder hängt sie im Großen zusammen mit Erfahrungen, die sich auch bei Joyce, Faulkner niedergeschlagen haben: eine ins Naturwissenschaftlich-Philosophische ausgreifende Auffassung von der Atomisierung der Welt, der Auflösung der Welt im Makro- und Mikrokosmos? Und ist diese Suche nach einer Identität die Suche nach einer ‚heilen' Welt – ohne daß ich mit dem Wort ‚heile Welt' dieses trivialisierte Weltbild des schönen Scheins meine?

F.: Ich glaube, am genauesten kann ich Ihnen darauf antworten, indem ich nicht versuche, theoretisch darauf zu antworten, sondern biographisch, geschichtlich. Als ich das Wort ‚Identität' hörte, angewendet auf meine Arbeit, war ich wahrscheinlich der letzte, der dieses Wort dabei gedacht hat. Es klingt anekdotisch, aber es ist so gewesen, daß ich bei der Niederschrift von „Stiller" das Wort ‚Identität' nie gedacht habe, zum Glück. Das heißt, ich bin ausgegangen von einer subjektiven Erfahrung, der Bedrängnis, die ich versucht habe darzustellen in dieser Geschichte wie in anderen Geschichten, eine Qual, ein Ungenügen, wir sagten es zu Anfang des Gesprächs einmal: zuerst ein Ungenügen an sich, das dann erst später reflektiert wurde auch als ein Ungenügen der Gesellschaft, also eine Kritik der Gesellschaft. Überhaupt muß man sagen: Die Fragen, die Sie stellen, sind ohne Zweifel richtig, aber sie kommen für mich aus einer Richtung, wo ich nicht herkomme; ich komme nämlich nicht von der Literatur, sondern von der Eigenerfahrung her und würde, wenn man das Wort nicht mißbrauchen will, mich zu der Gattung der Notwehrschriftsteller rechnen. Das heißt, ich schreibe, um zu bestehen; ich schreibe, um mir klar zu werden; ich schreibe, um mich auszudrücken – das tönt alles sehr egozentrisch und ist es wahrscheinlich auch, und auch ich habe es lange nicht zugeben wollen und habe mir dann sozusagen eine didaktische Seite zugelegt, die nicht gelogen ist, die aber, wie ich jetzt meine, sekundär ist. Ich habe nicht geschrieben, um die Welt zu belehren, aufzuklären, was eine schöne und gute Aufgabe ist – habe ich zum Teil auch getan, aber das war nicht der zentrale Impuls –, sondern der zentrale Impuls ist der ganz simple, einfache, naive: der Spieltrieb, und die Notwehr: also die Gespenster zu bannen an der Wand.

A.: Die Frage kommt nicht aus der Absicht zu erforschen: Welches Weltbild haben Sie und welchem Weltbild schreiben Sie jetzt den

Roman nach, wie ist die Theorie, nach der Sie Ihre Stücke schreiben – das wäre natürlich absurd. Immerhin zielen die Fragen aber doch aus einer interpretatorischen Richtung und wollen herausbekommen, ob sich bei Ihnen inzwischen so etwas wie eine Theorie oder Poetologie der eigenen Romane ergeben hat – was möglicherweise aber, wenn es der Fall ist, bereits die Vernichtung künftiger Romane bedeuten könnte.

F.: Ich scheue mich vor diesen Theorien, ich habe sie mir hin und wieder gemacht und habe sie wegwerfen müssen, weil sie mich blockieren für die weitere Arbeit. Ich brauche einen gewissen Blindflug, wenn ich arbeite; sonst erfülle ich ein Programm. Und ich bin nicht sicher, ob das besser ist. Ich entdecke mehr, wenn ich versuche, von der empirischen Erfahrung auszugehen, möglichst präzis und möglichst durchsichtig die Sache darzustellen, ohne einen Programmpunkt, ohne ein Soll, einen Zweck, den ich erreichen muß.

A.: Das ist doch das Normalste für einen Schriftsteller.

F.: Ja eben. Sie kennen die Fragen, die man einem an vielen Universitäten stellt. Die Leute meinen: Der Mann, der da schreibt, nimmt sich etwas vor und erfüllt es. Sie meinen auch, er hätte die Wahl seines Themas, er könne das oder jenes; wie bedingt er ist durch seine ganze Konstitution und durch seine Geschichte in der Wahl seines Themas, ist den meisten nicht klar. Warum kommt er immer wieder auf das gleiche Thema – sieht er das denn nicht? Natürlich sieht er es – er hat aber nur dieses, weil ihn eben dieses am meisten brennt. Das wissen alle, die selber irgend etwas machen: daß wir diese große Wahl gar nicht haben – wir haben wohl die Wahl der Mittel, aber die Wahl der Themen haben wir kaum.

A.: Ein alter Germanistenspruch, obgleich gerade die Germanisten selten danach verfahren, ist jener, daß als Kommentar zu einem Werk der Selbstkommentar eines Autors am verdächtigsten ist. Das ist von der anderen Seite her dasselbe, was Sie sagen. Und natürlich ist es immer problematisch, in einem solchen Gespräch interpretierend über die Romane, über ihre innere Struktur, über ihr inneres Leben zu reden.

F.: Man könnte Handwerkliches besprechen. Dann müßten wir aber zusammensitzen und anhand eines Textes längere Zeit arbeiten; dann kann man sagen: Warum ist das so gemacht, warum ist das nicht anders gemacht worden? Dann kann man sehr sauber darüber reden. Die Selbstinterpretation – der Autor über sich selbst – ist eine interessante Sache, immer eine gefährliche; sie hat nur einen Sinn, wenn man sie im Gegensatz zum Werk sieht und nicht als Rechtfertigung des Werks. Ich habe allerdings die Erfahrung gemacht, daß bei Studenten, Schülern, Lesern die Tendenz besteht, der Selbstinterpretation des Autors mehr zu glauben als seinem Werk. D.h. ich könnte etwas furchtbar Unsinniges behaupten, dem das Werk widerspricht, und sie würden sagen: Aber Sie haben doch gesagt ...

A.: Ich will es dennoch tun und beharrlich mit ein paar Fragen auf das Werk gehen.

F.: Ja, tun Sie es nur, natürlich.

A.: Jürg Reinhart in den „Schwierigen" begreift noch nicht die Gesellschaft als infiziert, sondern er erkennt sich als Infizierten und zieht sich vor der Gesellschaft zurück, die er unangetastet läßt. Er resigniert, kapituliert, gibt auf. Stiller revoltiert gegen die Gesellschaft, und der Autor Frisch stellt im „Stiller" diese Gesellschaft in Frage, nicht nur seine handelnde Figur. Damit geht doch die Erkenntnis einher, daß es eine Ungleichgewichtigkeit zwischen Individuum und Gesellschaft gibt. Steht dahinter nicht Ihr ständiger Versuch, mit der Identität diese fehlende Gleichgewichtigkeit wiederherzustellen? Wobei Sie genau wissen, daß sie nicht wiederherstellbar ist. Und Sie glauben an eine objektive Wahrheit, die inhaltlich nicht gefaßt ist, also eher die Idee, die Möglichkeit einer objektiven Wahrheit ist; das Bild von einer objektiven Wahrheit. Doch dieses Bild möchten Sie nicht zeichnen, weil jedes Bild, das Sie zeichnen würden, eine Tendenz haben würde, einen, vielleicht sogar glaubwürdigen, Inhalt haben könnte, der aber nicht identisch sein kann mit dieser objektiven Wahrheit; und weil jedes Bild eher verfestigt als Entwicklung zuläßt. Ist das ungefähr die Gedankenstruktur, die Erlebensstruktur, die Ihren Romanen zugrunde liegt?

F.: Das liegt jedenfalls in der Richtung, ja, das ist die Gegend, in der sich die Sache bewegt. Es ist auch so, daß offenbar diese Figuren wie auch der Autor ein merkwürdiges Heimatbedürfnis haben. Es ist auch kein Zufall, daß ich jetzt vor kurzem über den Begriff Heimat geredet habe, einen zur Zeit abgewerteten, weil ungeheuer mißbrauchten Begriff. Es ist also das Bedürfnis nach Zugehörigkeit. Und wenn Sie nun meine Biographie anschauen: ein Herumfahren, zwar immer mit Zentrum Schweiz, was sich geschichtlich ergeben hat, aber nie ganz fest an einen Ort gebunden. Auf der anderen Seite eben dieses Bedürfnis, dazuzugehören – es muß nicht eine nationale Gesellschaft sein. Das ist ein Konflikt, den ich nur als Konflikt, ohne Lösung, darstelle, und ich sehe auch nicht eine mögliche Lösung. Ich meine natürlich nicht, daß der Mensch sich vollendet, der Stiller, indem er keine Rolle spielt, indem er er selbst ist ohne Bezug auf die anderen. Indem er aber ist in Bezug auf die anderen, entsteht ein Bild, das er sich von den anderen macht, das die anderen sich von ihm machen; dieses Bild muß nicht bösartig sein, aber es hat die Tendenz zu verfestigen und Leben abzutöten und muß daher immer wieder gesprengt werden. Also ich sehe es als etwas, das immer wieder gebaut wird, um zu behausen und immer wieder zum Kerker wird und gesprengt werden muß. Das ist ein Dauervorgang vom Leben des Einzelnen in der Gesellschaft. Hinter dem ganzen steht natürlich – ich komme auf Ihre vorige Frage zurück – ganz sicher das, was ich von der Erziehung mitbekommen habe; das ist ein Bedürfnis, ein Glaube, ein sehr bürgerlicher, sehr europäischer Glaube, an das Individuum, an die Person. Es ist also nicht so, daß ich die Erfüllung darin sehen kann, ausschließlich eine Nummer in einem Kollektiv zu sein, sondern ich meine schon, daß es neben dem Recht der Gesellschaft das Recht auf das Leben des Ich gibt.

A.: Und wenn Sie ein Ich mit einem Bild bekleben – um es mal so auszudrücken –, nehmen Sie ihm die Freiheit. Das ist doch eine grundsätzliche Abweisung von Ideologie als einer bestimmenden, festlegenden Weltanschauung – wobei ich selbstverständlich einschließe, daß unser aller Verhalten irgendwie ideologisch bestimmt ist. Aber ich meine jene von außen kommende Ideologie, die alles Verhalten reglementiert und dem Individuum, ohne ihm seine Hingabe an die Gesellschaft entsprechend zu entgelten, jeden Weg vorschreibt: also den Zwang unter ein Bildnis von Gesellschaft und Individuum.

F.: Ja. Ich habe damals diesen Satz gebraucht, der ein Leitwort geworden ist für die Interpreten: Du sollst dir kein Bildnis machen, also dieses abgekürzte Bibelzitat, das weitergeht: nicht nur von Gott, sondern auch von den Menschen, von allen. Das ist ein zentraler Gedanke geblieben. Er ist allerdings nur die eine Hälfte der Wahrheit, denn wir können ja auch nicht leben, ohne uns Bildnisse zu machen. Das als einfache Einleitung zu dem, was Sie von der Ideologie sagen. Wir kommen ohne Ideologie nicht aus, aber die Ideologie hat die Tendenz, sich zu verfestigen, zu versteinern, unwirklich zu werden, sich von der Wirklichkeit abzulösen. Die Ideologie muß also auch immer wieder gesprengt werden. Und schon das, was ich jetzt sage, ist wiederum eine Ideologie – es ist also ein Teufelskreis. Man kann nicht einfach sagen: Laßt einfach all diese Ideologien, die bürgerliche, die marxistische, und dann sind wir freie Leut – so geht es natürlich nicht. Aber je stärker eine Ideologie von ihrem Sinngehalt, von ihrem utopischen Wert her ist oder auch je stärker in ihrer Verfestigung in gesellschaftlichen, wirtschaftlichen Mächten, um so nötiger ist es, daß sie torpediert, beklopft, getestet wird. Und dort kommen wir nun wirklich zu der Frage: Was ist die Aufgabe der Literatur? Neben dem schon Erwähnten, dem Sich-selbst-Ausdrücken, sich selbst in dieser Welt retten durch Darstellen, liegt die Aufgabe der Literatur – der Dichtung, wie man's früher nannte, das Wort kommt vielleicht wieder – darin, Ideologie zu verunsichern, indem sie immer wieder versucht, die sich verändernde Realität ins Bild zu bringen, zur Darstellung zu bringen; und da zeigt sich dann die Diskrepanz zwischen dem Vokabular der Ideologie und der mit ihr verbundenen Realität. Daher ist Literatur – wenn es Literatur ist, wenn sie diesen Namen verdient, und auch noch die argloseste – immer ein subversives Unternehmen. Und was heißt subversiv? Ein therapeutisches Unternehmen.

A.: Ich möchte noch einmal auf den Satz und Widerspruch kommen: Du sollst dir kein Bildnis machen – andererseits kann man ohne Bilder nicht leben; also das Sich-offen-Halten, dennoch aber die Sehnsucht nach dem Bildnis, die im Menschen angelegt ist. Wenn in „Don Juan oder Die Liebe zur Geometrie" Don Juan die Geometrie liebt, so liebt er doch wohl die vorhin angesprochene Idee der objektiven Wahrheit. Die Geometrie ist ein ganz objektives, axiomatisches, völlig logisch existierendes, ein in sich wahres, stimmiges System; aber eben doch eher eine Formel für die Wahrheit als die Wahrheit selbst, denn die Geometrie hat keine Inhalte: man kann mit ihrer Hilfe Kreißsäle und Mordmaschinen konstruieren. Sie haben, wenn ich in diesem Zusammenhang auf Ihre Biographie zurückkommen darf, in Ihrer ersten Bindung in einer bürgerlichen Ehe lange gebraucht, um sich aus diesem Zwang zu befreien. Taucht da in Ihrer Biographie erstmals dieser Doppelcharakter von Bindung und Lösung, Offenheit und Dazugehören-Wollen als Erlebnis auf? Und ist als Ergebnis aus dieser Erfahrung Ihr Beharren auf der Offenheit möglicherweise eine dauernde Flucht vor Verbindungen, aus denen sich zu lösen Sie selbst vielleicht keine Kraft mehr haben?

F.: Das möchte ich jetzt nicht biographisch beantworten, also nicht in Beziehung auf meine eigene Lebensgeschichte mit Ehe und Nicht-Ehe. Ich stelle nur fest, daß bei mir persönlich eine große Furcht ist vor der Gewöhnung, der Gewöhnung als Routine, als Pseudo-Sicherheit und als Bequemlichkeit, also als ein Leben lähmendes Element. Das sind eigentlich die Gründe, warum Bindungen schwer werden: weil alle Bindungen, seien es berufliche, eheliche oder soziale, zu solchen Mustern, Routinemustern führen, unter denen das Leben langsam erstickt. Das ist eigentlich am deutlichsten dargestellt in dem schon erwähnten Stück von Graf Öderland, der einfach in eine völlige Atemnot kommt in einer völlig geordneten Gesellschaft; dort rebelliert und explodiert er, und die Anklage gegen die Struktur dieser Gesellschaft ist so – das wurde weithin nicht erkannt –: Es wird von dieser Gesellschaft gesagt, daß sich Vitalität darin nur kriminell äußern kann – wir müssen also eine Gesellschaft suchen oder immer wieder herstellen, in der Vitalität soziabel wird, das ist das Fernziel, immer wieder; das gab es schon, ist wieder verloren gegangen, geht wieder verloren usw.

A.: Es muß dann natürlicherweise eine dauernde Flucht vor der Verfestigung geben.

F.: Aber nennen wir es mal nicht Flucht, weil Flucht nicht anders zu hören ist als negativ. Mit Flucht verbindet sich Feigheit, Mangel an Kraft usw. Für diese Bewegung ein anderes Beispiel: Man weiß von den indianischen Völkern, Mayas, Azteken, Zapoteken, die sich niedergelassen haben, z.B. die Mayas, und ihre Kultstätten, Tempel errichtet haben; und nach einiger Zeit, ohne daß die Stätten durch Krieg unmöglich geworden sind, ohne daß das Land unfruchtbar geworden wäre, haben sie sie verlassen, auf priesterliches Gebot, also Gottes Gebot hin, und sind in den Dschungel gezogen, an irgend einen anderen Ort, keine Völkerwanderung, nur 100 Meilen weiter, und haben von neuem angefangen. Nehmen wir also statt des Wortes Flucht das positive Wort Regeneration. Wie es dort auch andere gab, die alle fünfzig Jahre, also alle anderthalb Generationen, sämtliches Geschirr zerstören mußten, um es sämtlich neu herzustellen, und alle Feuer löschten, um das neue Feuer wieder von der Tempelstadt zu holen. Das ist das Positive, das man nicht als Flucht bezeichnen würde; es ist eine Zerstörung um des Wiederaufbaus willen – Regeneration. Und wenn wir auch noch goethisch kommen wollen, dann mit dem Zitat: „Gestaltung, Umgestaltung – des ewigen Sinnes ewige Unterhaltung." Dann sind wir also nicht mehr bei der negativen Flucht, sondern beim Regenerativen, Kreativen.

A.: Und wenn man's theoretisch fassen wollte, könnte man vom ständigen Revisionismus reden.

F.: Ja.

A.: Ihre Romane sind von der historischen Situation, in der Sie selbst lebten, als Sie sie schrieben, meist nicht offensichtlich berührt – also Geschichte erscheint nicht ganz unmittelbar. Warum diese Fast-Geschichtslosigkeit – hat das Existentielle dort parabolischen Charakter?

F.: Bevor ich Ihnen, wiederum mich selbst interpretierend, etwas dazu sage, müssen wir doch überlegen, ob diese Behauptung überhaupt stimmt. Nehmen wir den „Stiller"; der ist zeitlich ziemlich bestimmt, örtlich bestimmt: Das ist die Schweiz nach dem Krieg, die bürgerliche Schweiz, etwa zur Zeit des Kalten Krieges, was ein zentrales Thema wird – der Roman spielt also nicht ortlos in einem Irgendwann und Irgendwo; aber selbstverständlich ist diese geschichtliche Situation nicht das zentrale Thema dieses Romans. Beim „Homo Faber" ist es auch geschichtlich und örtlich fixierbar – es ist der vermeintliche Technikertyp aus einer Zeit, in der das Wort ‚American way of life' ganz positiv und gläubig ausgesprochen worden ist; und heute ist der ‚American dream' vorbei. Es ist also nicht ganz so, daß man diese Romane nicht zeitlich und geschichtlich bestimmen könnte. Aber etwas ist dran an dem, was Sie sagen, und dazu gäbe es im Nachhinein vielleicht interpretatorisch die Erklärung: Die Schweiz, eben die neutrale Schweiz – was immer das auch heißt, jedenfalls ein komplexes Problem – war nicht in die Ereignisse verwickelt, und die aus der Ferne darzustellen, ist sehr problematisch, nicht illegitim, aber eben problematisch.

A.: Denken Sie jetzt an den Nationalsozialismus?

F.: Ja, zum Beispiel – so daß ich eigentlich in einem Raum schrieb, lebte, der etwas im Windschatten der Zeitgeschichte lag, obzwar er dazugehört. Und ich bin als Erzähler ungeheuer auf die Erfahrungswelt angewiesen, das heißt eben nicht nur auf meine Geschichte; aber ich weiß, wie hier ein Straßenbahnschaffner spricht, wie der ungefähr lebt; ich weiß das für Deutschland schon etwas weniger, für England gar nicht; und auch wenn ich diese Dinge nicht erzähle, so brauche ich doch die Abstützung auf gesicherte Erfahrung. Oder ich gehe dann in die Fiktion hinein, also in eine phantastische Geschichte oder in ein Kostümstück wie „Don Juan“ – dann brauche ich das alles nicht. Also ich bin durch meine Geschichte, meine Erfahrung gebunden an diese Umgebung, die im Windschatten der Weltereignisse gelegen hat. Das ist also nicht gewählt, sondern das ist eine Zwangsfolge der Situation.

A.: Aber es hat vielleicht gerade dadurch die Chance, nicht nur in der reinen Geschichtlichkeit verfangen zu bleiben, sondern eben Parabolisches, grundsätzlich Existentielles anzunehmen und einen größeren Abstraktionsgrad von Geschichte zu erreichen und dadurch einen sehr viel umfassenderen Verweisungscharakter des Literarischen zu erhalten.

F.: Es entgeht natürlich der Gefahr, daß es die aktuelle Geschichte mitschleppt, die nachher eine verstaubte Geschichte ist und nicht aus der Distanz gesehen werden kann. Wenn man heute zum Beispiel einen Roman lesen würde aus dem Nachkriegsdeutschland, einen Heimkehrerroman – also aus einer sehr schwierigen, wichtigen Zeit –, der seine Sache aktuell erzählte: Auf dem liegt jetzt zwar Geschichtlichkeit, aber Geschichtlichkeit als etwas Verstaubtes, weil das zwar eine wichtige Geschichte war, die aber nicht aus der Distanz, sondern aus der aktuellen Situation heraus gesehen wird. Und dem entgeht man – und das ist eine glückliche Seite dieser Situation – in einer Position, die ich notgedrungen hatte, etwas mehr.

A.: Sie haben sich – seit den Sechziger Jahren – zunehmend politisch engagiert. Hier in Zürich gelten Sie als extremer Linker, man redet jedenfalls so davon, weil Sie dem Schweizer Bundesrat hin und wieder ein paar Wahrheiten sagen. Sie wohnen aber nicht nur in

Zürich, sondern auch im Tessin, Sie fahren immer wieder nach London, New York, haben auch eine feste Wohnung in Berlin, seit einigen Jahren, und haben also die politische Entwicklung der Endsechziger Jahre in der Welt und vielleicht besonders in Berlin intensiv miterlebt, auch gerade im Gespräch mit Schriftstellern, die daran beteiligt waren: Walser, Enzensberger, Grass. Was hat Sie damals eigentlich bewogen, auch – oder gerade – nach Berlin zu gehen?

F.: Darf ich einen Umweg machen? Um Ihrer Frage ein biographisches Fundament zu geben, zuerst einmal die Antwort auf die Frage: Was hat mich politisiert? Es ist nicht leicht, das genau zu sagen. Ich erinnere mich zum Beispiel an etwas: Ich habe mich als Architekt für Städtebau interessiert, für die Planung von Städten, und wenn man das etwas studiert, kommt man natürlich ins politische Gebiet hinein, d.h. mich hat die Möglichkeit interessiert, Städte zu bauen, die wir gebrauchen können, und ich habe erkannt, warum das nicht geht: Das ist vor allem das Bodenrecht, eine ganz konkrete Angelegenheit. Ich habe dann Gelegenheit gehabt, in verschiedenen Ländern herumzufahren und meine Vorträge zu halten über Städtebau, und all die Leute, die da an der Städteplanung arbeiteten, hatten nur immer die eine Frage: Können Sie das denn machen, solange wir dieses Bodenrecht haben, das Bodeneigentum und die Möglichkeit der Spekulation mit Boden? Jeder hat gewußt, daß er das nicht machen kann, also es ist eine rein platonische Arbeit für die Schubladen und für die Schränke. So war dann der Punkt erreicht, das entweder als Traum weiterzumachen – das wollte ich nicht – oder sich zu politisieren und zu versuchen, das zu ändern. Und ich habe gehofft, daß man da etwas ändern könnte: nicht etwa, daß es überhaupt kein Eigentum mehr geben sollte, sondern kein Eigentum mehr an Grund und Boden. Wir müssen das jetzt nicht als Thema weiter ausführen, aber so fing es an, und dann hat das eine das andere ergeben, und ich habe den Weg gewählt, daß ich die politische Engagiertheit nicht nur oder nicht in erster Linie in die Literatur hineingenommen habe, sondern daß ich das als Staatsbürger aktiv, mit und ohne Partei, gemacht habe, so daß ich dann nicht der Verpflichtung erlag, in jedem Buch seine politische Relevanz, seine politische Engagiertheit nachzuweisen. So habe ich mich dann erst mit der Welt im großen und ganzen beschäftigt und mit der Örtlichkeit Schweiz. Hier habe ich sehr wenig ausrichten können, ich könnte keinen politischen Direkterfolg verzeichnen, und um nun über die Welt politisch zu denken, mußte ich sie kennenlernen; daher diese Wohnortwechsel. Mit Berlin war das nun ganz merkwürdig. Ich habe Berlin kurz kennengelernt im Jahre 1936; ich erinnere mich da an die „Stürmer"-Kästen, an die Aufmärsche mit „Juda verrecke"; dann war ich dort 1947/48 zur Zeit der Luftbrükke – es hat mich zum ersten Mal ungeheuer erschreckt, beim zweiten Mal brennend interessiert. Ich kam dann nach Berlin, als es mich eigentlich gar nicht mehr sonderlich interessierte – das sind diese Absurditäten: Wir suchten in Zürich eine bestimmte Wohnung, nicht großartig, nicht feudal, aber groß, mit hohen Zimmern, leer und einfach, und die fanden wir dann nicht in Zürich, sondern in Berlin, und so gingen wir der Wohnung halber nach Berlin – so passieren doch diese Dinge! Wir fanden dann auch die Gründe, nach Berlin zu gehen: erstens die erwähnten Kollegen, zu denen ich dann näheren Kontakt habe, und wenn ich schon in Berlin bin, bin ich natürlich auch mehr in der DDR als vorher, habe dort Kontakte aufgenommen; und das ist ein großes, neues Feld, ich mußte sehr viel lernen, was ich vorher nicht wußte oder doch nur vom Papier her. Es ist wieder so, daß es ein äußerer Zufall ist, der mich dahin gebracht hat; nun könnte man sagen: daß ich Berlin gewählt habe, war eine Intuition, ich wählte in einer Tendenz, die mir noch nicht bewußt war.

A.: Seit wann leben Sie in Berlin?

F.: Seit drei Jahren, meist über den Winter, vier, fünf Monate im Jahr.

A.: Sind die deutschen Zustände der zweiten Hälfte der Sechziger Jahre: Studentenrevolte, Außerparlamentarische Opposition und deren radikalisierende Elemente in die Schweiz gedrungen – haben sie den politischen, den literarischen Menschen Max Frisch erreicht? Und wie?

F.: Mich haben sie sehr erreicht, aber natürlich auch Paris, dann später die andersartigen Bewegungen in Amerika. Ich war weder in Berlin noch in Paris dabei, kam immer etwas zu spät, und als es hier losging, in der Schweiz – hier hat die Jugend etwas nachgezogen –, war ich in Moskau und hatte von dorther natürlich nichts zu sagen. Hier hat die Jugend die Erfahrung gemacht, daß sie den politischen

Partner und Gegner stark unterschätzt hat; die Bourgeoisie hat hier nämlich sofort zurückgeschlagen und hat sofort alles, selbst im liberalen Sinne sehr vernünftige Forderungen, also Hochschulgesetz usw., gestoppt; hier ist das alles schlechter als das Hornberger Schießen ausgegangen. Es hat hier eine starke Verfestigung nicht nur der konservativen, sondern auch der restaurativen Kräfte hervorgebracht. Trotzdem hat sich einiges verändert, was man vielleicht im Augenblick unterschätzt; man fragt sich ja auch in Deutschland, was denn von der Opposition der Jahre 1968/69 geblieben ist: Hat sich alles verflüchtigt, sind alle einfach in sichere Stellungen abgegangen? Mein Eindruck, wenn Sie den wissen wollen, ist der, daß alles natürlich etwas Pueriles hatte, daß die vollständige Veränderung der Gesellschaft morgen, allerspätestens übermorgen stattfinde – also das Gegenteil vom Langen Marsch –, und das mußte natürlich zu schweren Enttäuschungen führen und zu einem politischen Kater; trotzdem hat sich doch – wenn Sie die Universitäten nehmen, Schulen – sehr viel niedergeschlagen, was man als Fortschritt bezeichnen kann; es ist allerdings nicht soviel, wie man sich im Sturm erhofft hatte. In Amerika, habe ich den Eindruck, ist fast nichts übrig geblieben von diesen Bewegungen und Märschen auf Washington; es wurde nichts erreicht; der Vietnam-Krieg ging weiter, die Korruption kam zum Vorschein, so daß dort eigentlich – soweit ich es sehe – nur ein großer Kater da ist.

A.: Aber kam in Amerika die Korruption nicht auch gerade deshalb zum Vorschein, weil die Sensibilisierung für politische Moralität durch diese Bewegungen geschärft wurde?

F.: Das wäre eine hoffnungsvolle Auslegung. Ich glaub's eigentlich nicht; denn die Leute, die diese Korruption herausgebracht haben, kommen eigentlich mehr vom konservativen puritanischen Flügel her, also sagen wir: das gute Amerika, das noch auf Treu und Glauben hält. Und diese sehr große Bewegung, die im Vergleich zu der deutschen ganz anders war: sehr viel weniger theoretisch, hippiehafter, fröhlicher, hat nichts hinterlassen. Sie hat revolutionärer ausgesehen, weil unserer Meinung nach eine Revolution fröhlich sein muß, auch wenn sie nachher nicht immer lustig, sondern hart ist und nicht mit einer solchen Verbiestertheit schon gestartet wird wie in Deutschland – das war doch ungeheuer verbiestert, natürlich sofort auch sehr sektiererisch, wiedertäuferhaft, bis ins Absurde hineingehend. All diese Dinge haben mich sehr beschäftigt und sicherlich auch beeinflußt, was nicht heißt, daß ich alles als neue Lehre und Heilslehre aufgenommen habe, aber es hat bestimmt mein Bewußtsein verändert, geöffnet und auch kritische Kräfte gegen diese Leute entwickelt, die keineswegs reaktionär gerichtet sind.

A.: Wie würden Sie denn heute – ganz platt gefragt – Ihr politisches Credo bestimmen? Ist es auf schweizerische Weise getönt? Ist es weltbürgerlich, wobei die Betonung durchaus auf dem Wort bürgerlich liegt?

F.: Es ist jedenfalls über die Schweiz hinaus gedacht. Denn die Schweiz ist nicht nur recht klein, was sie ja immer war; sie ist in der letzten Zeit geschichtlich wenig aktiv, es wird von der Schweiz nicht etwas ausgehen. Es gibt sehr viel gute Köpfe hier, oder sie kommen von hier und sind ausgewandert – es gibt also keinen Mangel an brain, an Hirn, aber die geschichtliche Situation ist nicht so, daß von der Schweiz etwas ausgehen könnte. Also ist das Interesse an der Schweiz reduziert auch für uns. Die Veränderungen, die Verbesserungen oder sagen wir mal, um das Wort Veränderung nicht zu strapazieren, das Abfangen von Katastrophen – mal negativ gesagt – muß anderswoher kommen, also richtet sich die Interessiertheit schon auf die ganze Welt, und zuerst einmal auf Europa, das wir besser kennen: Europa in dieser Welt zwischen den Blöcken. Und wenn ich gefragt werde, dann gebe ich halt dieses Etikettenwort, was schon etwas heißt, also: Sozialist, man könnte ergänzen: in der Richtung des demokratischen Sozialismus. Wie weit nun die Sozialdemokratische Partei hier das zu vertreten vermag, ist eine andere Frage, aber das ist die Position.

A.: Wie ist denn die Sozialdemokratische Partei in der Schweiz, gemessen an der in der Bundesrepublik?

F.: Sie ist verschüchterter. Willy Brandt, der doch eine Zeitlang einen Glanz hatte, hat auf die Leute hier nicht ermutigend gewirkt; sie hatten nicht das Gefühl, ihre Stunde sei gekommen. Es ist hier natürlich auch eine Partei, die durch soviele Niederlagen hindurchgegangen ist, daß sie wenig Flügel hat, begreiflicherweise; also den Leuten, die dreißig, vierzig, fünfzig Jahre dabei sind, Optimismus einzuflößen, ist ein großes Kunststück.

A.: Sie haben im „Dienstbüchlein" Ihre Militärzeit kritisch reflek-

tiert und haben in „Wilhelm Tell für die Schule" eine – ich will es in Ihrem Sinne einmal in Anführungszeichen sagen – ‚demokratisch-freiheitliche' Legende der Schweiz zu zerstören versucht. Das hat Ihnen in der Schweiz viel Kritik eingetragen. Wie würden Sie denn die Schweizer Demokratie – im Vergleich zu anderen westlichen europäischen Demokratien – sehen? Ist die Stabilität dieser Demokratie oder dieses Staates, dieser Gesellschaft, nicht die andere Seite derselben Münze, deren eine Seite Verhärtung und permanente Restauration heißen kann?

F.: Der bekannte Unterschied der Schweizer Demokratie zur deutschen ist der, daß die Schweizer Demokratie eine direkte Demokratie ist; der Staat ist durchweg föderalistisch organisiert; anders wäre dieses Land mit seinen verschiedenen Sprachgruppen und Konfessionen nicht möglich gewesen, wenn nicht eine große Souveränität der Gemeinden und Kantone da wäre – und das ist nun eine Einrichtung, die Mitte des letzten Jahrhunderts begründet und durchgeführt worden ist und für diese Zeit gut, vielleicht sogar großartig war, die aber mit der Entwicklung der technischen Welt, in der wir leben, also mit der Vermassung – ein Wort, das ich hasse –, mit der Internationalisierung nicht mithält; und sie wird mehr und mehr ein Instrument, ein Vehikel, das sich in dieser Zeit heute nicht mehr bewegen läßt, so daß ich nicht mehr daran glauben kann, daß die Demokratie, die hier so enorm gut funktioniert, mehr ist als eine Formaldemokratie, mehr als ein gekonntes, mit Liebe mehr als mit Eifer und mit großem, etwas unkontrolliertem Selbstbewußtsein gepflegtes Spiel, eine Inszenierung demokratischer Routinen. Wenn es dann an die Probleme herangeht, dann sehen wir natürlich, daß wir mit der Demokratie genausoviel Mühe haben wie jedes andere Volk. – Was nun die Texte betrifft, die Sie erwähnt haben: Der „Wilhelm Tell" ist für mich eigentlich eine vergnügliche Arbeit gewesen ...

A.: Das merkt man.

F.: Ich ging sogar von einem rein literarischen Anreiz aus: Ich beschäftigte mich mit dem Problem des Präteritums, mit der Glaubwürdigkeit, der Fiktionalkraft des Präteritums und – jetzt mal ganz einfach vom Literarischen her –: Es ist lustig, die Geschichte eines Ritters zu erzählen, der an den Vierwaldstätter See kommt, und ich erzähle das im Präteritum, und das hat eine große Glaubwürdigkeit, auch wenn ich ein Detail sage: „Er hat harte Eier gegessen" oder „Hat nicht gegessen", „Er hatte Kopfweh", „Er fühlte sich unwohl" usw. – so nimmt das eben diese Glaubwürdigkeit des naiven erzählenden Präteritums an; und dazu diese Fußnoten, so daß man gar nicht weiß, ob der Mann überhaupt existiert hat, wie er existiert hat, wann er existiert hat usw. Also dieser Widerspruch hat mich rein literarisch interessiert. Dann natürlich hat mich mehr und mehr eine polemische Seite daran gereizt: Diese Wilhelm-Tell-Legende – das ist nicht meine Entdeckung – ist eine Import-Sage, Tell ist also eigentlich ein Gastarbeiter-Held ...

A.: ... aus dem Skandinavischen.

F.: Ja, und das macht ja nichts, das wäre eher eine ungeheuer europäische Attitüde, daß man seinen Nationalhelden bei anderen Völkern ausborgt, aber es ist ein grundfalscher Mythos auf die Eidgenossenschaft. Auch Schiller hat große Mühe gehabt; eidgenössisch meint im Grunde eine kollektive Sache, und er, der Wilhelm Tell, ist ein Einzelgänger, also ein Kaderfeind und ein ganz gefährlicher Mann; denn wenn er mit seinem persönlichen Groll und seinem persönlichen Attentat zur falschen Zeit kommt, kann er die ganze gute Bewegung kaputtmachen. Es ist also eine falsche Sage für dieses Land, das selber sehr viel schönere Sagen hat, die sich nun aber nicht so gut eignen für ein Standbild. Das hat merkwürdig viel Verbitterung ausgelöst, aber auch Vergnügen. Ich wollte einfach den Mißbrauch dieses Mythos für die Schule – drum heißt es auch „Wilhelm Tell für die Schule" – ein bißchen angehen, gar nicht bitterbös – aber die Reaktion darauf war dann zum Teil bitterbös, aber nicht so, daß ich unter Verfolgung leide. – Das zweite, das „Dienstbüchlein", kam einfach dadurch zustande, daß ich etwas gelesen habe über diese Zeit, über den Weltkrieg und über die Hinrichtung von Landesverrätern hier, und zwar waren das immer nur die kleinen Leute, und es gab andere, große; und dies hat bei mir nicht den Willen ausgelöst, ein Buch darüber zu schreiben, sondern mich mal zu erinnern, wie das damals geschmeckt hat, diese Zeit, also eine Übung im Erinnern; und es ist dann ein kleines Buch geworden, worin ich mich auch selbst einmal testen wollte, auf welchem Bewußtseinsstand ich damals war. Das Buch ist für mich, den Autor, durchaus nicht schmeichelhaft; es ist nicht so, daß der Autor dasteht: Das alles habe ich damals schon gewußt! – sondern ich erzähle eigentlich, wie unwissend, wo man hätte wissen können, ich mich durch diese Zeit bewegt habe und wie unaktiv mit dem Wissen, das ich hatte – es ist ein Selbstgericht, das hört niemand, denn es ist nur zu meiner Schmach, aber was sie natürlich hören und was sie ärgert, ist, daß ich nicht an die Legenden und an die Geschichtsfälschungen glaube, die im Nachhinein dazu gemacht worden sind. Das Buch erzählt nicht *ein* Faktum, das nicht in offiziellen Geschichtsschreibungen vorhanden ist; nur sind wir so, daß wir die Geschichte nicht kritisch sehen wollen. Wir sind daran gewöhnt, daß die Deutschen das tun, haben tun müssen, was man die Bewältigung nennt; wir denken, daß die Russen dasselbe tun sollten, selbstverständlich, und daß sie es ebenso selbstverständlich nicht tun; und wir tun es nicht, mit der Selbstlüge, es sei nicht nötig – und das ist schon ärgerlich.

A.: In einem solchen Lande ist natürlich die öffentliche und dadurch immer auch paradigmatische, andere mittreffende Selbstkritik schwierig. In Deutschland, so besteht jedenfalls die Ansicht, und ich glaube, das hat auch manches für sich, gerät Selbstkritik sehr häufig zur Selbstzerfleischung, gerät also in eine ganz radikale Position. Aber das „Dienstbüchlein" und auch der „Wilhelm Tell für die Schule" sind doch sehr überlegte und dadurch überlegene selbstkritische Durchgänge, die nichts zerreißen, sondern konstruktiv sind.

F.: Und sehr gelassen auch. Das ist kein Wutschrei, der Autor kommt auch nicht mit Schaum vorm Mund daher usw. Das alles nicht.

A.: Trotzdem: Es wirkt hier in der Schweiz anders. Wie?

F.: Sie sind hier sehr wenig gewohnt an Selbstkritik, sehr wenig. Das könnte man zum Teil auch damit erklären, daß die Schweiz ein sehr kleines Land ist. Und ein kleines Land hat Mühe mit dem Selbstverständnis, man hat Angst vor Minderwertigkeitsgefühlen, man ist sehr bedrängt, war sehr bedrängt in der Hitlerzeit, aber auch heute vor der Welt. Und nun meine ich eben – ich bin ja nicht gegen dieses Land –, damit dieses Selbstgefühl nicht zu bedrängt sei: Schaut euch doch selber an und werft weg, was euch nicht gefällt oder gebt's zu, und kommt aus diesem Angstzustand heraus! Was der geschichtlichen Selbstkritik im Wege steht: hier ist nicht so etwas Gräßliches geschehen wie anderswo, also kann man ausweichen. Ein Mann, den ich sehr angreife, der Mann, der die fremdenpolizeilichen Dinge damals geregelt hat, ist selbstverständlich, verglichen mit Himmler, fast nicht der Rede wert – nun ist es aber unser Mann. Ich habe das öffentlich schon ein paarmal sagen müssen: Nehmen wir an, ich habe meine Mutter ermordet, und da drüben der Nachbar hat achtzig Menschen ermordet – also jetzt kommt mir nicht mit meiner Mutter! Aber es ist mein Fall. Und das Ausweichen da, wo die Proportionen zur Ausrede werden, das ist das Schlimme.

A.: Nun sind diese Proportionen in Deutschland so groß, daß sie fast schon unfaßbar sind. – Eine ganz persönliche Frage: Tucholsky hat 1928 in seinem schönen und berühmten Vorwort zu einem ironisch gemeinten Band „Deutschland über alles" gesagt: Wir Linken, die wir dieses System der Weimarer Republik, nicht die Demokratie, sondern das, was daraus gemacht wurde, heftig kritisieren, wir lieben unsere Heimat Deutschland, und wir lassen uns diese Liebe von den Rechten nicht kaputtmachen. Sie sind zweifelsohne auch so etwas wie ein Weltbürger – aber: Lieben Sie die Schweiz, sind Sie in diesem Sinne Schweizer?

F.: Ich sehe, daß ich der Schweiz enorm zugehörig bin. Das läßt sich nachweisen. Es sind – nun wieder vom Literarischen her – Arbeiten erschienen, die meine Beziehung zur Mundart nachweisen. Nun könnte ich mir eine Schriftsprache anlernen, so daß man das nicht mehr spürt, ich habe das auch getan; ich will es aber nicht mehr, ich habe diese Herkunft, ich brauche sie; also ich bin der Schweiz sehr zugehörig. Es gibt auch Leute, die das sehen und sagen: Das ist eine Form des Patriotismus, wenn wir das Wort mal ernstnehmen. Ich sehe das auch an der Wirkung der beiden jetzt erwähnten Bücher in der Bundesrepublik; ich war sehr neugierig, wie die Presse darauf reagiert, ob mit Schadenfreude, ob mit Herablassung oder mit dem, was wir als deutsche Arroganz bezeichnen. Das war nicht der Fall, sondern sie haben es mit Achtung aufgenommen, nicht zu Ungunsten des Landes: Ich habe also nicht die berühmte Nestbeschmutzung gemacht, sondern ich sei für die Schweiz viel eher ein kleiner Aktivposten, nicht das Gegenteil.

A.: Aber ich meine jetzt Ihr Selbstgefühl.

F.: Mein Selbstgefühl? Hat sich auch sehr geändert. Es gab eine Zeit, wo ich mich sehr betont als Schweizer gesehen habe, und mit der Einschätzung der möglichen Wichtigkeit des Landes in der Welt nimmt das selbstverständlich auch ab. Europäer sein, das ist so ein verschwommenes Wort, ich meine aber doch etwas damit. Ich fühle mich natürlich in Italien zuhause, in Frankreich, in Deutschland sehr, anders als in Mexiko – also das meine ich mit europäisch: Wenn man sagt, wir müßten es miteinander können, die Verständnismöglichkeiten sind da. Insofern fühle ich mich nicht mehr so zentral schweizerisch, aber ich bringe meine Erfahrung mit, ich bringe die Bedingtheit mit, die man durch die Geschichte einfach hat.

A.: Sie schreiben einmal im Tagebuch: „Belletristik. Wenn es möglich ist, daß Leute, deren gesellschaftlicher Gegner man ist, sich unumwunden als Verehrer vorstellen." Sind Sie in diesem Sinne auch ein Belletrist?
F.: Dieser Satz ist natürlich der Ausdruck eines kleinen Schreckens. Ich würde mich nicht als Belletristen bezeichnen. Wenn das aber, was hier erwähnt wird, möglich ist, daß z.B. ein ziemlich rechts stehender Bürger auf mich zukommt und mich beglückwünscht und mir sagt, wie gern er das und das gelesen hat, so muß doch etwas an meiner Literatur, die ich anders meine, seltsam sein – das kann also nur noch mit dem schrecklichen Etikett ‚Belletristik' belegt werden; das meint der Satz.
A.: Haben Sie das denn schon erfahren?
F.: Das hab ich erfahren, sehr oft.
A.: Und wie haben Sie reagiert?
F.: Erstaunt, erstaunt. Das hat jetzt allerdings, nachdem die Bücher politischer geworden sind, aufgehört. Das war so mit „Stiller", mit „Homo Faber", „Gantenbein". Nach dem zweiten Tagebuch hat das Händeschütteln abgenommen.
A.: Das bezieht sich auf das Tagebuch. Es kann ja sein, daß die Leute unterscheiden und sagen: Na, der Frisch, damals war er ja noch gut, aber jetzt wird er halt politisch!
F.: Das wird auch gesagt. Das wird auch in der Presse gesagt: Schade, schade, wieder ein Poet verloren gegangen.
A.: Das setzt in Ihren Augen aber die Romane nicht herab?
F.: Überhaupt nicht.
A.: Als Belletristik?
F.: Nein, nein.
A.: Wie verhalten Sie sich denn diesen Gegnern gegenüber?

F.: Ich muß Ihnen gestehen, daß ich sie immer weniger kenne, die Kontakte haben abgenommen; ich kenne sie, soweit sie sich artikulieren. Aber Ihre Frage ist, wie ich mich denen gegenüber verhalte. Man könnte mal das sagen: Ich mache gewisse Dinge nicht mit. Das ist der persönliche, stille, vielleicht wirkungslose Boykott. Als Beispiel das: Ich bin mit dem Zürcher Schauspielhaus aufgewachsen, das war eigentlich ein Heim für mich, wie für Dürrenmatt auch, und das hat sich dann geändert; das richtet sich nicht gegen einzelne künstlerische Leiter usw., denen gegenüber man immer ein kritisches Verhältnis haben wird, sondern dieses ehemalige Schauspielhaus, ohne es vergötzen zu wollen, war für mich *das* Theater der Nachkriegszeit. Heute wird es dirigiert von einem Verwaltungsrat, der mehrheitlich aus Bankiers besteht, Großindustriellen, Leuten, die in siebzig Verwaltungsräten sind, aber über das hinaus noch ein Bedürfnis haben, am Geistesleben führend teilzunehmen. Es ist für mich ausgeschlossen, mit diesem Haus zu arbeiten. Das heißt also: Ein Verhalten ist der nicht spektakuläre Boykott. Ein anderes Verhalten ist, daß ich mich zu Wort melde, sei es durch Artikel, sei es durch einen öffentlichen Aufruf, entweder zusammen mit andern oder allein, oder sei es – nicht allzuoft – durch einen Brief an den Bundesrat, mich also melde und den von ihnen aus gesehen gegnerischen Standpunkt vertrete. Das war z.B. das letzte Mal bei der Frage der Chile-Flüchtlinge, das war bei den Hochschulgesetzen – also ich rede öffentlich mit diesen Gegnern, bekomme aber keine Antwort darauf. Wir haben einmal einen Protestaufruf an den schwedischen Ministerpäsidenten Palme geschickt, deutsche Schriftsteller zusammen mit schwedischen – wir bekamen alle ein Antwortschreiben, eine Erklärung. Wenn ich als Schweizer dem Schweizer Bundesrat einen öffentlichen Brief schreibe, der dann auch in Deutschland publiziert wird, bekomme ich nie eine Antwort. Das ist natürlich nicht etwa ehrverletzend, das meine ich nicht, aber man kann nicht gut weitermachen, weil es nur ein Monolog bleibt. Denn es könnte ja so sein, daß die Antwort mich wiederum zwingt, umzudenken, oder mich ermuntert, weiterzudenken. Es bleibt aber ein angefangener Dialog, der andere meldet sich nicht, ich kann also nicht weitermachen. Das ist überhaupt ein Phänomen hier, das sehr anders ist als in der deutschen Öffentlichkeit nach dem Krieg, dieser Mangel an Rückwirkung. Ich meine z.B. in meinem Fall, daß ich sehr polemisch wurde, nicht gut polemisch, sondern schreierisch polemisch, einfach aus dem Grund, weil ich nie eine Auseinandersetzung als Antwort bekommen habe; daß man eine Stellungnahme, die ich abgebe, untersucht, anderer Meinung ist, das würde mich zwingen, weiterzudenken: Ich könnte etwas lernen, die könnten etwas lernen. Wenn das stehen bleibt, wird man zornig, und der Zorn ist nicht immer – es kann schon mal sein – sehr hellsichtig; ich habe mir jedenfalls viele Sachen durch Polemik im unguten Sinn verdorben, sehe aber schon auch eine Schuld der anderen daran.

A.: Noch einmal zu einer Notiz im Tagebuch; da schreiben Sie: „Was er" – und Sie meinen damit den Günter Grass – „nicht ganz versteht, die Situation des Privatschriftstellers." Was ist ein Privatschriftsteller? Sind Sie einer, und meinten Sie sich selbst damit in dieser Notiz gegenüber der öffentlichen Figur des Günter Grass?

F.: Es ist kein sehr ernstes Wort für mich, es ist mehr eine Neckerei, weil er manchmal das hat, was ich nicht möchte, was ich ihm aber gönne: daß er sich institutionalisiert. Er spricht für Deutschland in Amerika, er ist eine Institution, und das ist eine Seite, die mir – ich will nicht sagen: mißfällt, aber ich möchte sie nicht. Und dem setze ich mal ein sozusagen despektierliches Konzept „Privatschriftsteller" entgegen. Wenn ich das tatsächlich wäre, dann könnte man sagen: Warum denn so viel bedrucktes Papier? Dann lassen Sie das doch zu Hause und lesen es Ihren Freunden und Tanten vor – das stimmt natürlich nicht.

A.: Das hier bezieht sich doch auf die politische Funktion und nicht auf eine literarische Öffentlichkeit.

F.: Ja natürlich.

A.: Wie bestimmen Sie denn für sich den Begriff des freien Schriftstellers? Leiten Sie aus ihm auch eine gesellschaftsbezogene Aufgabe ab oder stellt sich das nur automatisch durch Publikumsbezug und Literatur- und Marktbetrieb her? Oder eben doch durch eine ganz bestimmte gesellschaftskritische Position?

F.: Zuerst war es für mich einmal ein Ziel, freier Schriftsteller zu werden, d.h. nicht Lehrer, Arzt oder Architekt sein zu müssen, um daneben zu schreiben. Gemeint war also zuerst ein full-time-Schriftsteller. Die Ironie liegt darin, daß der freie Schriftsteller nie und nimmer frei ist, das wissen wir; er ist ein Lohnabhängiger – seine Verhältnisse sind noch nicht geregelt, sie sollen jetzt in der Bundesrepublik geregelt werden –, aber wir sind im Status des Unternehmers, jedenfalls steuertechnisch; de facto sind wird natürlich keine Unternehmer. Ich brauche das Wort nur mehr ungern, weil mir die Unfreiheit zu sehr bewußt ist. Auf der anderen Seite ist das zu sagen: Wenn ein gewisser äußerer Erfolg da ist, also wenn ein ökonomischer Erfolg da ist, so bin ich insofern frei – frei jetzt in einem ganz einfachen Sinn genommen –, als ich z.B. nicht Arbeiten machen muß, die ich von vornherein nicht machen möchte, oder daß ich eine Arbeit nicht sofort publizieren muß, also nicht bevor ich meine, sie sei tatsächlich fertig – ich kann mich dann immer noch irren, aber das eben gibt eine gewisse Bewegungsfreiheit. Wie er sich in Bezug auf die Gesellschaft sieht, ob er ein freier Schriftsteller ist oder einer im Nebenberuf – für diese Frage ist das doch das Gleiche, da macht das keinen Unterschied.

A.: Der Begriff des freien Schriftstellers hat aber auch eine historische Dimension: Der Feudalismus, der Absolutismus kannten den freien Schriftsteller nicht, die hatten den am Hofe mäzenatisch betreuten Dichter, und es gibt – obgleich es auch davon Ausnahmen immer gegeben hat – für diesen Schriftstellertypus keinen primären Selbstauftrag. Ist es nicht doch so, daß der freie Schriftsteller eine typische Erscheinung der bürgerlichen Gesellschaft ist und daß auch in einer nachbürgerlichen Gesellschaft, also etwa im Ostblock, der freie Schriftsteller nicht mehr vorhanden sein kann?

F.: Ja, im Ostblock weiß der Schriftsteller, daß er kein freier Schriftsteller mehr ist.

A.: Ich meine das nicht im Sinne eines bestimmten Freiheitsbegriffes – denn da haben wir doch eben festgestellt, daß wir auch hier im Westen nicht frei sind.

F.: Er ist aber auch organisierter, er ist im Schriftstellerverband, was etwas ganz anderes heißt, als wenn man hier im Schriftstellerverband ist oder nicht; wenn man dort ausgeschlossen wird, stoppt das zumeist auch prinzipiell Berufsmöglichkeiten, es kommt in der Sowjetunion einem Berufsverbot gleich. Das gibt es hier also nicht. Bei uns – ich weiß jetzt, was Sie meinen – bin ich eben so frei, daß ich jederzeit aufgeben könnte, und sagen: Ich ziehe mich in mein Haus auf dem Land zurück und fange jetzt endlich mal mit Gartenkultur an. Vielleicht würden ein paar Freunde und der Verleger sagen: Warum denn? Aber ich habe keinen Vertrag mit der Gesellschaft, der besagt, das darf ich nicht machen. Ich muß mir diesen Auftrag immer wieder selbst suggerieren, und das ist tatsächlich zuweilen etwas Schwieriges, vielleicht sogar nicht anders möglich als mit einer gezielten Selbsttäuschung oder auch einer kollektiven Selbsttäuschung: daß wir immer unsere Wichtigkeit apostrophieren.

A.: Aber nicht nur das. Ich meine nicht, daß der Schriftsteller im Ostblock gezwungen ist, Schriftsteller zu sein oder nicht zu sein, sondern daß er als Schriftsteller, wie es eben propagiert wird bei den SED-Parteitagen in der DDR, auf eine Parteilinie der Literatur eingeschworen wird: daß er prinzipiell – eine Grundforderung – parteilich sein muß, parteilich nun aber nicht im Sinne einer Parteilichkeit für die Unterdrückten usf., sondern im Sinne der herrschenden Partei und ihrer Ideologie. Damit wird doch das Wort ‚frei' inhaltlich, nicht sozial gesehen, völlig obsolet.

F.: Das ist richtig. Die Gesellschaft, in der wir leben, meldet vielleicht ihre Wünsche an, meldet an, was ihr nicht paßt, aber sie schreibt uns nicht vor, was zu schreiben ist, was zu behandeln ist – das tut sie eigentlich nicht oder besser noch nicht. Insofern haben wir die Selbstverantwortung.

A.: Die Gesellschaft tut das oft mittelbar.

F.: Das tut sie schon, ja. Selbstverständlich vor allem, sobald Sie mit öffentlichen Anstalten zu tun haben, dann erfahren Sie sehr bald, was das Fernsehen eigentlich doch lieber nicht haben möchte; aber es verlangt von Ihnen nicht, daß Sie das andere machen, denn wenn Sie es nicht machen, macht es halt wieder ein anderer. Aber es gibt schon eine Repression in der Gesellschaft.

A.: Ganz sicher. Nur ist sie nicht von vornherein als solche verordnet. Und insofern meine ich, ist das mit aller Vorsicht zu genießende Wort vom freien Schriftsteller eher ein Indikator für eine bürgerliche Gesellschaft als für eine nichtbürgerliche Gesellschaft.

F.: Das mag stimmen, ja.

A.: Mich interessiert noch Ihr Bezug zum Publikum, zu Ihrem Lesepublikum. Denken Sie, wenn Sie schreiben, an ein Publikum? Denken Sie an jemanden, dem Sie das erzählen wollen? Denken Sie an den Leser?

F.: Ich bin ganz sicher, daß man an jemanden – Kollektiv oder Person – denkt, denn es ist furchtbar schwer, einen Gedanken aufzuschreiben oder überhaupt etwas aufzuschreiben, ohne das Gefühl zu haben, daß einem eine Öffentlichkeit – was das sein soll, müßte man noch untersuchen – über die Schulter blickt. Dadurch daß man publiziert hat, Leser getroffen hat oder Seher, oder Leser gesehen hat, oder Theater mit Menschen gefüllt gesehen hat, kann man nicht ganz vergessen, daß die Dinge, die man von sich gibt, auch aufgenommen werden. Sehr präzis ist das bei mir nicht: Ich habe also keine Zielleserschaft. Trotzdem spielt natürlich mit, was ich gesehen habe: Das sind z.B. kaum Arbeiter bei meiner Literatur – was ich verstehe; es werden Studenten sein, mittelgebildete Leute bis gebildete Leute. Es ist nicht so, daß ich, wenn ich arbeite, eine genaue Zielvorstellung vom Publikum habe. Es kann vorkommen, daß ich an bestimmte Leute kurz denke, auch an Freunde usw. Ich stelle, wie gesagt, fest, daß es ungeheuer schwer, wenn nicht gar unmöglich ist, eine Seite zu schreiben, ohne in vager Weise an eine Öffentlichkeit zu denken, an eine Instanz zu denken, selbst bei Texten, von denen man glaubt, man werde sie nicht publizieren. Wenn ich ein intimes Journal schreibe, so entdecke ich doch, daß ich Sätze so bilde, daß ein nicht erhoffter Leser sie verstehen würde. Also verrate ich, daß ich mir zwar diesen Leser nicht wünsche, nicht mit ihm rechne – aber er ist vorhanden. Wichtig dabei – das habe ich früher schon einmal gesagt – ist, was für einen Leser man sich erfindet oder welche Beziehung zwischen Leser und mir. Einfach gesagt: Ich kann natürlich mit einem Leser rechnen, also mit einem, den ich nicht kenne, an den ich mich wende und dem ich mich enorm überlegen fühle; oder mit einem Leser, bei dem ich mich sehr anstrengen muß, damit er mir nicht zu überlegen ist; einem Leser, den ich belehren will; einem Leser, den ich anregen will; einem Leser, den ich befragen will: Geht dir das auch so oder was würdest du tun? – also ein brüderliches Verhältnis. Das ist sehr wichtig – das macht man sich vermutlich nicht bewußt –, aber das ist stilentscheidend, und entsprechend sieht ein Buch aus. Ein Valéry z.B. – ich hab's gestern mal wieder gesehen – setzt den Leser als einen Höfling unter einen Thron, auf dem er selbst sitzt, jedenfalls sitzt der Leser nicht auf gleichem Niveau wie der Autor. Er läßt ihn hinaufschauen, gibt dem Leser die Chance, ihn, Valéry, zu bewundern, wobei er auch immer durchblicken läßt, daß er, der Leser, wahrscheinlich doch nicht genug versteht. Das ist so eine Attitüde, die durchaus erlaubt ist, aber es ist nicht meine. Es gibt auch Autoren – ich wüßte momentan zwar kein Beispiel, und wenn ich's wüßte, dürfte ich es nicht nennen –, die dem Leser gegenüber das andere Verhältnis haben, daß ihnen nämlich der Leser zuviel Eindruck macht, daß sie ihn bedienen, daß sie die Höflinge des Lesers sind. Ich glaube, daß diese Wahl nicht bewußt stattfindet, sondern sie kennzeichnet unser Verhältnis, das wir in der Wirklichkeit zu den Menschen haben: ob wir ein kollegiales Verhältnis oder ein Herrschaftsverhältnis oder ein devotes Verhältnis haben – das spiegelt sich dann in der Erfindung des Lesers; und diese Erfindung prägt die ganze Vortragsart.

A.: Wie steht es denn mit dem schichtenspezifischen Leser? Denken Sie daran, ob Arbeiter oder Bürger Sie lesen?

F.: Ich denke doch an solche Leser, die aus einer Schicht stammen, die ich kenne oder der ich hin und wieder begegne. Und es nützt mir nichts, ob ich aus ideologischen Gründen die eine oder andere Schicht interessanter finde oder nicht; ich kenne Arbeiter, aber nicht so viele und nicht so intensiv, hauptsächlich habe ich sie beim Militär kennengelernt und, als ich Architekt war, auf den Baustellen – sie sind mir also nicht fremd; aber es ist doch nicht der Arbeiter, an den ich als erstes denke, sondern an Leute, die diese Bildungsklasse darstellen und allerdings politisch von den verschiedenen Richtungen kommen. Ich denke natürlich auch eher an Leser in Ländern, die ich kenne: Deutschland ja, Jugoslawien aber eben nicht usw.

A.: Wie weit kann die Aktivität des Schriftstellers in politischen Fragen gehen? Soll das Werk dafür eingesetzt werden oder soll der Ruhm – wie es Günter Grass gemacht hat – dafür eingesetzt werden?

F.: Ich sehe verschiedene Möglichkeiten und möchte nicht ein Postulat aufstellen – also von ‚soll' oder ‚soll nicht'. Es gibt zum Beispiel die Möglichkeit, daß Werk und politische Tätigkeit sich nicht immer vermischen, d.h. ich könnte mir einen Schriftsteller denken, in dessen Werk kein direkter Bezug auf politische Fragen genommen wird und der als Staatsbürger sehr aktiv ist; das würde ich als erlaubt bezeichnen.

A.: Würden Sie sich selbst als einen solchen definieren?

F.: Ich glaube, es ist bei mir vermischt. Ich verlange von mir zum Beispiel nicht, daß jedes Buch, das ich schreibe, und jeder Text meine politische Beteiligung an den Ereignissen widerspiegelt. Ich muß nicht jedesmal diesen Glaubwürdigkeitsbeweis antreten. Darüber wird man befinden können, wenn man ein Gesamtwerk sieht und wenn man staunt, daß ein Mensch diese Zeit hindurch gelebt hat, ohne irgend einen Reflex weder in seinem staatsbürgerlichen Verhalten noch in seinem Werk zu hinterlassen – das kann man dann beurteilen, wie man will. Die Direktverwendung der Literatur als ein Kampfmittel ist ein Problem, das sich immer wieder stellt; es hängt von der Situation ab. Sicher gibt es Notstände, wo alles erforderlich und alles erlaubt ist – also daß man etwa mit der Gitarre kämpft. In sogenannten normaleren Zeiten – also in den kürzeren oder längeren Epochen vor oder nach Katastrophen – zweifle ich an der Direktwirkung der Literatur. Es ist nicht so, daß wir aus dem Theater gehen und uns deswegen sofort anders verhalten; das tönt sehr resigniert, ich meine aber, daß es eine Wirkung auf lange Distanz gibt, eine Bewußtseinsveränderung; und das, was ich vorher schon erwähnt habe: Die Sprache der Literatur ist immer eine Sprache, die die Realität und die Sprache der herrschenden Schicht einander konfrontiert und dadurch kritisiert. Die Literatur verdirbt den Regierenden die Phrase. Das tut sie auch, wenn sie nicht die Regierenden direkt anspricht oder von ihnen handelt. An diese indirekte Wirkung glaube ich sehr. Also wenn es die Literatur nicht gäbe, so, glaube ich, hätte die gewollte Verdummung noch mehr Chancen, als sie sie ohnehin schon hat. Die Herrschaftsschicht hätte, wenn es keine Literatur gäbe, für ihren Verdummungswillen ein freies Feld.

A.: Also Literatur keineswegs nur ein Indikator für Gesellschaftliches, für bestimmte Verhältnisse, sondern darüberhinaus ein dauernder Wirkfaktor?

F.: Ja.

A.: Wo sehen Sie in der deutschen Literatur der letzten Zeit, also der letzten fünf bis zehn Jahre, wesentliche neue Ansätze – nicht nur für den gesellschaftlichen Prozeß und Progreß, sondern auch für die Literatur?

F.: Das möchte ich nicht beantworten. Das mache ich nie, daß ich über diese Dinge spreche, jedenfalls nicht öffentlich.

A.: Sie haben verschiedentlich das Problem des Alterns thematisiert, auch im zweiten Tagebuch. Ist Altern für Sie ein Problem? Persönlich oder auch und vor allem literarisch?

F.: Das ist in erster Linie ein persönliches Problem, ein sehr großes Problem, ein immer noch ziemlich tabuisiertes Problem – das kann ich hier jetzt nicht ausführen, zum Teil steckt es in den Büchern. Aber um etwas zu erwähnen: Es hat nicht in erster Linie etwas zu tun mit der Todesgewißheit, die hat man in jedem Lebensalter, es hat zu tun mit der langen Geschichte, die man hat, mit der – ich sag's mal so – Penetranz der Erinnerung, die man mit sich nimmt, es hat zu tun mit Reduktionen physiologischer Art und auch intellektueller Art; es findet ja eine ungeheure Umformung des Menschen statt. Wie sind wir der gewachsen? Und das ist natürlich nicht nur das Problem des Max Frisch, sondern zunehmend ein allgemeines Problem, weil die Überalterung zunimmt. Sie kennen diese statistischen Zahlen. Um einige zu nennen – wenn ich mich jetzt richtig erinnere –: Zur Zeit von Martin Luther war das Durchschnittslebensalter 32 Jahre, zum Anfang dieses Jahrhunderts war es ungefähr 56 Jahre, heute ist es 69 Jahre. Wir haben immer mehr alte Leute, das bedeutet eine völlige Umschichtung der Gesellschaft. Und nun kommt hinzu – und das danken wir der Medizin, die damit nun nicht verklagt werden soll, aber wir müssen einfach zu einer anderen Ethik kommen –, daß wir sehr viele Menschen haben, die physisch älter werden, als sie es psychisch und intellektuell verkraften können. Das ist nicht zu lösen mit der Schaffung von Altersheimen, die, das ist ganz klar, geschaffen werden müssen. Es ist auch ein besonderes Problem der Leistungsgesellschaft, daß also der Mensch nichts mehr wert ist, wenn er nichts mehr wert ist am Arbeitsplatz. Es ist in der Stadt ein Problem: Der alte Mensch ist nicht mehr zu integrieren – ich erzähle altbekannte Dinge –, wie es noch auf einem Bauerngehöft der Fall ist; gut, die Mutter und Großmutter kann noch als Babysitter tätig sein oder die Hühner besorgen. Es geht darauf hin – und das ist im Tagebuch angedeutet –, daß wir über unseren Austritt aus dem Leben so souverän, hochmütig und selbstherrlich müssen verfügen dürfen, wie wir jetzt – zu Recht, meine ich – verfügen über den Eintritt ins Leben, mit der Pille, mit Fristenlösung und all diesen Dingen. Aber wir können nicht den Eintritt ins Leben nach unserem menschlichen Ermessen regeln, und dann den Austritt nicht mehr –

dann müssen wir uns auch den Seuchen überlassen und jeder Blinddarmentzündung; da wir das regeln, können wir das Ende nicht der Natur oder dem vermeintlichen lieben Gott oder der Medizin überlassen. Es sind in Amerika Bewegungen im Gang, die fordern, daß der Mensch ein Recht hat, aus dem Leben auszutreten, daß die Ärzte zu diesem Recht kommen müssen – selbstverständlich dürfen sie nicht von sich aus entscheiden, und selbstverständlich darf auch der Staat das nicht entscheiden, welche Individuen ihm nützlich oder nicht nützlich sind –, daß der Freitod zum Recht der Persönlichkeit gehört, und ich sage Freitod und nicht Selbstmord – also nicht ein emotionaler Akt der Verzweiflung, sondern ein Akt der Besonnenheit, wie es das in der Antike bereits gegeben hat. Es gehört zur Persönlichkeit, daß einer weiß, wann er gehen will oder gehen kann.

A.: Also eine mögliche Entwicklung zu einer allgemeinen Ethik des Freitodes.

F.: Ja, und das kommt ganz sicher; denn wenn Sie Altersheime kennen – ich habe noch nicht da gewohnt, aber Menschen dort besucht –, so sehen Sie, daß das, selbst wenn es sozial und karitativ richtig ist, was da gemacht wird, und wenn es gut gemacht wird, eine unmenschliche Sache ist; die allermeisten Leute dort wollen nicht mehr leben und wissen nur nicht, wie sie wegkommen.

A.: Also die körperliche Regeneration als ein Faktor der längeren, der immer längeren Lebenserwartung, aber ohne die geistige Regeneration, die ein Äquivalent schaffen könnte. Für den Schriftsteller Frisch sieht aber die Sache doch insofern anders aus, als sein Werk dieses Regenerative des Geistigen als Element enthält.

F.: Ja schon. Aber wenn wir über das Thema sprechen, hängen wir uns immer an die großen Ausnahmen, die es gibt. Ich habe noch nie jemanden getroffen, der mir nach Vorträgen nicht kommt mit den Worten: Denken Sie aber an Fontane, denken Sie an Tintoretto usw., also die großen Ausnahmen, und man hat insgeheim natürlich die berechtigte Hoffnung – soll man ja auch haben –, daß man zu den Ausnahmen gehöre. Das beantwortet das Problem aber nicht. Und es ist eben ein gesellschaftliches Problem geworden, daß wir jetzt eine Gesellschaft geworden sind, die einen viel zu großen Anteil von Menschen hat, die zu alt sind, nicht nur für die Arbeitsleistung im Sinne der Leistungsgesellschaft, sondern die nicht mehr lebensmutig, lebenswillig sind – das lähmt die Gesellschaft ungeheuer. Was ich sage, ist nun nicht eine Vergötzung der Jugendlichkeit oder der Jugend. Aber was Sie vorher sagten, das ist natürlich der Punkt: Wir haben das Leben rein physiologisch verlängern können durch die Mittel, die wir haben, durch Chirurgie usw., wir haben aber kaum die intellektuelle und emotionale Vitalität verlängern können – die ist einfach erschöpft, und dann leben Menschen zu lange, wissen es auch und leiden darunter.

A.: Die Gesellschaften haben das Altersproblem technisch, technologisch – und ich begreife die Medizin damit ein – ‚gelöst', und ich setze dieses ‚gelöst' in Anführungszeichen; aber sie haben es nicht gesellschaftlich, also nicht tatsächlich gelöst. Ihre Antwort wäre nun: Es muß das Recht zum Freitod geben. Aber müßte nicht vor dieser etwas resignativ klingenden Lösung versucht werden, das Altersproblem soziologisch zu lösen? Bislang sind unsere Gesellschaften altersfeindlich eingestellt; sie sollen nun das Altersproblem tatsächlich lösen. Ein eng mit der Altersfrage verbundenes Problem, mit dem die Gesellschaften zu tun haben, ist das Bildungsproblem, und ich glaube, die Lösung dieser Frage würde auch das Altersproblem einer anderen als Ihrer Lösung zuführen können.

F.: Bleiben wir bei dem: Die Gesellschaft soll es soziologisch lösen; sie soll alles tun, was sie herausfindet, um die älteren Menschen nicht aus dem Produktionsprozeß auszuschließen, diese Menschen sollen nicht das Gefühl der Überflüssigkeit haben. Sie löst damit aber das Grundproblem nicht, daß Menschen existieren, die nicht mehr das Bedürfnis haben zu leben. Und sie sollen die individuelle Entscheidung haben und die Aufklärung, wie das zu machen ist, daß sie austreten können aus der Gesellschaft, nachdem sie ihre Sachen geregelt haben. Es wäre – wenn ich programmatisch rede – der letzte Akt einer Persönlichkeit, daß diese Persönlichkeit weiß, wann sie ihre Sachen geregelt hat und wann sie weggeht. Zuerst ist natürlich der Auftrag an die Mediziner, die das alles ja selbst wissen, eine Änderung der Ethik: Es ist nicht unter allen Umständen Leben lebenserhaltenswert. Und wenn Sie Spitäler besuchen oder Stationen von Unheilbaren – nicht, dies noch einmal ganz deutlich gesagt, daß der Staat darüber verfügen kann, wer da weiterleben darf, weil es sich lohnt oder nicht –, dann erscheint es Ihnen unumgänglich, daß der Einzelne diese Möglichkeit hat, darum zu bitten, und daß es auch durchgeführt wird.

A.: Gut. Aber trotzdem muß man von der Gesellschaft fordern, daß sie den Menschen nicht fühlen läßt, daß er überflüssig wird, das wäre für mich vordringlich; dann sollte ihm auch die Möglichkeit gewährt werden, über sein Lebensende zu entscheiden.

F.: Für das andere bin ich natürlich auch. Und es wird auch gemacht, es hat etwas sehr Rührendes, daß man die Leute noch beschäftigt, daß man es diesen Leuten ruhig und angenehm macht. Was wir bis heute haben, ist aber noch nicht viel mehr als eine Gettoisierung der Alten: Sie sind dort, wo es ruhig ist, und sie werden gepflegt; und um all dies bin ich froh, das ist begrüßenswert; nur ändert das an einer ganz fundamentalen Traurigkeit nichts.

A.: Deshalb brachte ich vorhin den Einwand von der ganz grundsätzlichen sozialen Pflicht zu einer generellen Bildung, weil ich das als einen Zusammenhang sehe. Der Arbeiter, der seine Hauptschule absolviert hat, seine Lehr- und vielleicht sogar Gesellenzeit absolviert hat und dann sein Leben lang am Fließband steht – nehmen wir ruhig diesen Topos aus der Arbeitswelt, er ist sehr wirklichkeitsnah und übertragbar –, hat so natürlich keine großen Lebenserwartungen mehr, wenn er mit 65 Jahren aufhört zu arbeiten.

F.: Das sind die großen Einstürze, und zwar bei der großen Mehrheit der Menschen. Wenn Sie ein Bankangestellter gewesen sind, mit Anstand und Mühe und Fleiß und Geduld bis 63 oder 65, und Sie haben sich abgewöhnt zu überlegen, was Sie in der nächsten Woche machen werden, weil eine Woche aussieht wie die andere, es sei denn, Sie planen einmal im Jahr die Ferien – und nun hört das auf am nächsten Montag. Der Mann fällt in ein großes Loch – die meisten werden auch sofort krank. Und es ist unmöglich, vor allem mit dieser Altersreduktion, daß einer da anfängt, wo er als Siebzehnjähriger abgebrochen wurde. Dort ist die Gesellschaft schuldig, wenn sie das so beläßt, das ist klar.

A.: Zum Schluß noch eine ganz handwerkliche Frage: Wie arbeiten Sie?

F.: Fleißig, fleißig, und zwar einfach, weil ich – wenn ich nicht lese oder wenn keine anderen Lebensvergnügungen da sind – mich langweile. Ich kann nicht lungern – was nicht unbedingt ein Vorteil ist; fleißig klingt also zu positiv. Ich kann mich auch nicht darauf verlassen, daß ich zu wissen meine: Heute ist Gelingen in Sicht oder nicht. Darüber täusche ich mich immer. Ich gehe an die Arbeit ohne irgendeine Hoffnung, ohne irgendeine Erwartung, daß da eine gute Stunde sei; und es gelingt wider Erwarten im Rahmen des Möglichen etwas. Ich möchte einfach in der Nähe der Arbeit sein für den Fall, daß sich etwas bewegt. Wie ein Bildhauer bei seinen Materialien ist, in der Werkstatt ist, und nicht nur dann, wenn er die sogenannte Imagination hat, so muß ich an der Schreibmaschine sein, Dinge ändern, nochmal abschreiben. Entwürfe machen für etwas anderes, um bereit zu sein für Überraschungen, daß ich einmal einen Schritt weiter denken kann, weiter formulieren kann als vorher. Das hat zur Folge, daß ich, wenn nicht besondere Ereignisse sind, sehr regelmäßig arbeite: jeden Vormittag, von sieben bis zwölf Uhr, das ist eine lange Zeit – es hängt auch von den Jahreszeiten ab.

A.: Stehen Sie so früh auf?

F.: Im Sommer ja. Wenn nicht eine wüste Nacht vorangegangen ist – das bringt diesen Kalender dann durcheinander. Ich arbeite auch am Nachmittag, nicht mehr am Abend. Als junger Mensch habe ich immer in der Nacht gearbeitet, das kann ich jetzt nicht mehr; ich brauche den Morgen, den Morgen, bevor ich Menschen begegnet bin, bevor ich mit Menschen geredet habe, bevor ich Korrespondenz gelesen habe, also mit dem Hintergrund der Nacht, des Schlafs, bevor ich Zeitung gelesen habe, auch mit dem Hintergrund des Schreckens der Träume oder des Ausgeruhtseins. Das ist einfach der nüchternste Zustand und der Zustand, wo ich am meisten Mut habe, Mut in dem Sinn, daß, selbst wenn ich am Vorabend eingesehen habe, daß eine Sache nicht geht und ich die Sache aufgegeben habe, ich am anderen Tag mit dem Morgenmut wieder im Stande bin, es anders und noch einmal anzufangen. Das ist für mich der Morgen.

A.: Sie arbeiten, wie Sie gesagt haben, nicht gern in demselben Gehäuse, in dem Sie auch schlafen.

F.: Nein, ich gehe aus dem Hause, fahre ein bißchen übers Land hinaus, wo ich in diesem Sommer das Atelier eines Freundes benutzen kann. Das ist sehr schön; wie der Arbeiter auf den Bau geht, nehme ich meine Stulle mit, gehe um sieben oder acht Uhr weg und komme um fünf oder sechs Uhr zurück und habe meinen Arbeitstag hinter mir. Es weiß niemand, wieviel da gelungen ist, auch ich weiß es meist nicht so recht – aber dann habe ich den Feierabend. Das ist ein sehr angenehmes Gefühl, weggehen, an die Arbeit, an den Arbeitsplatz gehen und vom Arbeitsplatz wieder nach Hause kommen. Es vermittelt diesen nüchternen Arbeitsernst, den ich einfach brauche.

A.: Gibt es denn Unterschiede, verschiedene Phasen des Arbeitens an einem Manuskript, also Zeiten, in denen Sie weniger an der Schreibmaschine sitzen, weil Sie mehr recherchieren? Oder gibt es bei Ihnen nur die Manuskriptarbeit, die immer wieder neue Manuskriptarbeit?

F.: Ich brauche im Vergleich zu anderen Schriftstellern weniger zu recherchieren – ich denke da z.B. an Uwe Johnson, der natürlich unendlich viel recherchieren muß –; das ist bei meinen Arbeiten weniger nötig. Aber es gibt ganz verschiedene Grade der Arbeit an der Schreibmaschine; zum Teil macht man auch nur Fingerübungen, bildet Sätze anders oder macht sich Vornotizen für etwas, das kommen soll, oder man findet an einer Arbeit, die man für stichfest gehalten hat, die Lücken und verbessert das, dann macht man dazwischen hinein etwas ganz Neues – das wechselt ab. Zufällig war jetzt gerade dieser Malerfreund da, dem das Atelier, in dem ich arbeite, gehört, und der hat im Nebenatelier gearbeitet, und der hat nun gehört, was ich nicht höre, wann ich tippe und wann nicht, und der hat gesagt, das ist sehr lustig: Sechs, sieben Minuten lang tippst du eifrig wie unter Diktat, und dann geht es drei Stunden, bis der nächste Ton kommt. Das weiß ich aber selber nicht – ich habe das Gefühl, ich schreibe.

A.: Gibt es Glücksgefühle beim Schreiben, an der Schreibmaschine?

F.: Die größten, die es gibt, ja.

Gespräch mit Günter Grass

Arnold: Vor 15 Jahren, Herr Grass, ist Ihre „Blechtrommel" erschienen. Vor fast 10 Jahren sind Sie erstmals, zusammen mit ein paar Freunden und ein paar Studenten, für die SPD in den Wahlkampf gezogen. Inzwischen sind Sie neben Heinrich Böll der berühmteste deutschsprachige Autor dieser Zeit, auch im Ausland. Und inzwischen wurden die Wahlen von denen, die Sie unterstützten, gewonnen – jedenfalls ist die sozialliberale Koalition noch an der Regierung. Gleichwohl hat sich in den letzten Jahren, vor allem in den letzten beiden, vieles geändert: Der ehemals auch von der SPD scheel angesehene linke Autor geriet mit seinem Engagement für diese Partei auch während ihrer Regierungszeit bei vielen Jüngeren in Mißkredit; die von Ihnen privat und spontan initiierte Wählerinitiative der SPD wurde institutionalisiert. Der neue Kanzler heißt nun Helmut Schmidt. Sie selbst haben Willy Brandt, dessen Person doch ein wichtiger, ja wohl der zentrale Kristallisationspunkt Ihres Engagements war, zu Zeiten öffentlich kritisiert und mit dieser Kritik weithin Wirkung erzielt, zumindest Strömungen gestützt, die sich gegen die kollegiale demokratische Führungsart, die mit der Person Willy Brandts verbunden war, breit machten. Nun haben wir einen Kanzler, der führt; aber die politische Landschaft ist, wie ich meine, ärmer geworden, nicht nur um eine Figur, sondern ganz allgemein um politische Phantasie, auch um geistigen Bewegungsspielraum. Nicht zuletzt der Kulturmarkt ist ein Barometer, aber wohl auch ein Katalysator solcher Entwicklung. – Sie selbst haben sich nun – jedenfalls wirkt das so in der Öffentlichkeit – aus der politischen Arbeit zurückgezogen. Sie schreiben an einem neuen Buch. Man könnte sagen, daß für den – nennen wir's ruhig einmal so – Politiker Günter Grass eine kleine Epoche ihren Abschluß gefunden hat. Trifft das auch auf den Schriftsteller zu? Wenn Sie heute die letzten 15 Jahre bilanzieren, wie sähe dann eine solche Bilanz aus?

Grass: Es ist ein langer Zeitraum, mit einigen Zäsuren, die Sie genannt haben, anderen, die mir bewußter sind oder genau so bewußt, die einerseits in der literarischen Produktion lagen, andererseits privater Natur sind, und drittens würde ich auch politische Zäsuren anders setzen, als Sie es in diesem kurzen Abriß getan haben. Meine anfänglichen beruflichen Intentionen liefen in die Richtung bildender Kunst: Bildhauer, Grafiker. Das Schreiben fand zwar statt, war auch wichtig, aber ich habe eigentlich nie damit gerechnet, daß es über so lange Zeit hinweg Hauptberuf sein könnte. Und als ich dann einen ersten Lyrikband veröffentlichte, 1956, war von mir aus überhaupt nicht daran zu denken, daß ich jemals als Prosaautor mir einen sogenannten Namen machen würde. Als drittes hatte ich zwar zu der Zeit, wie alle meiner Generation, die wir die frühen Jugendjahre während der Ära des Nationalsozialismus zugebracht hatten und von dieser Periode auch geformt waren, positiv wie negativ, ein starkes politisches Interesse. Aber nie habe ich gedacht, daß ich, was ich vorhin schon sagte, als Romancier, als Schriftsteller zu diesem Namen kommen würde und dann auch Gelegenheit hätte, mit einem solchen Namen, in einer politisch damals sehr schwierigen Zeit, mich direkt politisch für eine Partei zu engagieren. Das sind alles Dinge, die sich bei mir entwikkelt haben, die ich vorher nicht berechnen konnte und die ich vorher nicht gewußt habe. Und, um jetzt einen Sprung zu machen, was nun weiter passieren wird, läßt sich von mir genau so wenig voraussagen. Ich habe ein paar Pläne, ich habe ein paar Wünsche, aber Festes läßt sich nicht äußern. – Bilanz ziehen, literarisch: Es gab eine, wenn Sie so wollen, glückliche, sehr glücklich gefügte Periode der Literatur vom Ende der Fünfziger Jahre bis zur Mitte der Sechziger Jahre, vielleicht ausgehend von der Gruppe 47, die damals ihre Hoch-Zeit hatte, in der sich nun nach der Generation Böll, Andersch, und außerhalb der Gruppe 47 Max Frisch, Koeppen, meine Generation entwickelte und zu Wort kam. Diese Periode war Mitte der Sechziger Jahre abgeschlossen und liegt parallel zum Ende der Gruppe 47, die sich wahrscheinlich überlebt hatte, aber nun, da sie nicht mehr da ist, merklich fehlt. Das zeigt sich daran, daß z.B. die Autoren, die damals kritisch in Freundschaft zueinander standen, wie Walser, Enzensberger, Johnson, ich, weit voneinander wohnen, sich auseinander entwickelt haben, und die auch die politischen Gegensätze, die es auch damals schon gegeben hat, mittlerweile ausgelebt haben.

Da wird schwer etwas zu korrigieren sein. Es fehlt auch der Kristallisationspunkt, wo das passieren könnte, z.B. so etwas wie die Gruppe 47, wo dieses Gespräch beginnen könnte.

A.: Martin Walser hat einmal gesagt, die Zeit werde kommen, in der die dann graumelierten Literaturherrschaften wieder an einem runden Tisch sitzen werden, um dieses Gespräch zu führen. Halten Sie das für realistisch?

G.: Der Wunsch ist realistisch, die Voraussetzungen dafür fehlen wohl noch, die Voraussetzungen fehlen, wie sie da waren etwa zur Zeit der Gruppe 47, die sich ja parallel zur Adenauer-Ära entwickelt hat. Ein äußerer Druck, eine Unempfindlichkeit der Öffentlichkeit, die ganz restaurativ war, diesen Bemühungen einer entstehenden Nachkriegsliteratur gegenüber – das hat zur Gründung und zur Fortsetzung der Gruppe 47 geführt. Solche Voraussetzungen haben wir nicht, und sie sind auch nicht wünschenswert. Es wäre traurig, wenn erst eine zweite Restauration dazu führen würde, daß die Autoren wieder näher zusammenrücken. Wir haben eine graduelle Veränderung, Sie haben sie angesprochen. All das, was man sich gewünscht hat, wofür man gearbeitet hat, jeder auf verschiedene Art und Weise, mit verschiedenen Wünschen, ich nun in der von Ihnen beschriebenen Art im Verhältnis zur SPD, mit Hilfe von Wählerinitiativen, all das hat kurzfristig zum Erfolg geführt und ist in einem bestimmten Bereich beendet oder auch gescheitert. Diese Ära Brandt, und ich möchte dazu auch gleich noch Gustav Heinemann nennen, ist eine für deutsche Verhältnisse einmalige Periode gewesen, oder zumindest erstmalige, so etwas haben wir hier noch nicht erlebt, und sie ist sehr kurz gewesen; es sind eine ganze Reihe Brückenschläge von Heinemann und Brandt in die Richtung der Intellektuellen versucht worden, begehbarer Brücken von beiden Seiten. Man muß sehen, was davon bleiben wird.

A.: Als Versuch einer Versöhnung von Macht und Geist, wenn man diese alte Antinomie einmal zitieren will?

G.: Versöhnung ist mir ein zu hoch gegriffenes Wort. Aber um auch diesen alten Gegensatz einmal zu prüfen, inwieweit ist er wahr, inwieweit ist der intellektuelle Bereich in der Politik auch zum Schaden vertreten gewesen, und verträgt sich dieser Anspruch der Schriftsteller überhaupt, sich Intellektuelle zu nennen? Ich kenne eine Reihe vorzüglicher Autoren, die ich nicht Intellektuelle nennen würde. Ich glaube zum Beispiel, daß bei Heinrich Böll das Intellektuelle nicht gerade die stärkste Komponente ist. Und doch wird mit diesem Wort klischeehaft Schindluder getrieben, von beiden Seiten. In dieser von mir kurz skizzierten Phase kam es zu solchen klärenden Gesprächen, kam es zu einer Annäherung, nicht Aussöhnung, sondern Annäherung. Helmut Schmidt ist, so vermute ich, selbst zu sehr Intellektueller, mit all dem Hang zur Ausschließlichkeit, um diesen Brückenschlag, den Brandt begonnen hat, auszubauen; denn Brandt hatte neben einer gewiß vorhandenen intellektuellen Komponente auch noch ein paar andere, auch gefühlsmäßige Qualitäten, die gleichzeitig seine wunden Stellen waren. Das Angebot, das er gemacht hat, nicht nur seinen Regierungsstil betreffend, ging ja viel weiter und betraf die gesamte Gesellschaft. Liberal und kollegial miteinander umzugehen, dieses Angebot ist von seinem Kabinett mißachtet worden, auch von Teilen seiner Partei, von den Gegnern ganz zu schweigen.

A.: Und damit ist eine große Chance vertan worden – vermutlich für lange Zeit.

G.: Sicher. Und was ich an Brandt kritisiert habe, war, daß er, obgleich er das wußte, nicht erkennen wollte, daß offenbar ein Großteil der politischen Kräfte, mit denen er zusammenarbeiten wollte, abgesehen vom politischen Gegner, dafür noch nicht reif war. Es hätte bedeutet, daß er einen strafferen Kurs hätte beginnen müssen, und ich bin nach wie vor der Meinung, daß er es hätte tun müssen.

A.: Das ist natürlich sehr schwierig. Brandt würde sich dann ja selbst widersprochen haben, er hätte, gezwungen durch andere, seine Prinzipien verraten müssen.

G.: Ich meine das nicht abträglich, es ist sicher edler so gehandelt. Aber Brandt war und ist auch Pragmatiker genug, und er war und ist auch ein Mann der Entscheidungen. Das hat er hier in Berlin bewiesen und an anderer Stelle, wo er gesehen hat, daß die Diskussion nur noch Selbstzweck ist und daß aus verantwortlicher Position heraus gehandelt werden muß. Diesen Zeitpunkt hat er, so meine ich, in der zweiten Legislaturperiode mehrmals versäumt. Er hat ihn z.B. nicht versäumt, als Schiller querging und mit Erpressung zu arbeiten begann, da hat er, nachdem seine Geduld wirklich überstrapaziert war, gehandelt. Und das wäre sicherlich auch in dieser laufenden Legislaturperiode richtig gewesen. Aber was wir hier sagen, ist hypothetisch. Wichtig scheint mir, daß das vorbei ist, nicht grundsätzlich, damit ist nicht alles zerstört, was getan worden ist, aber vieles wird als Bauruine stehen bleiben; es sei denn, andere arbeiten daran weiter.

A.: Sind Sie von Ihrem Einsatz für die Politik wegen dieser Entwicklung sehr enttäuscht?

G.: Ich bin ziemlich enttäuscht, selbstverständlich. Wenn jemand Jahre lang sehr viel in die politische Arbeit investiert, dann kann er sich, wenn er sich nicht selbst beschwindeln will, auch mit den vorzeigbaren Ergebnissen dieser Arbeit, der Arbeit der Partei, die man unterstützt hat, und auch der eigenen Leistungen, die ich nicht kleinschreiben will, nicht trösten. Denn wenn ich nicht mehr gewollt hätte, als bis jetzt erreicht ist, wäre ein solches Engagement die vielen Jahre über gar nicht durchzuhalten gewesen.

A.: Was ist denn der Grund dieser Enttäuschung? Die Entwicklung innerhalb der SPD, oder ist es eine Erkenntnis, die weiter reicht, die vielleicht auch zu einer umfassenderen Resignation führen könnte, daß es eine allgemeine und grundsätzliche Unvernunft der Menschen gibt?

G.: Ja. Es ist eine Enttäuschung über die Möglichkeiten der Vernunft. Man muß sich noch einmal genau Brandts Rede ansehen, die er im September des letzten Jahres (1973) in New York vor der UNO gehalten hat. Ich war damals zufällig in New York und habe diese erste Rede eines deutschen Bundeskanzlers vor der UNO verfolgt. Das war ein nahezu verzweifelter Appell an die Vernunft, der Hinweis, daß die Vernunft das einzige Instrument sei, mit dem wir Katastrophen begegnen können, die prompt auf uns zukommen. Wir haben die Planungsdaten, wir haben das alles vor uns liegen, es gibt auch Reibungen von Vernünftigen wie Unvernünftigen, bestätigendes Kopfnicken, aber einschneidende, aus der Vernunft resultierende Handlungsweise ist in keinem der Blocksysteme zu bemerken. Das ist auch nicht mehr mit der einen oder anderen Ideologie zu entschuldigen oder zu erklären. Hier decken sich die Systeme und treiben, wenn es so weiter geht, einem Desaster entgegen, wobei sie dauernd eine vernünftige Sprache führen und gleichwohl zu irrationalen Ergebnissen kommen. Das ist der Punkt, der einem, Enttäuschung ist nicht das Wort, Verzweiflung nahelegen kann; denn ich weiß keinen Weg aus dieser Sache. Es gibt Trends, die sehen Sie, bis in die Literatur hinein, wo es Hinwendungen zu irrationalem Verhalten gibt, und das wird auch sicher zu hervorragenden Literaturergebnissen führen, das Irrationale hat die Sprache noch immer beflügelt; aber klärend, aufklärend wird das nicht mehr wirken.

A.: Es ist ja nicht nur das vernünftige Reden des Führungspersonals, welches sich dann doch, auf lange Sicht gesehen, als unvernünftig herausstellt; es gibt auch den entschieden emotionalisierbaren Irrationalismus der Massen. In der Bundesrepublik ist ja in den letzten Jahren ein enormer Umschwung erfolgt. Erst eine geradezu phantastische Politisierung, die sich mit Orientierung auf die Person Willy Brandts vollzogen hat; dann das Aufatmen beim Rücktritt Brandts, das, zumindest bei der Masse, die Sehnsucht nach einem sogenannten starken Mann zu bestätigen schien, auch wenn das zum Teil noch sehr undeutlich war. Also die Rückkehr des Irrationalismus bei den Massen, die den Gedanken nahelegt, daß auch die Politisierung kein aufklärerischer, sondern ein emotionaler, irrationaler Akt war.

G.: In jedem Falle ist das ein rückläufiger Prozeß; denn auf der anderen Seite und auch über dieses Datum hinaus gab es bei der jüngeren Generation, aber auch bei meiner Generation, die ja starke Männer gekannt hat, einen Prozeß des Mündigwerdens, der Hoffnungen machen konnte. In einem Land, in dem eine gewisse Staatsorientiertheit, eine Staatstreue üblich war, gab es plötzlich eine Vielzahl von Menschen, die sich eher an der Verfassung als am Staat orientierten. Das möchte ich doch als Reifeprozeß ansehen, davon hält auch noch einiges an und wird weiterwirken. Und neben all dem, was an Gesetzeswerken verabschiedet und an Verträgen unterschrieben worden ist und was üblicherweise als politische Leistung vorgezeigt wird, ist das wahrscheinlich die größte Leistung, die während dieser kurzen Phase Brandt/Heinemann zustande gekommen ist: dieser Prozeß des Mündigwerdens.

A.: Und das muß eben auch Heinemann sehr entschieden gedankt werden.

G.: Das hat sich ergänzt, und beides war nur möglich durch das Zusammenwirken zweier politischer Gruppierungen, der Sozialdemokraten und der Liberalen, die in der Frühphase der Arbeiterbewegung und des Liberalismus schon einmal zusammengearbeitet haben, bis 1848; und ab 1849 begann dann die Entfremdung, die unter Bismarck schreckliche Ausmaße annahm, zum Schaden beider Parteien. Ich habe mich einmal zu der Formulierung verstiegen, daß am 5. März 1969 bei der Wahl Gustav Heinemanns die Revolution von 1848 gewonnen wurde; ich meine das auch heute noch so. Aber das ist, glaube ich, nicht so recht begriffen worden.

A.: Es hat sich leider nicht durchgesetzt.

G.: Nein.

A.: Die Wählerinitiative, einmal zur Institution geworden, ist zwar nicht eingeschlafen, aber sie hat nicht mehr die Bedeutung, die sie noch 1972 hatte. Sie haben Ihren Rücktritt von der Wählerinitiative erklärt, nachdem es Ihrer Person, Ihres Ruhms nicht mehr bedurfte, die Sache sollte sich selbst tragen. Aber Sie arbeiten doch auch jetzt noch politisch, auch wenn das nicht so öffentlichkeitsbezogen ist. Was machen Sie?

G.: Ich arbeite sehr viel mit Gewerkschaftsleuten zusammen, habe damit schon vor Jahren begonnen. Immer dann, wenn ich Zeit hatte, habe ich Wochenendseminare gemacht und mir diesen Bereich der politischen Bildungsarbeit innerhalb der Gewerkschaftsarbeit, der aus erklärbaren Gründen noch sehr unterentwickelt ist, als Teilaufgabe gestellt. Das mache ich weiter. Was die Wählerinitiativen betrifft, die gibt es und die wird es weiterhin geben, nur fehlt ihnen zur Zeit die Motivierung, die Ansprache. Eine Wählerinitiative ist nichts aus sich heraus, sie kann immer nur im Verhältnis zu einer bestimmten politischen Aufgabe und in Korrespondenz zu einer politischen Gruppierung wirksam werden – diese Gruppierung muß nicht immer die SPD sein –; dann hat sie einen Partner, an dem sie sich reibt, dem sie hilft, den sie korrigiert, den sie auf etwas aufmerksam macht. Dafür muß ein Klima da sein; dieses Klima hatten wir, doch es ist in dem Maße nicht mehr vorhanden in dem Prozeß der Ernüchterung, und das läßt sich auch nicht rekonstruieren. Die großen Anlässe für Wählerinitiativen waren entscheidende Bundestagswahlen, war die Zeit des Mißtrauensvotums, sowas passiert nicht jedes Jahr und sollte natürlich auch nicht jedes Jahr passieren. Auch die Wählerinitiativen sind in den politischen Alltag hineingekommen, und es läßt sich gar nicht voraussagen, was daraus wird. Wichtig ist für mich gewesen, daß das tatsächlich eingetreten ist, was ich 1965 bei meinen ersten Wahlreden als wünschenswert dargestellt habe, damals haben viele Leute darüber gelacht, Kampf um Grünanlagen, Streit ums Hotelfrühstück, also das, was ich ironisch als Alltagsprobleme umrissen habe; und weg von den großdeutschen Themen mit Schicksalsgeläute und Musik; heute haben wir das. Sicher mit Hilfe des Studentenprotestes, aber auch mit Hilfe der Wählerinitiativen war es dann möglich, daß im ganzen Bundesgebiet und unkontrollierbar für die verschiedensten Themen und Probleme Wählerinitiativen entstanden. Das ist, wenn man so will, ein Erfolg.

A.: Hat Sie eigentlich Ihr Ruhm verändert? Sie haben diesen Ruhm ja in Ihre politische Arbeit eingebracht. Aber verändert dieser Ruhm nicht auch persönlich, das Verhältnis zu Freunden, zur Umwelt; Ruhm kann ja auch korrumpieren. Machen Sie es sich bei Ihrer Arbeit jetzt leichter als früher, weil Ruhm den Erfolg gleichsam präjudiziert?

G.: Das Letzte trifft ganz gewiß nicht zu, das Schreiben ist mit wachsendem Ruhm schwieriger geworden. Ob ich selbst Ihre Fragen beantworten kann, weiß ich nicht. Freunde, die ich seit vielen Jahren kenne, behaupten und belegen das auch, daß sie, im Verhältnis zum Ruhm, wenig Veränderung an mir festgestellt haben. Meine Lebensgewohnheiten und -bedürfnisse haben sich kaum verändert. Ich lebe eigentlich, mit etwas mehr Mitteln ausgestattet, denselben Stil, den ich als Fünfundzwanzigjähriger gelebt habe. Es sind aber größere Widerstände da. Natürlich ist es für einen Autor, der in mein Alter gekommen ist und nicht diesen Erfolg gehabt hat, im Ansatz leichter, mit einem neuen Buch, und damit meine ich auch: mit einem neuen, sich selbst vergessenden Ansatz, zu beginnen. Für mich steht das oft, von außen an mich herangetragen, als Widerstand da, und ich muß das erst überwinden, um dann zu dem zu kommen, was ein anderer Autor, der den Ruhm nicht zu tragen hat, leichter gewinnt; der hat dann natürlich wieder andere Widerstände, Frustrationen auf Grund mangelnder Resonanz, über die ich mich nicht beklagen kann. Und natürlich bringt der Ruhm in den privaten Bereich hinein Schädigungen, mit denen man dann leben muß.

A.: Wird man mit den Jahren eigentlich duldsamer oder unduldsa-

mer? Es hat eine Auseinandersetzung gegeben anläßlich der Solschenizyn-Diskussion, als Sie Kroetz und Martin Walser heftig angegriffen haben, weil die beiden eine hier nicht gerade populäre Meinung kontra Solschenizyn vertreten haben. War das ein Grund, sich so scharf, wie Sie das getan haben, von den beiden abzusetzen und abzugrenzen und sich für diese beiden nicht mehr zuständig zu erklären, ihnen also die Kollegenschaft aufzukündigen?

G.: Ich will darauf gern ausführlich antworten. Ich glaube, daß ich im Verlauf der Jahre, gerade in der politischen Arbeit, dem Andersdenkenden gegenüber, auch dem Kommunisten, mehr Toleranz bewiesen habe, indem ich seine Meinung zwar ablehnte, aber tolerierte, als umgekehrt von kommunistischer Seite oder von Autoren, die dem Kommunismus nahestehen, mir gegenüber geübt worden ist. Das ist deren Sache, und es konnte mich nicht überraschen; denn Toleranz ist weiß Gott nicht gerade die Stärke der Kommunisten. Aber in diesem Fall, und es ging in diesem Interview nicht nur um Solschenizyn, ich wollte gerade einmal davon ablenken, daß es sich immer nur um Solschenizyn handele, habe ich aufmerksam gemacht auf Kohut, Vaculic, Havel, tschechoslowakische Autoren, die auch Kollegen von mir sind. Und wenn ich dann Äußerungen wie die von Kroetz und Walser höre zu diesem gesamten Komplex, muß ich mich entscheiden; da hat Toleranz auch ihre Grenze. Wer dort aus Toleranzgründen schweigt und das hinnimmt, der verwechselt Toleranz mit einer opportunistischen Schwäche. Ich habe mich in diesem Fall, und ich glaube auch nach genauer Prüfung der Vorgänge, für meine Kollegen aus der Tschechoslowakei und auch, in dem anderen Fall, für Solschenizyn entschieden, was mich nicht hindert, Solschenizyns politische Überzeugung, soweit sie über die begründete Leninismus-Stalinismus-Kritik hinausgeht, als falsch zu empfinden und auch zu kritisieren. Die konservativen und irrationalen Schlüsse, die er zum Teil aus seiner Opposition heraus zieht, sind nicht meine Schlüsse; darum ging es aber gar nicht. Es war eine Entscheidung für andere Kollegen und in dem Fall gegen das opportunistische Verhalten von Autoren der kommunistischen Parteilinie gegenüber, von Autoren, die, wenn es darum geht, aus guten Gründen gegen den Faschismus oder Halbfaschismus in dem einen oder anderen westlichen Land zu protestieren, mit der Solidarität auch der Kollegen rechnen, die sie sonst als Revisionisten verketzern. –

Und was Ihre Frage zu Anfang betrifft: Ich werde jetzt 47 und habe nicht sonderlich mit Altersproblemen zu tun, was vielleicht daran liegt, daß ich auf Grund meiner Entwicklung, mit 17, 18 bei Kriegsende, wenn auch unproportioniert, aber doch ziemlich früh reif gewesen bin und das Altern nicht mehr so einschneidend für mich ist. Ich formuliere Toleranz heute schärfer, grenze sie genau ab und bin mir, auch auf Grund von Erfahrungen, die ich gesammelt habe, bewußter, wo Toleranz, die ich als Stärke ansehe, in Schwäche umschlagen kann und Dinge zur Folge hat, die sich auch vom Standpunkt der Toleranz her nicht mehr verantworten lassen. Das eben am Beispiel dieses Konfliktes, in der Konfliktsituation, in der man sich entscheiden muß: dort die Situation der Autoren in der Tschechoslowakei, in der Sowjetunion, in der DDR und hier diese opportunistische Unverbindlichkeit bei uns. Wenn ich, um einen anderen Namen zu nennen, mich in einer Konfliktsituation sehe, dort Biermann und hier Degenhardt, dann gehe ich sogar noch ein Stück weiter. Vor Biermann habe ich Riesenrespekt, was mich nicht hindert, seine Arbeit kritisch zu sehen, und das sage ich ihm auch. Aber wenn ein Mann wie Degenhardt, der, was ich ihm gönne, seinen Erfolg im Westen hat, sich nun konform erklärt mit einer Partei, die diesem Biermann das Leben nicht nur schwer macht, sondern am Beispiel Biermann ihre Unduldsamkeit und Intoleranz praktiziert, dann muß das wohl gesagt werden.

A.: Nur empfindet man, wenn Günter Grass zu diesen Dingen und vor allem zu Personen sich mit dieser ausschließenden Schärfe äußert, dies anders, als wenn ein Autor mit weniger öffentlichem Ruhm, ich sage jetzt bewußt: beladen und belastet, sich dazu äußert. Dies hier klingt doch allzu verdiktorisch.

G.: Nur haben Sie mich doch gefragt, ob mich mein Ruhm verändert hat: also in dieser Beziehung nicht. Wenn ich, nach Prüfung der Fakten, zu einer bestimmten Überzeugung komme, dann spreche ich es aus und fange nicht an zu säuseln, nur weil ich berühmt bin. Ich kann da nicht meine Stimme verstellen oder mich zur Maus machen.

A.: Nur ist, von Ihrer Position herab gesprochen, eine solche Äußerung oft von anderer Wirkung als sie eigentlich gemeint war.

G.: Was heißt: die Wirkung ist eine andere? Es wird etwas weiter gehört. Und den Beifall von der falschen Seite bekommen Sie in dem einen wie im anderen Fall. Und das muß ich allerdings sagen: Angst vor dem Beifall von der falschen Seite habe ich immer weniger; denn das führt zu nichts; dann beginnt das Schwindeln und das Sich-krumm-Legen und das Um-drei-Ecken-Denken, das verunklärt mehr als es zur Klarheit beiträgt.

A.: Ich will nun nicht weiter auf Degenhardt eingehen, den ich doch etwas anders als Sie sehe; aber abzusehen ist doch, daß mit der Zeit hier in der Bundesrepublik eine entschiedene Klimaverschärfung einsetzt; ich denke da an den sogenannten Radikalenerlaß, an das Einstellungsverbot von Kommunisten im öffentlichen Dienst, nicht nur als Lehrer, sondern überhaupt in jedem öffentlichen Amt – halten Sie das auch für gerechtfertigt?

G.: Aber natürlich halte ich das nicht für gerechtfertigt. Ich bin seit Jahren gegen den Radikalenerlaß und wünschte, ich hätte mehr Möglichkeiten, ähnlich gegen ähnliche Erlasse in der DDR aufzutreten. Nur finde ich es immer ein bißchen komisch, wenn kommunistische Schriftsteller oder Schriftsteller, die der kommunistischen Partei nahestehen, hier aus guten Gründen das so lautstark vertreten und wie Seidenäffchen und Streichelkätzchen sich der DKP gegenüber verhalten. Denn da ist ja weiß Gott Anlaß genug, nicht, was den Radikalenerlaß betrifft, für mehr Großzügigkeit und für ein Minimum von Toleranz zu plädieren. Der Radikalenerlaß ist ein Wahnsinnsakt der Demokratie, die sich offenbar ihrer eigenen Stärke nicht bewußt ist. Die Bundesrepublik verträgt ohne weiteres 3000–4000 kommunistische oder weiter links stehende Lehrer, Richter, usw., genau wie das auch andere europäische Länder ertragen; was sie aber nicht verträgt, ist eine verbrämte Aufforderung zur Denunzierung Andersdenkender, und das ist, wenn auch ungewollt, von den Gesetzgebern impliziert.

A.: Nun verhalten sich aber diese Intellektuellen – und ich würde Martin Walser als einen intellektualistischen Autor bezeichnen …

G.: Das würde ich zum Beispiel nicht. Es gibt eine starke intellektuelle Komponente bei ihm. Aber das, was ich an Martin Walser immer geschätzt habe und was ich weiter an ihm schätze, ist seine Naivität, die ihn dann auch dazu bringt, etwa nach dem Rücktritt von Willy Brandt einen Brief an Honecker im *Spiegel* zu schreiben, den viele für zu naiv hielten. Sicherlich wundert es einen, wenn ein so intellektuell ausgeprägter Autor so spät zu der Erkenntnis kommt, daß so etwas auch Handlungsweise eines kommunistisch regierten Landes sein kann, und trotzdem ist es vielleicht für ihn sehr klärend gewesen. Es war sicher kein intellektueller Streich, den er da gespielt hat, sondern eher einer, der aus einer verletzbaren Naivität heraus gekommen ist, und das sollte man, bevor man Walser als so ausschließlich intellektuell einstuft, doch mitsehen.

A.: Mag sein. Ich hatte und habe den Eindruck, daß Martin Walser in dem Sinne intellektuell ist, daß er jeder Macht, die sich institutionalisiert, mißtraut, also natürlich auch einem Staat, wie er in der DDR besteht, und vor allem dann auch einer Partei wie z.B. der DKP, die nicht selbständig, sondern abhängig ist von jener Staatspartei. Und er sieht auch sehr klar, daß sich mit einer Partei, die, wie die DKP, nur auf SED-Weisung handelt, nicht viel erreichen läßt.

G.: Das muß neueren Datums sein.

A.: Das war schon in Gesprächen der Fall, die vor anderthalb Jahren stattgefunden haben. Daher, aber nicht nur daher, gewann ich meinen Eindruck von dieser Intellektualität Walsers, die jeder Machtposition mißtraut und jeder Position, die sich als Macht institutionalisiert und zunehmend versteinert, das belebende Moment der ständigen Selbstkritik wünscht und zuzutreiben versucht. Und das gilt in jede Richtung gesprochen, nicht nur nach Osten. –

Welche Rolle spielte die Gruppe 47 in Ihrer Entwicklung, welche Rolle würden Sie der Gruppe 47 jetzt in Ihrer Bilanz zuweisen? Und welche Rolle hat sie, jetzt aus dem Abstand rückblickend gesehen, für die gesamte Entwicklung der deutschen Literatur nach 1945 gehabt? Hat sie nachwirkend ein Chaos hinterlassen, weil sie zu ihrer Zeit zu vieles gebunden hat, auf vernünftige Weise, moralisch-kritisch, gebunden hat, für das es jetzt diese Bindung nicht mehr gibt und das noch keine Orientierung gefunden hat?

G.: Die Gruppe 47 hat ja eine Menge Titel gehabt, und die sind alle mehr oder weniger richtig, z.B. Hauptstadtersatz, und das war sie auch einmal im Jahr.

A.: Romanisches Café?

G.: Das war sie weniger, dafür wurde dort doch zu viel gearbeitet. Und damit bin ich schon bei einem Punkt, der mir Spaß gemacht hat. Ein paar ungeschriebene Gesetze, z.B. daß nur aus Manuskripten gelesen werden durfte, haben diese Arbeitsweise geprägt. Man hatte also die Möglichkeit, verschiedene Urteile zu hören, die sich zum Teil wechselseitig relativierten.

A.: Die Gruppe diente auch zur Selbstvergewisserung.

G.: Ja. Und man hatte auch die Möglichkeit, sein eigenes kritisches Vermögen, was für Autoren ja oft nicht leicht ist, zu erproben. Die Gruppe 47 hat viele Autoren zum kritischen Sprechen gebracht, hat auch ihren Horizont erweitert und ihr Verständnisvermögen von dem, was den einzelnen Autor in erster Linie interessiert und was er als einzige und ausschließliche Möglichkeit verstehen könnte. Sie hatte kein enges ideologisches Korsett, es war also von Heißenbüttel bis zur realistischen Schreibweise alles vertreten, ausgenommen verabsolutierende ideologische Literatur rechter wie angeblich linker Spielart.

A.: Wobei die linke Position, die dann mit den Studentenunruhen eingenommen wurde, damals in der Bundesrepublik ja noch nicht besetzt war.

G.: Ja. Es gab sehr weit links stehende Autoren, die sich aber immer noch von der europäischen Aufklärung herleiteten und die sich bewußt waren, daß Toleranz Voraussetzung für Aufklärung und auch für eine Entwicklung des Sozialismus ist. Da gibt es Freundschaften, die standgehalten haben, die man dort geschlossen hat, andere, die in Frage gestellt worden sind, die mittlerweile brüchig sind, aber die per Distanz immer noch in Resten bestehen; Bezüge, Reibungsflächen. Das war ein Datum, und ich glaube, man hat sogar daraufhin gearbeitet, nicht, indem man nun Erzählungen schrieb, von denen man kalkulierender Weise annehmen konnte, die haben vor der Gruppe 47 Bestand, das mag der eine oder andere getan haben. Es war eine Zäsur im Jahr. Für jemanden, der sich jeden Morgen als Schriftsteller wie Münchhausen selbsttätig aus dem Sumpf ziehen muß, ist eine solche datierte Zäsur ganz nützlich.

A.: Wann waren Sie zum ersten Mal bei der Gruppe 47?

G.: Ich bin mitten in die Frühjahrstagung 1955 hineingekommen, hier in Berlin, als Martin Walser den Preis bekommen hat. Ich hatte kurz davor einen Lyrikpreis vom Süddeutschen Rundfunk bekommen, einen dritten Preis, 150 DM und freien Flug nach Stuttgart hin und zurück – ich lebte hier in Berlin –; und gleich darauf bekam ich ein Telegramm von einem Hans Werner Richter – ich hatte zwar mal was von der Gruppe 47 gehört, aber ich kannte niemanden dort – mit der Einladung, Manuskripte mitzubringen und daraus vorzulesen. Ich habe Gedichte gelesen und fand auch Beachtung; das war für viele ein neuer Ton, ich hatte ein ganz anderes Verhältnis zur Lyrik. Von da an bin ich regelmäßig dabei gewesen.

A.: Welche Rolle spielen die alten Freundschaften in Ihrer Bilanz? Grass, Walser, Enzensberger, Johnson, das war einmal so etwas wie ein Quartett innerhalb der Gruppe 47, und dieses Quartett spielte im Zentrum der Literatur und des Literaturbetriebs merklich auf. Es gab damals ja auch politische Übereinstimmungen – was ist von den literarischen und politischen Übereinstimmungen geblieben?

G.: Ich glaube, wenn man heute so etwas inszenieren würde, Lesung von Texten und deren Diskussion, hätte sich in der literarischen Beurteilung, so wie wir unser Handwerk handhaben, nicht sehr viel geändert. Die politischen Unterschiede, ich sagte es vorhin schon, die damals schon deutlich waren, sind nun ausgelebt, und das hat zu Distanzen geführt und auch Brüche zur Folge gehabt, die so leicht nicht mehr zu korrigieren sind.

A.: Aber wenn Sie sich vorstellen, daß diese vier genannten Autoren jetzt bei einer neuerlichen Tagung der Gruppe lesen würden – ich fingiere das hier –, Sie aus dem „Tagebuch einer Schnecke", Martin Walser aus der „Gallistl'schen Krankheit", Johnson aus den „Jahrestagen" und Enzensberger einen politischen Essay – könnten Sie dann tatsächlich noch über das literarische Handwerk reden oder würde nicht von vornherein die Diskussion auf die Inhalte gehen, und wäre das nicht ein Zeichen dafür, daß die damalige Situation bei der Gruppe 47 eine tatsächliche Hilfssituation für den einzelnen Schriftsteller war, weil sich die politische Ambition noch nicht so sehr ausgebildet und nicht mit der Person in die Öffentlichkeit hinein verbunden hat?

G.: Sicher. Aber mit Unterscheidungen. Ich glaube schon, daß es zwischen Uwe Johnson und mir möglich wäre, vom Text auszugehen und weder Form noch Inhalt isoliert zu betrachten. Bei den beiden anderen Autoren dürfte das schwieriger sein. Aber damit ist nicht viel gewonnen. Ich halte nach wie vor die Art, wie das bei der Gruppe 47 praktiziert worden ist, für die richtige Methode; denn die Kritik, die dort vorgetragen wurde, war auch eine politische, aber sie war nicht isoliert politisch. Sie leitete sich vom Text her, und man konnte das beurteilen, auch wenn man die Tendenz oder Meinung des Buches nicht teilte. Und das ist verloren gegangen.

A.: Gab es eigentlich Strömungen in der Gruppe 47, die Literatur zu manipulieren versuchten – gab es Richtungskämpfe? Es gab ja eine starke Gruppe von Autoren, die für den Realismus etwa Böllscher Prägung votierten, der gerade zu Beginn der Gruppenarbeit das literarische Prinzip schlechthin darstellte.

G.: Als ich dort anfing zu lesen, gab es dort so eine Art Wiedergutmachungsliteratur, und die stieß auf die Kritik von Martin Walser, mir und anderen. Es konnte dann passieren, daß jemand eine mittelmäßige Erzählung vorlas, in der ein Jude vorkam, ein verfolgter Jude mit tragischem Schicksal, und daß daraufhin keine Kritik kam aus Scheu vor dem Thema. Walser und ich und andere waren eher der Meinung, daß diese Themenwahl nicht vor Kritik schütze, sondern sogar noch genauere Kritik herausfordere. Es war sicher ein Wechsel, und für viele war es wohltuend, daß das unbefangener und genauer möglich war. Dann gab es natürlich eine Tendenz von realistischen Schriftstellern oder solchen, die sich als Realisten empfanden im engeren wie weiteren Sinn, mit Vorbehalten der Lyrik von Heißenbüttel und ähnlichen Versuchen gegenüber; aber die hat sich nie durchsetzen können. Es hat, etwa ab 1960, eine zunehmend ungute Entwicklung gegeben durch die Anwesenheit von Verlegern bei den Tagungen, und da fiel dann auf, z.B. bei der Tagung in der Lüneburger Heide, daß so eine Art Suhrkamp-Stall sich breit machte und man auch das Gefühl hatte, daß da so ein richtiger Feldzugsplan entworfen wurde: welche Suhrkamp-Autoren am besten wann lesen, ob das nun gut sei, am ersten oder am zweiten Tag zu lesen, groteske Versuche, die am Eigengewicht des Gruppenrituals gescheitert sind. Ich würde das aber auch nicht überschätzen. Ein so begabter und ehrgeiziger Verleger wie Unseld wird sich, selbst wenn er es vorhätte, auf einer solchen Gruppentagung nie zum selbstlosen Mäuschen machen können; wo er hinkam, versuchte er auch der Autorenfischer zu sein, der er von Natur her ist.

A.: Man sprach damals auch in der Kritik häufig davon, es versammle sich bei der Gruppe 47 eine Art Literaturmafia, die die wesentlichen Positionen im Kulturbetrieb besetzt halte, was ja nachweislich nicht stimmte. Hat man das innerhalb der Gruppe eigent-

lich so recht wahrgenommen, in welcher Rolle man damals öffentlich gesehen wurde?

G.: Man hat diese Verdächtigungen gehört. Ich fand das immer lächerlich, denn sie waren durch nichts gedeckt. Ich habe auch nie begriffen, wer damit gemeint war. Gut, Joachim Kaiser hatte in der Süddeutschen Zeitung, wie auch heute, eine bestimmte Position; dann gab es Schwab-Felisch, dann gab es die zwei, drei Professoren, Jens, Mayer, das waren die einzigen Germanisten – und Jens war auch noch Altphilologe –, die sich für Gegenwartsliteratur interessiert haben; Höllerer als Herausgeber der „Akzente" hat, was für ihn spricht, vor vielen anderen eine literarische Nase gehabt für Leute, die damals noch völlig unbekannt waren. Und auch das fehlt natürlich seit dem Ableben der Gruppe 47 den paar noch verbliebenen Literaturzeitschriften. Die Gruppe 47 und ihre Tagungen waren auch für diese Zeitschriften eine Möglichkeit, sich zu orientieren. Man hatte einmal im Jahr die Möglichkeit zu sehen, woran gearbeitet wird.

A.: Also durchaus ein interner Literaturmarkt.

G.: Nicht Markt, das kam später.

A.: Im Sinne von Forum.

G.: Ja, in diesem Sinne. Der große Angriff kam ja immer vom Markt her durch die Anwesenheit der Verleger; die haben anfangs auch gar nicht besonders gestört. Nur durch die Massierung und durch bestimmte Mechanismen, weil sich nun ab 1959 deutsche Literatur auch auf dem Buchmarkt als nicht erfolglos erwies, glaubten nun Verleger, dort, bei den Tagungen der Gruppe 47, einen zweiten Johnson, Grass oder eine zweite Ingeborg Bachmann entdecken zu können und damit Erfolg zu haben, was ja verständlich ist.

A.: Und zwar nicht nur auf dem Markt im Inland, sondern zunehmend auch auf dem Markt im Ausland wurde die neue deutsche Literatur gefragt.

G.: Ja. Aber auch das ist von außen überschätzt worden. Das war störend, wie überhaupt der Einbruch von Öffentlichkeit. Zum Beispiel war auf der Tagung in Saulgau zum ersten Mal das Fernsehen dabei, damit ging ein Stück Unbefangenheit verloren.

A.: Diese Unbefangenheit ging dann aber doch sehr schnell verloren. Mit Tagungen in Princeton und Sigtuna hievte sich die Gruppe in eine Repräsentationsfunktion, die ihr nicht unbedingt zustand, ob das nun so gemeint war oder nicht, jedenfalls wirkte das so, als ob diese Tagungen im Ausland eine Vorführung der gesamten deutschen Literatur wären.

G.: Es war aber auch eine zu Recht großzügig gemeinte Sache; sie hat für viele junge Autoren, die die Mittel nicht hatten, die Reise nach Schweden und in die Vereinigten Staaten ermöglicht und für den einen oder anderen auch den Horizont erweitert; und das ist mit der in der Bundesrepublik nach wie vor herrschenden Verwechslung von Ironie und Häme gründlich mißverstanden und dann auch bewußt mißdeutet worden. Ich hätte gar nichts dagegen gehabt; denn zur damaligen Zeit glaubte sich die Bundesrepublik am besten durch den Volkswagen oder durch vergleichbare Produkte im Ausland vertreten, und die das zu verantworten hatten, waren sehr erstaunt, daß die bundesdeutsche Nachkriegsliteratur im Ausland einen solchen Namen hatte, daß es ein solches Interesse gab an dieser Literatur und auch an dem Vorgang einer solchen Gruppe-47-Tagung. Die Autoren haben sich dann verunsichern lassen. Ich habe das immer als einen Fehler angesehen; und ich habe es mir sehr gewünscht, daß es zu der Tagung in Prag gekommen wäre – es lag ja seit Jahren eine Einladung des tschechoslowakischen Schriftstellerverbands vor. Das ging dann aber nicht mehr auf Grund der Veränderungen in der Tschechoslowakei; und dann fand die Tagung in der Pulvermühle statt, die, bei kräftiger Beteiligung der Autoren, zum Ende der Gruppe 47 geführt hat.

A.: Woran lag es denn im letzten, daß die Gruppe 47 eingegangen ist?

G.: Sie war, was sie ehrt, unsicher in ihrem Selbstverständnis. Während der letzten Jahre war auch eine Reihe junger Autoren dazugekommen, die die Gruppe 47 als Startmöglichkeit mißverstanden haben, die kein Verhältnis zu ihr hatten, die sie eigentlich nur benutzen wollten und die dann ärgerlich reagierten, wenn das nicht so lief, wie sie es sich versprochen hatten. Also dies alles, persönliche Verärgerung, Mißverständnisse der Autoren im Verhältnis zur Gruppe 47 in einer Zeit des Studentenprotestes, der politischen Umschichtung, führte dann zu den tragikomischen Ereignissen während der Tagung in der Pulvermühle. Es fuhren linke jeunesse dorée, SDS-Studenten aus Erlangen in offenen Sportkabriolets mit der Absicht vor, die Tagung zu stören. Das wäre nicht möglich gewesen, wenn sie nicht bei einigen Autoren Gegenliebe gefunden hätten, die offenbar auch informiert waren von dieser Störungsabsicht.

A.: Worauf beruhte diese Gegenliebe?

G.: Der Wunsch auch einiger Autoren meines Alters und einiger Jüngerer, sich mit Hilfe des Studentenprotestes zu verjüngen, ein etwas krampfhafter Solidarisierungsprozeß, bevor überhaupt die Fakten geprüft wurden; denn das, was auf dieser Tagung eigentlich vonstatten ging neben den literarischen Lesungen und der darauf folgenden Kritik, waren politische Unternehmungen, die durchaus im Sinne des Studentenprotestes waren, und nicht nur des Studentenprotestes. Es gab z.B. einen Beschluß dieser Tagungsteilnehmer, in Zukunft nicht mehr in Springerzeitungen zu schreiben und die einzelnen Verlage zu ersuchen, dort nicht zu inserieren – ich halte mich bis heute daran, weiß nicht, ob andere Autoren das auch tun, es ist auch gleichgültig; jedenfalls war das für mich eine verbindliche Sache. Das war als politische Handlung gewiß bleibender und fundierter als das, was dort von den SDS-Studenten aus Erlangen kam und was zu törichten Reaktionen einiger Autoren geführt hat.

A.: Immerhin könnte das ja auch die Artikulation eines Unbehagens an der Vergeblichkeit der moralisch-kritischen Arbeit von Schriftstellern gewesen sein. Diese moralisch-kritische Position wurde ja von der Gruppe 47 nachdrücklich in Anspruch genommen, und zwar gegen die Restauration.

G.: Sie hat da ja auch einiges geleistet – was im Ausland offenbar stärker nachwirkt als bei uns, was wohl auch kein Zufall ist. Das verständliche und immer wieder auftretende Unbehagen des Schriftstellers am eigenen Beruf gehört zu diesem Beruf. Und was an der Gruppe 47 mittlerweile Institution geworden war, sich verfestigt hatte oder ungut lief, ich erwähnte z.B. die überproportionierte Teilnahme von Verlegern oder den Einbruch von Öffentlichkeit mit zu vielen Journalisten und vor den Türen lauernden Fernsehteams usw., das hätte man einschränken können, das wäre ohne weiteres zu ändern gewesen; und da hätte sich im Verlaufe einer solchen Diskussion sachlicher die Frage gestellt, ob die Zeit für eine Gruppe 47 vorbei sei. Der Schluß wäre dann nicht so lächerlich gewesen.

A.: Glauben Sie noch immer an die Unteilbarkeit von Politik und Moral und an deren Durchsetzbarkeit in der Wirklichkeit – wir sprachen vorhin schon andeutungsweise davon. Ist Willy Brandt nicht eben eine Ausnahme und gerade deshalb in der Praxis der Politik, ich meine an der Praxis ihrer Alltäglichkeit, gescheitert? Die Hoffnungen, die er weckte, sind, wie man aus Umfragen erfährt, schon jetzt reformerischer Resignation oder gar Unwilligkeit gewichen.

G.: Die Praxis der Politik ist es sicher, bei feierlichem Anlaß von Moral zu sprechen und im Alltag dann einen deutlichen Unterschied zu machen. Das ist weit und breit so. Der Wunschzustand ist eine Annäherung von Politik und Moral bis zur Gleichheit, aber das passiert selten oder nie. Gelegentlich gibt es Politiker, bei denen solche Annäherungswerte zu erkennen sind, zu denen gehört Willy Brandt, zu denen gehörte auch ein Salvatore Allende, zu denen gehörte auch Alexander Dubček. Ich nenne die drei bewußt. Sie sind zwar jeweils in ihren Umständen und jeweils anders zu benennenden Mächten gegenüber vorläufig gescheitert, aber diese Niederlagen setzen deutlichere Signale als eine Vielzahl von pragmatischen, nur machtpolitisch ausgerichteten Siegen. Die Infragestellung einer Kissinger-Politik oder einer Politik, wie sie der Ostblock betreibt, hat stattgefunden in Prag und in Chile und hier bei uns in der Bundesrepublik, und die Erinnerung daran wird bleiben; auch der Maßstab ist gesetzt worden, und das ist der gelegentliche Triumph, der in Niederlagen stecken kann. Er setzt natürlich auch die Hoffnung auf zukünftige Politiker, die die Deckungsgleichheit von moralischem und politischem Anspruch anstreben. Es ist sicher ein Erziehungsziel; aber wenn es ein Erziehungsziel ist, sollte gleichzeitig die Skepsis mit erzogen werden, daß die Hoffnung nicht überdimensional wird, wie es leider in den kurzen Perioden unter Brandt und Allende und Dubček der Fall war.

A.: Und wie es vielleicht jetzt auch in Portugal der Fall ist?

G.: Nicht nur da. Doch waren sich die Leute, die die Veränderung mit eingeleitet hatten, der Gefahr sehr bewußt; die haben Chile im Rücken gehabt und auch viele andere Erfahrungswerte und bedürfen nun der Unterstützung. Das ist ein sehr schwerer Weg. Das gleiche gilt für Griechenland. – Für mich kann politische Arbeit nur dann realisierbar sein, wenn sie dieses Ziel, die Identität von politischer Macht und Moral, gleichzeitig anstrebt. Wenn das nicht der Fall ist, und wenn die Entwicklung in der Bundesrepublik auch unter der SPD auf ein bloßes machtpolitisches und pragmatisches Verhalten hinausläuft, kann ich nur kritische Distanz dazu nehmen, aber nicht mehr mitmachen. Bei aller Einsicht in die Notwendigkeit pragmatischen Verhaltens muß es möglich sein, auch innerhalb festgefügter Blocksysteme diesen moralischen Anspruch zu erheben; wir haben das ja nun, um beim Beispiel Griechenland zu bleiben, ab 1967 erlebt. Es hat immer NATO-Partner gegeben, die auch mit kleinen Erfolgen darauf hingewiesen haben, daß die Mitgliedschaft eines faschistischen Landes in der NATO unvereinbar ist mit deren Präambel; es gibt einen in der Präambel erhobenen moralischen Anspruch, der nicht mehr gedeckt war, und daran mußte erinnert werden. Meine politische Arbeit, so sehr sie innenpolitisch auf die Bundesrepublik konzentriert war, hat doch diesen Gesichtspunkt, also Okkupation der Tschechoslowakei, Errichtung der Militärdiktatur in Griechenland, was ja zeitlich in etwa zusammenfiel, nie außer acht gelassen, hat auch die Wechselbeziehungen zwischen beiden Blocksystemen immer herauszustellen versucht. Ich glaube in der Tat, daß dieses – auch wenn manchmal Pausen dazwischen liegen – Nicht-Ermüden, dieses Immer-wieder-Aufwerfen der Griechenlandfrage die Opposition dort im Land und außerhalb des Landes gestärkt und mit dazu beigetragen hat, daß es jetzt den Versuch zu einer Rückkehr zur Demokratie dort gibt. Ich bin also nicht irre gemacht worden an dem politischen Ansatz, mit dem ich begonnen habe. Nur ist die Grenze für mich dort, wo man nur noch, und auch nur noch notdürftig kaschiert, Machtpolitik zu betreiben gedenkt – da ist nicht mit meinem Mitwirken zu rechnen, sondern mit meiner Kritik.

A.: Wenn man von Moral redet, muß dieser Begriff ja verstanden werden: Was bedeutet eigentlich politische Moral, woran orientiert sie sich?

G.: Das fängt schon damit an – Willy Brandt hat ja solche ‚ehernen', einfachen Sätze geprägt –: Politik muß für Menschen gemacht werden und nicht, um Institutionen am Leben zu halten oder Klassenvorrechte zu erhalten.

A.: Also für die Bedürfnisse der Menschen?

G.: Für die Bedürfnisse; das wäre dann der zweite Satz, und dann fängt das Definieren an. Nun gibt es ja in der Politik die von vielen Staaten, auch von der Sowjetunion unterschriebenen Menschenrechte, das sind moralische Ansprüche, zum Teil sehr deutlich formuliert und definiert. Um das auch nur annähernd durchzusetzen, dazu bedarf es mehrerer Menschenalter politischer Arbeit.

A.: Aber wo die Vernunft – und Sie sprachen ja selbst davon, daß Sie hinsichtlich der Realisierung, der Durchsetzbarkeit von Vernunft skeptisch geworden sind – sich möglicherweise auch über Menschenalter hinweg nicht so realisieren läßt, in der Menge, in der Masse, muß da nicht ein System immer größere Chancen bekommen, das erkennt und für sich in Anspruch nimmt, daß die Vernunft für die Menschen gemacht und auch gegen sie durchgesetzt werden muß, von Einzelnen, von Parteien mit diesem Absolutheitsanspruch – daß es also zu einer Diktatur der Vernunft kommt, die notgedrungen weder den moralisch fixierten menschlichen Bedürfnissen noch der Vernunft gerecht werden kann?

G.: Das trägt auch Rudi Dutschke in seinem Buch gegen den Leninismus vor; und ich finde, er hat recht. Das führt zu einer Pervertierung der Vernunft und schließt eine wichtige Komponente des vernünftigen Handelns aus, das alternative Denken, das die Voraussetzung für demokratisches Verhalten ist. Selbst der beste und bestgeschulte Beamten- und Funktionärsapparat verarmt und erlahmt auf die Dauer, wenn er sich nicht an alternativen Modellen orientieren kann, die öffentlich diskutiert werden. Das muß nicht in der Form unseres Oppositionsverständnisses sein, aber doch aus oppositionellen Positionen heraus. Wenn das nicht passiert, verarmt die Phantasie, verarmt auch die politische Phantasie.

A.: Sie erwähnten Chile und Allende. Allende war ein Anhänger der Volksfrontpolitik, und in den Köpfen westdeutscher Intellektueller gibt es die Idee von der Volksfront auch für die Bundesrepublik, also den Gedanken von der Einheit von Sozialdemokratie und Kommunismus. Was halten Sie von dieser möglichen politischen Verbindung?

G.: Die Volksfront ist, trotz gemachter Erfahrungen, offenbar immer noch eine abstrakte Idee. Das läßt sich ja doch wohl nur von Fall zu Fall beurteilen. Für die Bundesrepublik halte ich es für undiskutabel. Mit der DKP kann die SPD keine Volksfront eingehen, das ist wie Feuer und Wasser, überhaupt mit keiner kommunistischen Partei, die sich bedingungslos im Fahrwasser der von Moskau ausgehenden leninistisch-stalinistischen Entwicklung befindet.

Dies trifft in Europa am wenigsten auf die italienische kommunistische Partei zu, und dort könnte sich unter Umständen die Volksfrontfrage am ehesten stellen. Aber Sie sehen, selbst in Italien steht die sozialistische Partei, die weit links von der SPD steht, dieser Frage skeptisch gegenüber, womöglich sogar skeptischer als der linke Flügel der christdemokratischen Partei. In Frankreich wäre das ein Desaster geworden. Ich glaube, der Wahlvorgang hat gezeigt, daß auch die Sowjetunion an dem Zustandekommen einer solchen Volksfront gar kein Interesse hatte. Nicht ohne Grund hat der sowjetische Botschafter demonstrativ kurz vorm Wahltermin Mitterands Gegenkandidaten Giscard einen Besuch abgestattet; das war schon bei der davorliegenden Wahl gegenüber Pompidou so. Aber es wird natürlich immer wieder Volksfrontträumer, in Frankreich ebenso wie hier, geben, die der Meinung sind, daß die Realität sich falsch verhalten hat und deswegen bestraft werden müsse. Die Realität ist aber so, daß die kommunistischen Parteien in Westeuropa, möglicherweise mit der Ausnahme der italienischen kommunistischen Partei, eine Volksfront in erster Linie benutzen würden, um mit Hilfe der nützlichen Idioten – das wären dann die sozialistischen Partner – die Alleinherrschaft zu erringen.

A.: Ich möchte jetzt ein anderes Thema anschneiden und möchte damit wieder ein bißchen mehr zum Literarischen kommen. Ich möchte noch einmal ganz zurückgehen und fragen, welches Ihre wichtigsten Erfahrungen mit der deutschen Literatur nach 1945 waren. Gibt es da entscheidende Leseerfahrungen im Umgang mit der deutschen Literatur der Fünfziger Jahre?

G.: Wichtig für mich sind die beiden ersten Bücher von Uwe Johnson gewesen, für mich als Leser. Das fällt mir spontan als erstes ein. Daneben Alexander Kluge, dessen „Lebensläufe“ ich für einen wichtigen Ansatz halte, der von Kluge dann aber nicht mehr verfolgt wurde. Er fängt jetzt zwar wieder dort an, aber, wie ich meine, nicht mehr mit dieser Dichte und der Notwendigkeit der in den „Lebensläufen“ vorgezeigten Fälle; er ist beliebiger geworden. Und bei Johnson sah ich lesend zum ersten Male die DDR dargestellt; er ist auch nach wie vor der bedeutendste DDR-Autor – es liegt nicht an ihm, daß diese Bücher dort nicht erscheinen durften und dürfen –, wenn man schon solche Einstufungen machen soll.

A.: Gibt es Einflüsse aus der Gegenwartsliteratur im weiteren Sinne auf Sie?

G.: Es hat für mich fruchtbare Auseinandersetzungen mit dem nouveau roman gegeben, besonders was die Gegenständlichkeit betraf, das Beschreiben von toter Oberfläche und die daraus zu ziehenden Schlüsse, wobei mir nur die Ideologie des nouveau roman nicht paßte, das ist sicher ein wichtiges Element gewesen. Einflüsse? Ich habe meine Tradition wie jeder Schriftsteller. Was die erzählte Prosa angeht, so hat sich das von einer Romanform hergeleitet, die man gar nicht national festlegen kann, die europäisch ist; sicher, der pikareske Roman ist spanischer Herkunft, aber der hat dann sehr bald im übrigen Europa, bei uns durch Grimmelshausen, seine besonderen Prägungen erfahren. Von dort geht es, auch immer wieder Nationen und Literaturen überspringend, hin und her: der Einfluß von Rabelais durch die ‚Übersetzung' Fischarts auf unsere Barockliteratur; dann eigentlich unvorbereitet Sterne mit dem „Tristram Shandy", der weit mehr Beziehungen zu Rabelais hat als die andere englische Literatur zu Sterne. Der ist immer ein Fremdkörper geblieben, erst bei den Iren hat das eine Entsprechung gefunden. Und dann Lichtenberg, der Sterne für unseren Sprachbereich entdeckte, und Jean Paul, der das in unsere Verhältnisse verwandelt, umsetzt.

A.: Merkwürdigerweise, wenn man den pikaresken Roman einmal beiseite läßt, eine fast identische Linie, die auch Arno Schmidt für seine Vorbilder in Anspruch nimmt.

G.: Das mag sein.

A.: Und unmittelbarer: Was in der neuen deutschen Literatur hat Sie als Schriftsteller beeinflußt?

G.: Das kommt jetzt. Ich nannte Jean Paul. Dann Alfred Döblin, bei dem ich vieles finde: daß er immer wieder mit einem neuen Ansatz antritt, daß er sich selbst durch seine Bücher in Frage stellt; er ist kein Autor in klassischer Anlage, wie es Thomas Mann mit einem festgefügten Lebenswerk ist.

A.: Ein irritierter Autor.

G.: Und ein sich selbst irritierender Autor. Auf Brecht trifft auch diese klassische Fügung zu, mit Ausnahme der Lehrstücke, darunter der mittlerweile gesperrten „Maßnahme", das war wie ein Ausflug in eine andere Dimension.

A.: Die Klassischen, wie Sie sie nennen, haben auch leicht etwas Monumentales.

G.: Und zwar schon zu Lebzeiten, und das ist bei Döblin nicht der Fall. Der Wallenstein-Roman ist während des Ersten Weltkrieges entstanden, danach „Berge, Meere und Giganten". Es ist zwar von einem Autor, und man merkt es auch, doch es sind zwei völlig andere Ansätze.

A.: Insgesamt dann auch etwas schillernd.

G.: Und für klassischen Mißbrauch nicht geeignet, was den Autor verstellt und gleichzeitig schützt. Und daß ein Buch wie „Berlin Alexanderplatz" in Deutschland so wenig gelesen wird, so unbekannt ist, das sagt ja etwas aus über unser Verhältnis zur Literatur, selbst zu unseren modernen Klassikern.

A.: Diesen Anknüpfungspunkt meinte ich vorhin mit meiner Frage: Bezüge zur deutschen Literatur der Gegenwart, und das schließt auch die abgebrochene, durch die Nazis abgebrochene deutsche literarische Tradition der Zwanziger Jahre mit ein.

G.: Für mich ist dann noch der Frühexpressionismus wichtig gewesen, besonders in der Lyrik.

A.: Wenn Sie jetzt, was man sich wohl nur schwer vorstellen kann, ein Literaturhistoriker wären: Von wem sind die am entschiedensten weitertreibenden, innovierenden, vorwärtsbringenden Bücher geschrieben worden in den letzten 25 Jahren? Was hat Folgen gehabt?

G.: Der Einfluß von Uwe Johnson, nicht nur auf DDR-Autoren, ist sicherlich nachzuweisen. Die Lyrik von Gottfried Benn, später mit der Zugabe Brecht, hat über Enzensberger und Rühmkorf, die sich dann selbständig machten, Folgen gehabt; sie jedenfalls kommen von dort her. Benn wirkte in den Fünfziger bis hinein in die Sechziger Jahre prägend auf ganze Zeitschriften! Prägender sogar als Brecht. Sicher hat es auch eine Kafka-Welle gegeben. Aber auf den ersten Realismus nach 1945 wirkte beeinflussend vor allem die amerikanische Literatur. Die Fülle auch heute noch recht guter Kurzgeschichten der späten Vierziger und der Fünfziger Jahre ist ohne Hemingway kaum denkbar.

A.: Und nicht ohne Faulkner.

G.: Überhaupt ist der Einfluß der englischsprachigen Literatur nach 1945 bedeutend.

A.: Und heute? Wie sehen Sie die Literatur, zu deren bedeutendsten Autoren Sie gehören?

G.: Da hat es eine große Infragestellung gegeben. Wir sprachen vorhin über das Ende der Gruppe 47. Das ging dann im „Kursbuch" weiter mit Enzensbergers prinzipieller Infragestellung der Literatur im Verhältnis zu Möglichkeiten, etwas politisch zu verändern, die mit einer Absage an die Literatur endete. Das hat auf junge Autoren bestimmt verunsichernd gewirkt, und ich fürchte: auf eine nicht gerade produktive Art und Weise. Es gab dann eine Welle von nachgemachter Agit-Prop-Literatur, die literarisch unerheblich blieb, aber auch politisch eher verunklärte, als daß sie etwas Produktives beitragen konnte.

A.: Und „Arbeiterliteratur", die sich inzwischen im öffentlich-literarischen Gespräch einen beachtlichen Platz erobert hat?

G.: Ich halte es für sehr gefährlich, solche Kategorien zu machen, klassenspezifische Gruppen aufzutun. Wenn wir das so abstrakt sehen wollen, dann bedürfen wir natürlich genauso einer Kleinbürgerliteratur und einer Bürgerliteratur; und hier sind doch Autoren gefragt, die diese ohnehin verschwommenen und sich überlappenden Gruppierungen im Verhältnis zueinander sehen und nicht nun künstlich aus einem sentimentalen Verhältnis zum 19. Jahrhundert gettohaft beschreiben.

A.: Nun meine ich nicht unbedingt einen Autor wie Max von der Grün, sondern die Art von Literatur, die sich in den Werkstätten für Literatur der Arbeitswelt entwickelt hat und die sich ausdrücklich so nennt: klassenkämpferisch kategorisierend.

G.: Da hat mich noch nichts vom Stuhl gerissen; das sagt aber noch gar nichts gegen den Versuch. Es gibt z.B. dieses Buch „Klassenliebe", das ich mit Interesse gelesen habe; und ich habe in dem Protokoll einer Diskussion gelesen, wie diese junge Autorin sich nicht festlegen lassen wollte auf diese eine Stillage und die nun, und das ist ihr gutes Recht, und sie wird es hoffentlich auch tun, aus dieser Festlegung ausbricht; und dann wurde sie an Leinen gelegt, die mich sehr stark an den ‚Bitterfelder Weg' erinnerten. Das ist sicherlich die Gefahr für einen solchen, wahrscheinlich nützlichen, Versuch, und es führt dann zu zum Teil tragikomischen Ergebnissen, wie es in der DDR bei dem berühmt-berüchtigten ‚Bitterfelder Weg' passiert ist, wo Arbeiter, die ein Talentchen haben, aufgepustet und mißbraucht werden. Und dann geschieht genau das Gegenteil. Es wird den Arbeitern nicht geholfen, sondern sie werden zu törichten Figuren. Da bin ich eher dafür, die Möglichkeit im politischen Bereich zu vergrößern, daß Arbeiterkinder zunehmend, so schwer das auch ist, mehr Bildungsgerechtigkeit erfahren; da bin ich dafür – was ich, sicher mit unzulänglichen Mitteln, versuche, nämlich in der Bildungsarbeit den Gewerkschaften behilflich zu sein – überhaupt den Arbeitern die Scheu vor der Literatur zu nehmen, denn es wird ihnen von allen Seiten eingetrichtert, daß die Literatur, die geschrieben wurde und die geschrieben wird, für sie zu schwierig sei, was nicht stimmt. Ich könnte im Handumdrehen eine kleine Bibliothek von anspruchsvollen Büchern nur deutschsprachiger Literatur zusammenstellen, die von jedem Arbeiter gelesen werden können. Darunter sind natürlich auch viele Bücher, die von Bürgern kaum gelesen werden; denn die lesen auch nicht so besonders viel.

A.: Das Problem bei der ganzen Sache ist ja auch, daß von der Literatur etwas verlangt wird, was ja inzwischen nicht mehr nur von der Literatur geleistet werden muß, vielleicht deshalb auch gar nicht mehr geleistet werden kann, nämlich eine Öffentlichkeit herzustellen für Politisches. Wir haben ja öffentliche politische Parteien, es kann mit den Gewerkschaften öffentlich politisch gearbeitet werden; es kann Aufklärung geben ohne den früher notwendigen Weg über die Literarisierung und über die literarische Sensibilisierung.

G.: In diesem Zusammenhang muß auch daran erinnert werden, daß z.B. ein Autor wie Kafka, im „Prozeß“, im „Schloß“, den bürokratischen Prozeß anonymer Macht für *alle* Gesellschaftsklassen beschreibt: das versteht sich im Verhältnis zur westlichen verbürokratisierten Demokratie genauso wie, wenn nicht noch stärker, zu allen diktatorischen Staaten, auch zu denen sozialistischer Herkunft oder Machart.

A.: Das ist ja eben die Leistung dieser Literatur, daß ihr Verweisungscharakter möglichst umfassend ist und nicht nur für einen ganz bestimmten und möglicherweise sogar nur engen Bereich gilt.

G.: Mir zum Beispiel ist aus dieser kritischen Ecke vorgeworfen worden, daß ich mich fast ausschließlich mit Kleinbürgern befasse. Wenn man nun einmal einen Roman wie „Die Blechtrommel“ nimmt und diesem einen Strang nachgeht, so ließe sich ja doch leicht nachprüfen, wie es mir darauf ankommt, gerade die Nahtstellen und Überlappungen zwischen proletarischem Herkommen und kleinbürgerlicher Anpassung oder Kleinbürgertum mit proletarischem Rückfall zu zeigen; gerade das war doch die tragende Schicht, in der der Nationalsozialismus entstehen konnte. Das allein reicht natürlich nicht aus, da mußten schon noch ein paar andere realistische Dimensionen hinzukommen, unter anderem die realistische Dimension der Phantasie.

A.: Wir sprachen vorhin davon, daß Enzensberger der Literatur überhaupt die Fähigkeit abgesprochen habe, gesellschaftsverändernd zu wirken. Halten Sie die Literatur denn überhaupt für zuständig, gesellschaftsverändernd zu wirken, d.h. soll der Schriftsteller dieser möglichen Aufgabe von Literatur den Vorzug geben? Und, wie gesagt, die Frage, kann Literatur die Gesellschaft verändern, wobei nicht an einen ‚Umsturz nach Lektüre' gedacht ist, sondern an einen subtileren Prozeß?

G.: Sie verändert. Langsam, nicht berechenbar, in Phasenverschiebung, gemischt und parallel zu anderen verändernden Tendenzen, die nicht aus der Literatur kommen, verändert auch Literatur die Gesellschaft. Nicht immer nur zum Guten hin. Auch fehlende Literatur kann zu Veränderungen führen. Nehmen wir einen Trivialbereich: Kochbücher. Im 19. Jahrhundert hat es eine Fülle von bürgerlichen Kochbüchern gegeben, zum ersten Male; die meisten früheren waren höfische Kochbücher, bis auf Ausnahmen für eine höhere Schicht geschrieben. Es gab aber, parallel zur sozialen Frage des 19. Jahrhunderts, so gut wie gar keine Kochbücher für Arbeiterhaushalte, also keine proletarischen Kochbücher, wenn wir das jetzt so nennen wollen, wohl aber einige bürgerliche Kochbücher, die zumindest versuchten, die Mittel eines Arbeiterhaushaltes zu berücksichtigen, indem sie Kartoffelrezepte usw. – die Kartoffel war ja noch relativ neu als Massennahrungsmittel, genau wie Zucker – anboten. Die Folge war, daß sich die Arbeiterhaushalte an bürgerlichen Kochbüchern orientierten – nun wird mir doch keiner weismachen wollen, daß das nicht zur Veränderung dieser Arbeiterhaushalte beigetragen hat!

A.: Wenn sie sich leisten konnten, was dort an Zutaten gefordert war.

G.: Selbst im unguten Sinn: Wenn dann das bürgerliche Kochbuch als Ideal vor der Arbeiterfrau stand und danach gearbeitet, also gekocht wurde, so hat das die Möglichkeiten des Arbeiterhaushaltes oft genug übersteigen müssen und hat dann wieder zu Konfliktstellungen geführt. Ich wollte das gerade an diesem Trivialbeispiel einmal deutlich machen. Das trifft natürlich auf die sogenannte schöngeistige Literatur genauso zu, auch wenn sich manche Veränderungsergebnisse vielleicht schwerer ablesen lassen als im Fall der von mir erwähnten Kochbücher.

A.: Und wenn Sie nun mit dieser Erkenntnis die deutsche Literatur seit 1945 – ich möchte sie ruhig einmal Gruppe-47-Literatur nennen, weil damit auch eine politisch-moralische Position, zumindest vom Eigenanspruch her, gegeben ist – danach befragen, ob sie das Klima dieser Bundesrepublik beeinflußt und verändert hat, würden Sie dann der These von der Wirkung der Literatur zustimmen?

G.: Ja sicher, dem würde ich natürlich zustimmen. Wenn auch diese Veränderung nicht so dominierend gewesen ist, wie sich manche Schriftsteller, die von der Literatur Wunderdinge erwarten, das gewünscht haben; wobei dieser Prozeß noch gar nicht abgeschlossen ist. Es ist ja noch gar nicht so lange her, da dominierten in unseren Schullesebüchern Carossa und Rudolf Alexander Schröder usw. usw.; und da hat sich einiges verändert, das hat auch Wirkung, z.T. auch abschreckende Wirkung. Ich kann mit gut vorstellen, daß es heute schon Schüler gibt, die, wenn sie zu lange Zeit etwa über einer Erzählung oder einem Gedicht von Ingeborg Bachmann gesessen haben und nun nicht mehr auf rechte Weise gefragt werden: „Was will der Dichter damit sagen?", sondern von einem jüngeren Lehrer mehr auf linke Art und Weise nach der gesellschaftlichen Relevanz eines Bachmann-Gedichtes gefragt werden, den altbekannten Überdruß des Schülers am Lehrstoff empfinden.

A.: Der Überdruß am Lehrstoff ist ja nicht unbedingt bestimmt von seiner Modernität oder seiner Altbackenheit. Es geht ja wohl eher um die Methode, mit der man solche Dinge vorführt.

G.: Und das ist ein kritischer Punkt. Ich glaube wohl, daß sich vom Angebot eine Menge geändert hat, daß aber bei den Lehrmethoden im Umgang mit literarischen Stoffen noch vieles im Argen liegt. Daß dort nach deutschem Muster von einem Extrem ins andere hinein pädagogisiert wird und diese Tendenz, Literatur als melkbare Kuh zu betrachten und an den Zitzen zu ziehen und zu sehen, wieviel Liter Milch da herauskommt, um sie dann im Kännchen nach Hause zu tragen, das alles ist geblieben; ich sehe da wenig Unterschied zwischen dem links- wie dem rechtsvulgären Verhältnis zur Literatur. In Gesamtschulen gibt es Ansätze. Auch wenn man sich die Hessischen Rahmenrichtlinien einmal genauer anguckt, so wirkt da doch vieles durchaus entwicklungsfähig. Ich bin ja der Meinung, daß man Literaturunterricht auf jeden Fall weiterbetreiben soll, aber nicht mehr isoliert im Deutschunterricht, sondern z.B. im Verhältnis zum klassischen Geschichtsunterricht, der in gewandelter Form neu begriffen werden müßte, auch im Verhältnis zum Geographieunterricht, ja zu den verschiedenen Bereichen, auch zu den Fremdsprachen. Ich bin zum Beispiel der Meinung, daß, wenn der Französischlehrer Zolas „Germinal" liest, er den Geschichtslehrer hinzuziehen sollte. Gerade ein Autor wie Zola läßt sich nicht nur isoliert vom Literaturverständnis her begreifen; andernfalls geht etwas verloren dabei. Allerdings verengt eine rein soziologische Perspektive den Gegenstand Literatur auch wiederum zu ausschließlich. Es kommt eher darauf an, die Intentionen des Autors im Unterricht deutlich zu machen, auch solche, die ihm gar nicht so bewußt gewesen sind. Er hat ja in seiner Zeit geschrieben und steht in einer gewissen Korrespondenz zu seiner Zeitgenossenschaft und zur von ihm erlebten Geschichte. Ich mache das z.B., wenn ich mit Betriebsräten, Gewerkschaftsleuten zusammenarbeite: Wir haben z.B. Gerhart Hauptmanns „Weber" gemeinsam gelesen, und ich hatte dazu einen jungen Historiker mitgebracht. Zusammen hatten wir einige Texte vorbereitet über die Weberaufstände, 1840, dann über die Revolution von 1848, den Beginn der Restauration, die Sozialistengesetze und dann 1890 über die Uraufführung der „Weber". Auf diese Weise wurde den Arbeitern dieses Stück leichter verständlich, es fiel ihnen leichter, damit Bekanntschaft zu machen und es zu gebrauchen. Es war z.B. sehr nützlich, gleich vom ersten Akt her den Fabrikanten Dreißiger mit seiner großen Klage, daß alle Welt nur Mitleid mit den Arbeitern und niemand mit den Fabrikanten habe, die schließlich das Risiko tragen müßten, mit einem Leitartikel der FAZ von heute zu konfrontieren. Das mag zwar literaturhistorisch zu Hauptmanns Stück nichts beitragen, und es war sicherlich auch nicht Hauptmanns Intention, daß es zu solchen Verglei-

chen kommt; aber man kann so verfahren, ohne dem Stück wehzutun.
A.: Man kann das Stück auf diese Weise in seinem historischen Gehalt aktualisieren, auch das will ja Literatur.
G.: Aber in dem Sinne, daß das Stück heute noch gültig ist und so verstanden werden kann, daß wir eigentlich noch immer am Anfang dieses Kampfes stehen.

A.: Gegen Ende der Fünfziger Jahre und in den Sechziger Jahren war viel die Rede von engagierter Literatur. Der Begriff wurde vielfach verwendet für nonkonformistisches Verhalten in der Restauration. Peter Handke nun hat einmal gesagt, es gebe keine engagierte Literatur, sondern nur engagierte Schriftsteller. Welchen Inhalt hatte der Begriff ‚engagierte Literatur' damals und welchem Bedeutungswandel war er Ihrer Meinung nach ausgesetzt? Und was bedeutet er heute für Sie?
G.: Ich habe beides, ‚engagierte Literatur' und ‚engagierten Schriftsteller', immer einen ‚weißen Schimmel' genannt. Und ich benutze weder den einen noch den anderen Ausdruck für mich. Mir reicht die Berufsbezeichnung Schriftsteller, und mir reicht der Begriff Literatur. Daß sie engagiert ist, ist für mich eine Selbstverständlichkeit, ein überflüssiges, nichtssagendes Adjektiv. Denn selbst der Autor, der vorhat, nur ganz bei sich zu bleiben, oder der nur so sein kann: esoterisch, verengt, der Literatur nur aus seiner eigenen Existenzangst heraus produziert, ist engagiert, indem er diese notwendige Aussparung, die ja für viele Menschen Stellvertretendes aufzeigt, darstellt. Ich könnte mich nicht auf einen Wettbewerb einlassen, ob nun politisch gemeinte Gedichte von Enzensberger engagierter seien als die völlig verschlüsselten und dunklen Gedichte von Paul Celan. Das steht für mich im Verhältnis zu Welt und Gesellschaft und in dem Vermögen wie Unvermögen zu leben gleichrangig da.
A.: Also ist Engagement nicht zu verwechseln mit politischer Absicht.
G.: Das sagt noch gar nichts. Es gibt eine Fülle von Büchern, die von politischer Aktualität strotzen und eigentlich unrealistisch und bloße Tendenz sind. Und wenn Reibung an Realitäten Engagement bedeutet, sind diese Bücher unengagierter als ein ganz aus dem privaten und schmalen Bereich kommendes Gedicht, in dem das

alles nicht vorkommt und in dem der Prozeß der Vereinsamung oder der Angst oder eines Moments von Glück dargestellt wird.

A.: Das Reden von ‚engagierter Literatur' wurde ja wohl als Rekurs auf eine Literatur geführt, die sich im Dritten Reich verkauft hatte und die den Begriff des Engagements von Literatur und Kunst pervertiert hat.

G.: Das waren ungeheuer engagierte Schriftsteller, die Nazischriftsteller.

A.: Eben darum wurde das Engagement für eine nicht von oben diktierte Politik, sondern gerade für eine Politik, die nicht offizielle Politik – während der Restauration – war, so besonders betont.

G.: Sicher. Es war aber auch eine Auseinandersetzung mit Lyrikern der Lehmann-Nachfolge, Piontek und anderen, die etwas vom Gräserbewispern hatten. Das lag aber eher an der epigonalen Tendenz als an der Tatsache, daß Lehmann und andere Autoren eine Art ‚innerer Emigration' bezogen haben und daß sich das auch in ihrer Lyrik niedergeschlagen hat. Im übrigen gibt es sehr schöne Gedichte von Lehmann.

A.: Aber die Schuld, die nach 1945 gerade auch auf den Herzen und Hirnen der Schriftsteller lastete, mußte sich doch artikulieren, und sie wurde in den Werken auch thematisiert. Aber ich meine doch, daß sich diese Schuld darüber hinaus auch auf gleichsam publizistische Weise aussprach: mit dem Anspruch auf ein literarisches Engagement, unter anderem in Resolutionen zur politischen Lage und gegen bestimmte politische Entscheidungen. Diese Art des öffentlichen Engagements der Literatur war doch typisch für die Fünfziger und frühen Sechziger Jahre. Von den einen wurde sie gefordert, von den anderen, konservativen Kritikern wie Sieburg, heftig befehdet.

G.: Mir hat sich diese Frage nicht von außen gestellt, auch wenn sie allgemein gestellt wurde. Ich bin mir doch ziemlich bewußt, daß ich als Überlebender eines Prozesses, der Gegenauslese betrieben hat, nämlich des Krieges, zufällig da bin. Und es ist mir, mit Unterbrechungen, auch immer deutlich, daß eine ganze Reihe von Schriftstellern, die wir gar nicht kennen und gar nicht kennen können, weil sie nie geschrieben haben, nicht existiert; daß da gesiebt worden ist. Ich habe mir oft überlegt, wie nun meine speziellen Talente, so wie ich sie von meiner Mutter mitbekommen habe, sich ausgewirkt hätten ohne den Hintergrund des Dritten Reiches und den Krieg, welche Spielart und Ästhetik ich ohne diesen Stoffdruck und auch Schulddruck, was immer dazu gehören mag, betrieben hätte. Es ist schwer zu beantworten, kaum zu beantworten, aber gestellt werden muß die Frage schon. Und wenn man sich diese Frage oft und immer wieder stellt, wird man auch etwas bescheidener in seinen Ansprüchen und auch bescheidener, wenn es darauf ankommt, sich selbst innerhalb der Literatur einzuordnen.

A.: Stimmen Sie der These zu, daß sich im Zuge der Entwicklung in der zweiten Hälfte der Sechziger Jahre die Literatur geteilt hat: in eine unmittelbar politische, politisierende Richtung und in eine andere Richtung, wo der Rückzug auf die Innerlichkeit geprobt oder vollzogen wird; also auf der einen Seite ein strenges Formbewußtsein, und auf der anderen Seite die Vernachlässigung des formalen Aspekts zugunsten der Artikulierung und Darstellung von Sozialkonflikten?

G.: Bei manchen ist das doch deckungsgleich. Ich beobachte bei jüngeren Autoren nach dem Studentenprotest, mit dem sie ihre prägenden Jahre erlebt haben, den von ihnen aus verständlichen Rückzug auf die eigene Person; nachdem sie sich, aufgrund ihres Alters und ihrer Erfahrungen, auch als Schriftsteller, zuerst ganz breit gesehen haben innerhalb der Gesellschaft und von Veränderungen bis hin zu revolutionären Zielen geträumt haben, kommt nun ein Zusammenschnurren, ein Zurückgeworfensein auf die eigene Person. Und solche Bücher wirken auf mich doppelt: sie haben einen esoterischen, oft l'art-pour-l'art-Bezug und sind dennoch Ausdruck, und in den besseren Büchern oft genauer Ausdruck, eines gesellschaftlichen Prozesses.

A.: Eines resignativen Prozesses?

G.: Zumeist. Nun wissen Sie ja, daß ich das Wort Resignation als etwas Nützliches ansehe, als Notwendiges auch.

A.: Als Teil eines Erkenntnisprozesses.

G.: Ja. Ohne Resignation gibt es gar keine Erkenntnis. Ich habe mich über die Wechselbeziehung zwischen Utopie und Melancholie des Längeren ausgebreitet, und sehe das eigentlich bestätigt, was auch vorauszusehen war. Ich konnte aus meiner Generationserfahrung zum Studentenprotest nur die Position einnehmen, die ich in „Örtlich betäubt“ und im „Tagebuch einer Schnecke“ eingenommen habe, und das war eine skeptische Position, die bei aller Sympathie zu diesen Bemühungen schon im Moment der Euphorie den resignativen Rückfall sah und vorwegnahm. Was natürlich von denen, die sich damals euphorisch, hoffnungsvoll und steil bewegten, nicht akzeptiert werden konnte. Aber es steht zu erwarten, und wenn nicht zu erwarten, so zu erhoffen, daß diese Vielzahl von begabten jüngeren Autoren, die zur Zeit ihren eigenen Aspekt wichtig nehmen, im Verlauf der nächsten Jahre die notwendige Distanz zu der Zeit gewinnen, die sie geprägt hat, also – sehr vereinfachend – zur Zeit des Studentenprotests, und daß es zu literarischen Darstellungen kommt, die die subjektive Sicht nicht aufgeben müssen – die gehört zur Literatur –, die aber die subjektive Sicht durch einen breiteren Aspekt prüfen.

A.: Auch also in einen objektiveren Zusammenhang stellen.

G.: Allein schon durch die Widerstände; indem sie begreifen, in welcher Gesellschaft insgesamt sich das vollzogen hat, und aus dieser Isolierung ausbrechen und auch einen epischen Mut diesem Thema gegenüber gewinnen; denn anders wird ihm kaum beizukommen sein.

A.: Ist etwa die Erzählung „Lenz“ von Peter Schneider Ihrer Meinung nach ein solches Ergebnis? Oder ist das eine noch zu frühe, noch zu distanzlose Verarbeitung des Themas?

G.: Das ist genau das, was ich mit erklärlichem Rückzug auf die eigene Position gemeint habe. Was mir aber im Vergleich zu anderen literarischen Produkten dann doch literarisch eher zu geschlossen ist, weil es das Büchnersche „Lenz“-Muster bemüht und nicht das Risiko läuft, mit einem eigenen Muster zu scheitern.

A.: Steckt darin dennoch auch schon ein innovierender Anstoß für die Literatur? Diese Erzählung wurde ja mit großer Euphorie begrüßt und gefeiert, nahezu von der gesamten literarischen Kritik.

G.: Ich sehe diese innovierenden Anstöße eher bei Gedichten von Jürgen Theobaldy, bei Nicolas Born – um nur die beiden zu nennen.

A.: Mehr auch an eigenem Risiko des Schreibenden?

G.: Mehr an eigenem Risiko, und auch, sagen wir mal: die Verzweiflung arbeitet ohne Netz.

A.: Sehen Sie auch in der Romanliteratur der letzten Jahre wichtige innovierende Ereignisse?

G.: Ich habe natürlich nicht alles gelesen, aber aufgefallen als ein starkes und auch wiederum sehr ichbezogenes Talent ist mir Achternbusch, der eine manische Schreibweise hat, beinahe von einer Dichte, wie man sie bei Céline findet; nur kommt bei Céline noch einmal ein Generationsschub insgesamt dazu, den ich bei Achternbusch nicht so sehe. Und so trifft das hier auch zu, daß ich das zwar verstehe und auch schätze, aber mir fehlt das Geröll. Mir scheint da eine Zwischenphase der Literatur im Gange zu sein. Nur würde ich es nicht so, wie Sie, teilen in hier politisch bezogene und nur engagierte Literatur und dort ästhetisch bewußte l'art-pour-l'art-Literatur, sondern ich sehe da eher ein Zusammenklappen beider Dinge. Wenn auch an der einen oder anderen Stelle Agit-Prop-Literatur geschrieben wird, so halte ich das für unerheblich, denn von daher kommt ganz gewiß nichts.

A.: Ich stelle diese Fragen nach Ihren Eindrücken von möglichen literarischen Innovationen bewußt, weil sich heute ein allgemeines Urteil breit gemacht hat, als lebe die Literatur in einer Lethargie: nach dem politischen Aufpulsen in der zweiten Hälfte der Sechziger Jahre ein literarischer Rekurs auf ziemliche Ruhe, und auch Sie antworten auf die Frage nach Innovierendem in der Literatur nur zögernd.

G.: Ist das denn ein Wunder? Es ist doch für die Generation, die eigentlich jetzt anfangen müßte, sich zu verausgaben – was ich unter Schreiben verstehe –, noch gar nicht so lange her, da war sie mitten in ihren prägenden Jahren. Und offenbar braucht diese Generation den Abstand, daher auch der Rückzug auf die eigene Position. Auch wenn ich meine prägenden Jahre – die Zeit des Nationalsozialismus und die Kriegsjahre – nicht mit dieser Zeit vergleichen will, so ist es objektiv doch vergleichbar: es muß ja nicht die ganz große weltbewegende Aktion sein, die prägt. Und ich glaube schon, daß die Erschütterungen, die Einzelne während der Zeit des Studentenprotestes erfahren haben – nicht nur politische Erschütterungen –, genau so groß gewesen sind wie die, die meine Generation durchgemacht hat, und meine Generation hat auch Jahre der Distanz gebraucht und hat sich durch viele Abhängigkeiten durchrangeln müssen, um dann den Mut zur eigenen Zeit zu bekommen und sich daran auch zu verbrauchen. Und zum anderen: Literatur besteht nicht nur aus dem, was jeweils gerade die jüngere Generation produziert. Eine Vielzahl von Schriftstellern schreibt weiter, sicherlich auch nicht unbeachtliche Bücher. Ich denke daran, daß in den letzten Jahren Band für Band ein Mammutwerk von Uwe Johnson erschienen ist, mit dem man sich noch wird auseinandersetzen müssen; ich denke an Martin Walser, der unter großen Schwierigkeiten seinen Zyklus weitergeschrieben hat. Was mich betrifft: ich habe während der Zeit dieser politischen Veränderungen und Verschiebungen immer weiter geschrieben, angefangen von den „Plebejern" über den Gedichtband „Ausgefragt" und den Roman „Örtlich betäubt" bis zum „Tagebuch einer Schnecke". Es wäre sicher falsch, wenn man dem modischen Trend unserer Zeit, der immer nur alles von der Jugend erwarten will, folgen wollte und sagte: in der Literatur passiere nichts – und das nur, weil die jungen Autoren aus noch erklärbaren Gründen mit sich selbst beschäftigt sind und noch nicht die Distanz haben, um ihre sie prägende Periode in epischer Breite darzustellen.

A.: Also auch eine weitere Phase der Gruppe-47-Literatur, also jener Autoren, die die neue deutsche Literatur einmal um die Wende von den Fünfziger zu den Sechziger Jahren zur Weltgeltung gebracht haben und die, nach und mit politischen Unterbrechungen oder nicht, den alten Stamm der Literatur weitertreiben, selbst auch nicht ohne Reaktion auf die politischen Veränderungen. Bei Ihnen ist das politische Element im „Tagebuch einer Schnecke" am deutlichsten aufgetreten; bei Johnson sind die „Jahrestage" nach den DDR-Romanen ein ganz neuer Abschnitt; bei Martin Walser setzt mit der neuen Gallistl-Spielfigur, die Anselm Kristlein ablöst, ebenfalls eine neue Orientierung ein – und wie sieht das bei Ihnen aus? Woran arbeiten Sie?

G.: Ich habe während der letzten zwei Jahre Lyrik geschrieben. Das habe ich immer gemacht, wenn ich eine größere Prosa-Arbeit abgeschlossen hatte und für mich auch eine größere Periode zu Ende ging; dann erscheint mir die Lyrik, das Gedicht, immer noch das genaueste Instrument, mich neu kennenzulernen und neu zu vermessen; und nach längerer Pause, und nicht zufällig parallel zur Lyrik, zeichne ich wieder; und aus diesem Prozeß entwickelt sich langsam ein größeres Vorhaben, über das ich noch nicht sprechen kann.

Gespräch mit Wolfgang Koeppen

Arnold: Herr Koeppen, bevor Sie Schriftsteller wurden, haben Sie verschiedene Berufe ausgeübt. Sie haben in Hamburg, in Greifswald, in Berlin und Würzburg studiert, haben dann als Journalist gearbeitet, aber auch als Dramaturg und Filmautor – auch als Schauspieler?

Koeppen: Ja, als Dramaturg – das war ich zwei Jahre lang – hatte ich Spielverpflichtung; das war aber sehr unangenehm, weil ich mir nie eingebildet habe, schauspielerisches Talent zu haben, und ich mußte verschiedene Rollen spielen, in denen ich sicher sehr schlecht gewesen bin, z.B. habe ich in Lenz' „Soldaten" den jungen Grafen gespielt; das lag mir gar nicht. Aber einmal – ich weiß nicht mehr, in welchem Stück das war – hatte ich einen alten Wahnsinnigen zu mimen; das war gut, das hat mir großen Spaß gemacht, und ich hatte auch Erfolg damit. Aber das hat mich nicht dazu veranlaßt, Schauspieler zu werden.

A.: Wann etwa war das?

K.: Das war um 1927/28, ich war noch sehr jung, ich studierte in Würzburg und war gleichzeitig Dramaturg am Theater. Da waren eine Reihe ehrgeiziger junger Leute, die dann auch Karriere gemacht haben, der sehr junge Rabenalt, der Opernregisseur, Reinking, der wesentlichen Einfluß auf die Entwicklung der Szene in Deutschland gehabt hat, war Bühnenbildner; und wir spielten mehr für die Berliner Presse als für die Stadt Würzburg.

A.: Welchen Einfluß hat denn das Theaterspielen auf Sie gehabt, zur damaligen Zeit und weiterwirkend bis heute?

K.: Es war eine Liebe zum Theater, und mein Wunsch war damals – obgleich ich mir darüber klar war, daß ich wohl Schriftsteller werden und sein würde – zu inszenieren; ich wollte Regie führen, und ich hatte diesen Posten in Würzburg nur angenommen, weil ich gleichzeitig als Regieassistent verpflichtet war, und ich hoffte, zu eigenen Inszenierungen zu kommen, von denen ich damals bestimmte Vorstellungen hatte. Aber es war so, daß im Gegensatz zu heute ein junger Mensch überhaupt nichts galt, und selbst dieses etwas avantgardistische Theater vertraute mir keine Regie an, weil die Schauspieler, die alten Schauspieler, sagten, sie würden sich von einem so jungen Menschen nichts sagen lassen; es gab also große Schwierigkeiten. Ich kam zu keiner Inszenierung, was mich sehr enttäuschte, und ich ging dann nach Berlin, wo ich eine lose Verbindung zu der Piscator-Bühne hatte. Piscator hatte damals gerade sein Theater eröffnet, und es gab so etwas – worüber ich mir anfangs nicht ganz klar war – wie ein dramaturgisches Kollektiv; es stellte sich dann heraus, daß jeder, der in Berlin Theater spielen oder schreiben wollte, Mitglied dieses dramaturgischen Kollektivs war, wir standen einander im Weg und hatten nichts zu sagen; es war eine unglückliche Situation. Ich bin nicht zu den Sitzungen dieses Kollektivs gegangen, habe aber Piscator auf den Proben beobachtet, doch hatten die vielen ehrgeizigen Mitglieder dieses Kollektivs manchmal keinen Zutritt zu den Proben – also es war eine unglückliche Sache, ich habe schließlich nur noch die Premieren besucht. Meine Verbindung zum Theater war abgebrochen, bis ich zu Herbert Ihering an den „Berliner Börsen-Courier“ kam und dann, wenn auch im Schatten von Ihering und Emil Faktor, der damals Chefredakteur des Blattes war und auch Theaterkritiken schrieb, nur zu einer Art dritter Theaterkritik kam.

A.: Sie haben nie ein Stück geschrieben oder bearbeitet?

K.: Es ist ein alter Wunsch von mir, ein Stück zu schreiben, und in der letzten Zeit hat sich dieser Wunsch sogar verstärkt, und ich habe zwei, drei Themen, die ich gerne auf die Bühne bringen würde. Ich weiß nicht, ob ich noch dazu komme, ob es mir gelingen wird; aber es ist noch eine alte Liebe.

A.: Was reizt Sie denn – auch jetzt noch – besonders am Theater?

K.: Das Theater selbst.

A.: Als die Gattung, die am unmittelbarsten auf den Zuschauer wirkt?

K.: Nein, ich denke gar nicht so sehr an den Zuschauer. Aber ich sehe dieses Stück, das ich schreiben möchte, auf der Bühne, und mich verführt diese Vorstellung, wenn ich auch weiß, daß das Theater mit Enttäuschungen verbunden ist; wenn man die Aufführung sieht, ist es sehr selten die Aufführung, die einem vorgeschwebt hat.

A.: Sie sagten, Sie wollten schon immer Schriftsteller werden, ja daß Sie damals, als Sie Theater spielten, wußten, daß Sie Schriftsteller sein würden. Woher kam diese Motivation, wann trat sie erstmals so vehement auf, daß Sie anfingen zu schreiben?

K.: Schon sehr früh. Und als Kind habe ich ein Stück geschrieben, das sogar aufgeführt worden ist. Ich hatte einen Freund – er war etwas älter als ich –, und dieser Freund war im Gegensatz zu mir ein leidenschaftlicher Wandervogel, während ich diesem ganzen Wandervogel schon als Kind ein großes Mißtrauen entgegenbrachte; die wollten also ein Theaterstück aufführen und baten mich, ein Schauspiel für sie zu schreiben. Ich habe, ich glaube in zwei Tagen, ein paar Szenen verfaßt, sie wurden aufgeführt, ich habe dieses Stück inszeniert und eine Hauptrolle darin gespielt – was es war, um was es ging, weiß ich nicht mehr, es muß eine mystische Geschichte gewesen sein mit einem Anklang an die Mysterienspiele. Das war in Ortelsburg in Masuren, wo ich zur Schule ging.

A.: Wie war das bei Ihnen damals in der Schule? Gefiel Ihnen der Deutschunterricht? Gab es bestimmte bevorzugte Lektüren?

K.: Wenn ich zurückdenke, war der Unterricht, auch die Deutschstunde, nicht aufregend; ich könnte im Zorn zurückblicken. Aber Deutsch war das Fach, das mir weiterhalf. Hatte ich in Mathematik eine „fünf", so machte die „zwei" oder manchmal auch die „eins" in Deutsch die Sache wieder gut. Das rettete mich. Ich bin sehr selten zur Schule gegangen. Die Schule interessierte mich nicht; d.h. sie langweilte mich, wenn ich den Lehrstoff des Jahres gelesen hatte; zu Ostern kam die Versetzung, dann wurden die neuen Schulbücher gekauft, und alle diese Bücher, auch die Sprachlehrbücher, die Erdkunde-Bücher, die Geschichtsbücher, las ich sofort – ich war mein Leben lang ein leidenschaftlicher Leser, und das wichtigste Ereignis in meinem Leben war überhaupt, daß ich lesen gelernt habe –; ich hatte also alles schon studiert, das Pensum hinter mir, wenn das Schuljahr begann, und was nun noch geschah in der Schule, wußte ich längst. Ich bin oft, unter dem Vorwand, krank zu sein, zu Hause geblieben; als kleiner Junge schwänzte ich die Schule dergestalt, daß ich zu Hause sagte, ich gehe in die Schule, und dann schlug ich mich in die Büsche oder lief zum See – ich habe nie wieder ein so mächtiges Gefühl von persönlicher Freiheit genossen wie in den Stunden, da ich als Erst- und Zweitkläßler selbst meinen Tag bestimmte, dem

Zwang entkam. Später, älter, aufsässiger geworden, blieb ich einfach im Bett, solange es mir paßte. Im Bett las ich, lernte ich. Fast möchte ich sagen, daß ich mir mehr Wissen im Bett angeeignet als ich Kenntnisse von der Schule mitbekommen habe.

A.: Eine geradezu erschlichene Bildung. – Wie stützte denn das Elternhaus diese Leseinteressen? War es lesefreundlich eingestellt?

K.: Ich hatte kein richtiges Elternhaus. Ich wuchs bei einem Onkel auf. Dieser Onkel war Architekt und Mathematiker, ein eigenartiger Mann: ein Junggeselle, der ein recht einsames Leben führte. Wir kamen nicht miteinander aus. Heute spreche ich mit großer Achtung von ihm; es tut mir leid, daß wir uns, als ich Kind war, nicht verstanden haben. Wir waren wahrscheinlich beide schon zu starke Eigenbrötler. Aber der Onkel hatte eine große Bibliothek, und er hielt, was damals in Ortelsburg, wo er hingekommen war, die im ersten Weltkrieg zerstörte Stadt wieder aufzubauen, etwas Besonderes war, außer der „Ortelsburger Zeitung" das „Berliner Tageblatt", den „Vorwärts", die „Kreuz-Zeitung", die „Königsberger Hartungsche Zeitung" – täglich kamen fünf, sechs Zeitungen ins Haus; wir hatten uns darauf geeinigt, daß ich insofern Rücksicht auf ihn nahm, als er die Journale zuerst lesen durfte; schon am Mittag bekam ich sie. Das war ziemlich ungewöhnlich; schon mit acht Jahren begann ich meine Laufbahn als Zeitungsleser; besonders schätzte ich das „Berliner Tageblatt", das das beste Feuilleton hatte, ich las alle Kritiken, alles, was über Literatur, Theater und Kunst unterm Strich stand.

A.: Mit acht Jahren, also ungefähr zur Zeit des ersten Weltkriegs.

K.: Ja, der erste Weltkrieg begann, und zunächst interessierte ich mich auch sehr für die Kriegsereignisse. Doch dieses Interesse ließ bald nach und erwachte erst wieder, als die Revolution da war. Da bekamen wir sehr aufregende Zeitungen: Es gab einen kommunistischen „Vorwärts" – der „Vorwärts" war von Spartakisten besetzt – und eine Reihe anderer kurzlebiger roter Blätter; das interessierte mich sehr. Mein Onkel war preußischer Beamter, Regierungsrat, und er hatte den Mut, den sozialdemokratischen „Vorwärts" schon vor dem Krieg und vor der Revolution zu halten, was seine Karriere belastete.

A.: Hat Sie die politische Atmosphäre im Hause Ihres Onkels – die doch offensichtlich auch liberal gewesen sein muß – beeinflußt? Oder war Politik für Sie damals als ganz jungen Menschen noch nicht so faßbar?

K.: Sie hat mich schon damals insofern beeinflußt, als ich in einen Gegensatz zur Schule, zu meinen Mitschülern, zu meinen Lehrern kam; die Lehrer dieses Gymnasiums – es hieß dann später auch noch „Hindenburg-Gymnasium" – waren diese grotesken deutsch-nationalen Figuren, diese wilden Heimkrieger, die uns tagtäglich von den Herrlichkeiten des Krieges erzählten, was von meinen Mitschülern angenommen wurde, während ich skeptisch blieb; diesen Ton gab es zu Hause nicht. Mein Onkel hat diesen Krieg von Anfang an als ein Unglück betrachtet.

A.: Dann hatten Sie im Hause Ihres Onkels – wenn auch keinen so großen persönlichen Freiraum wie damals, als Sie sich als Erstkläßler in die Büsche schlugen – aber doch einen beständigen Freiraum zu Ihrer eigenen unverstellten Entwicklung: durch Bibliothek, Zeitungen, usw.

K.: Diesen Freiraum hatte ich ganz unbedingt. Es hatte zunächst, als ich in die Sexta kam, Schwierigkeiten mit dem Onkel gegeben, weil er mir bei den Schularbeiten beistehen wollte, und dies ging nicht gut; es endete mit Krächen und Verstimmungen, und wir hatten dann stillschweigend ein Abkommen, daß wir uns nicht um einander kümmerten: Er kümmerte sich nicht mehr um meine Schularbeiten und Schulerfolge oder -mißerfolge, und ich erzählte nichts aus der Klasse, sondern machte es schlecht und recht, wie ich's eben konnte, oder ließ es sein. Wahrscheinlich habe ich immer eine gewisse Neigung zur Faulheit, zum betrachtenden Leben gehabt; ich hatte es mir so eingerichtet, daß ich die Schularbeiten morgens vor dem Unterricht machte – ich war ein leidenschaftlicher Frühaufsteher –, die Schule fing im Sommer um sieben Uhr an, und von fünf bis sieben schrieb ich meine Hausarbeiten; so hatte ich an den Nachmittagen keine Last.

A.: Nun schreibt jedes Lexikon über Wolfgang Koeppen, daß er von zu Hause ausgerissen sei.

K.: Was heißt ausgerissen! Ich bin verreist. Meine Mutter lebte in Greifswald, meiner Geburtsstadt, nicht in Ortelsburg. Ich wollte zu ihr, ich wollte nicht zu ihr, ich wollte weg, aber nicht nach Greifswald. In dieser Konfliktsituation bin ich nach Stettin gefahren und habe in Stettin auf einem Frachtdampfer als Koch angeheuert. Ich konnte kochen – ich war eine Kochbegabung –, ich hatte viele Kochbücher gelesen, am Herd experimentiert, beherrschte einige feine Gerichte. Da gab es auf dem Schiff eine böse Überraschung. Es kam ja nicht darauf an, etwas Lukullisches zu bereiten. Ich sollte plötzlich für achtzehn Leute kochen und mit vorgeschriebenen Nahrungsmengen auskommen – das war ein Problem. Den ersten großen Konflikt hatte ich mit der Besatzung, als ich ihr Pellkartoffeln gab – ich hatte nicht geahnt, daß es eine Beleidigung war, Schiffsbesatzungen Pellkartoffeln vorzusetzen. Sie kamen in die Kombüse und warfen mir die Kartoffeln vor die Füße. Ich war verzweifelt, fand aber einen Ausweg: Ich gab einem Matrosen doppelte Portionen, und er schälte mir die Kartoffeln; so löste sich das Problem, und nachher waren alle ganz zufrieden mit mir.

A.: Wie lang hat dieser erste Aufenthalt auf einem Schiff gedauert?

K.: Nicht lange. Ich bin da ein bißchen in der Ostsee herumgefahren – es war ein Schiff der Stettiner Reederei Griebel. Ich habe dann noch einmal auf einem Schiff angeheuert, das nach Indien gehen sollte, das war in Hamburg. Aber als ich das Schiff betrat, erkannte ich, daß ich mit dem Hauptkoch, unter dem ich ein kleiner Nebenkoch gewesen wäre, nicht arbeiten könnte; er war in meiner Vorstellung ein grober, gewalttätiger Mensch, und ich habe es klugerweise vorgezogen, die Reise nach Indien nicht anzutreten. Ich ging vom Schiff, und mein Seemannsbuch war unsauber geworden.

A.: Sie gingen dann wieder zurück nach Ortelsburg und auf die Schule?

K.: Ja, schließlich ja; doch nicht zurück nach Ortelsburg. Erst machte ich eine Reise, eine Bildungsreise. Ich blieb in Hamburg. Ich stieg, ein abenteuerlich gekleideter Junge mit dem schwarzen Schlapphut eines Geistlichen, im Hotel Atlantic ab. Ich hatte etwas Geld, japanische Yen. Ich wechselte sie im Endstadium der Inflation gegen Billionen Mark. Ich besuchte den Hafen, das Bismarckdenkmal, die Reeperbahn, das Völkerkundemuseum und die Kunsthalle. Als ich die Kunsthalle entdeckte, waren die Yen schon ausgegeben, und ich schlief auf dem Bahnhof. Aber herrliche Tage vor den Bildern. Ich fand Caspar David Friedrich, der wie ich aus Greifswald stammt, und liebte ihn sehr. Seine Bilder haben mich beeinflußt. Ich versuchte mich in Geschichten über den Maler. Ich sah die See und das Land mit seinen Augen. Im Hafen von Greifswald ertrank ein Arbeiter. Er stürzte betrunken ins Wasser, und keiner holte ihn raus. Das zerstörte mir die Romantik. Oder es vertiefte sie. Ich fühlte eine diesen Bildern verwandte Stimmung der Einsamkeit und der Melancholie in mir, was mich aber keineswegs unglücklich machte; ich war kein trauriges oder verbittertes oder ernstes Kind. Alles, was ich in diesen Bildern fand: Einsamkeit, Melancholie, ein etwas wehes Naturempfinden, selbst die Gewißheit des Todes, machte mich glücklich.

A.: Haben Sie damals zu schreiben begonnen?

K.: Als ich noch auf der Schule war, habe ich Verschiedenes geschrieben, und ich wurde auch gedruckt. Meine erste Veröffentlichung war ein Aufsatz über den literarischen Expressionismus in der „Greifswalder Zeitung". Ich war Kunde der Buchhändler in Greifswald und in Ortelsburg. Ich hatte Schulden bei den Buchhändlern, die mein Onkel aber stets ohne Vorwurf bezahlte. Ab dem 15. Lebensjahr las ich so ziemlich alles, was neu herauskam und damals bedeutend war. Ich hatte alle Bände vom „Jüngsten Tag" aus dem Kurt Wolff-Verlag. Auch mein Interesse fürs Theater war damals schon groß: Ich las Toller und die spätexpressionistische Dramatik, Ivan Goll, den ich inszenieren wollte, von Kaiser alles.

A.: Hatten Sie damals besondere literarische Vorlieben: Schriftsteller, die Sie von vorn bis hinten geradezu in sich hineingefressen haben?

K.: Da gab es viele. Ich mochte sie alle. Ich verirrte mich im Wald. Keine Bibliothek in der Stadt war vor mir sicher.

A.: Wenn man soviel gelesen hat und damit gleichsam selbstverständlich den Wert der Literatur so hoch einschätzt, ist es sehr begreiflich, daß man selbst Literatur schreiben möchte, daß man sich also nichts Schöneres vorstellen kann, als Lesern schreibend etwas zu vermitteln. War das vielleicht eine mögliche Gefühlslage, in der Sie sich gegenüber dem Schreiben befunden haben – wenn der Wunsch nach dem Schreiben auch noch nicht so ausgeprägt gewesen sein mag?

K.: Ich wußte, so weit ich zurückdenken kann, daß ich schreiben, daß ich ein Schriftsteller werden würde. Ich habe aber niemals durch Schreiben irgend jemandem irgend etwas vermitteln wollen.

A.: Das haben Sie schon öfter gesagt. Aber ich meine hier, daß es vielleicht doch so sein könnte, daß Sie sich in der Literatur, die das geliebteste Feld ist, selbst verwirklichen wollten.

K.: Es trieb mich zur literarischen Welt. Es freute mich auch, gedruckt zu werden, ein Buch von mir in der Hand zu halten. Aber es hätte mein Glück nicht geschmälert, nur von einem einzigen Menschen gelesen zu werden. Später, als das Schreiben zum Beruf geworden war, von ihm meine Existenz abhing, meine materielle Situation, mein leibliches Wohl, hätte ich an möglichst vielen Lesern, Buchkäufern interessiert sein müssen. Aber ich habe bei der Arbeit nie daran gedacht, wie ich es meinen Ernährern recht machen könnte. Der Schriftsteller hat rücksichtslos zu sein. Auch gegen sich. Hätte ich ein Vermögen geerbt und wäre in der glücklichen Lage gewesen wie die großen französischen Schriftsteller, wie Flaubert, Proust, Gide, die Geld, Renten hatten und nicht darauf angewiesen waren, vom Ertrag ihres Schreibens zu leben, so glaube ich, daß ich ein besserer und fleißigerer, produktiverer Schriftsteller geworden wäre. Ich habe unter der finanziellen Not, unter dieser Peitsche, daß ich schreiben muß – einfach, weil man die Miete braucht, etwas schreiben muß –, immer entsetzlich gelitten.

A.: Und in zunehmendem Maße.

K.: Ich hatte in vielen Epochen meines Lebens die Fähigkeit, ein asketisches Leben zu führen, mit sehr wenig Geld. Aber mit den Jahren, zudem wenn man nicht mehr allein lebt, wird die Vogelfreiheit schwierig. Wenn man sieht, daß man keiner Verantwortung gerecht werden kann – dann setzen Ängste ein, die dem Schreiben nicht gut tun.

A.: So daß die frühen, glücklichen Umstände der Jugend, die Ihnen doch viele literarische Entfaltungsmöglichkeiten gewährt haben – lesend oder schreibend, sich also selbst dahin verwirklichend, in einer gewissen Melancholie der Einsamkeit und Einzelheit zu sein –, durch die Verpflichtung, das Schreiben zum Beruf zu machen und sich damit auch anderen auszuliefern, sich ähnlich nie wiederholten?

K.: Die Freiheit wurde teuer.

A.: Oder geringer, wenn man sie nicht mehr bezahlen kann?

K.: Ich habe Freiheit immer bezahlt, mit Bedrückungen in meinem bürgerlichen Leben.

A.: Diese Schwierigkeiten haben aber den Schriftsteller Wolfgang Koeppen nicht verhindert.

K.: Ich hoffe nicht.

A.: Aber diese Schwierigkeiten waren auch nicht Widerstände, die ihn gefördert haben – es gibt ja diese Fälle, in denen solche Schwierigkeiten der literarischen Sublimierung dienen ...

K.: Nein, keineswegs.

A.: ... daß man sich durchsetzen muß und gegen alle Widerstände oder gerade wegen dieser Widerstände Schriftsteller – und zudem ein so guter – wird.

K.: Nein. Zum Michdurchsetzen habe ich überhaupt kein Talent. Ich war ein paarmal in meinem Leben nahe an einer Karriere. Zum Beispiel beim „Berliner Börsen-Courier", an den ich durch Herbert Ihering kam. Es ist zum Lachen: Ohne es sein zu wollen, war ich in der Redaktion tüchtig. Und die Chefredakteure und der Verleger kamen irgendwann dahinter, der Verleger aus einem Irrtum: Ich war immer ein Frühaufsteher, meine Kollegen in der Redaktion kamen kaum vor elf Uhr morgens zum Dienst, während ich schon seit neun Uhr am Tisch saß und das, was ich zu erledigen hatte, schrieb: die Kritik vom Theaterbesuch des Vorabends und ähnliches; und da ging einmal der Verleger durch die Redaktion und war wütend, daß er außer mir niemanden fand, und von diesem Moment an hielt er mich für einen fleißigen und tüchtigen Mann, was ein Irrtum war, ich bin nur ein Morgenmensch. Aber es kamen doch Fähigkeiten hinzu, der Journalismus machte mir Spaß. Zufällig bewährte ich mich bei einem Unglück. Ich hatte für das Feuilleton, doch auch für den lokalen Teil, gelegentlich, im Wechsel mit den Kollegen, den Schlußdienst des Blattes zu machen, noch nachts für eine wichtige Meldung bereit zu sein, sie in die Morgenausgabe zu bringen. Da ging das Schulschiff „Niobe" unter. Es war, aus der Sicht der Zeitung, die Sensation des Tages. Ich ließ die Druckmaschinen anhalten, machte eine Schlagzeile für die schreckliche Nachricht, schrieb eine erste kurze Stellungnahme, und der „Börsen-Courier" war an diesem Morgen in Berlin die einzige Zeitung mit dem Untergang des Schulschiffes. Und so wäre ich in Berlin als Journalist angenommen worden. Doch das wollte ich gar nicht. Ich beabsichtigte auf jeden Fall, mich von der Zeitung zurückzuziehen, ich wollte ja Bücher schreiben, wie ich mir damals vorstellte: dicke Bücher, was ich dann nie getan habe; ich wollte aber ganz dicke Bücher schreiben. Und um diesem Wunsch – so klug war ich nun schon – eine materielle Basis zu geben, wollte ich der Kulturkorrespondent des Blattes in Paris werden. Ich wollte also noch nicht ganz von der Zeitung weg, sondern diese gewisse Bindung haben, und außerdem wollte ich in Paris leben, von dem ich mir damals sehr viel versprach. Doch da brach das Dritte Reich aus und der „Börsen-Courier" ging ein; und nun wieder hatte ich ganz andere Gründe, mich vom Journalismus abzuwenden. Ich fuhr nach Italien, schrieb meinen ersten Roman „Eine unglückliche Liebe", versuchte vor Hitler zu emigrieren und ging für einige Jahre nach Holland.

A.: Hat dieser erste Roman „Eine unglückliche Liebe" autobiographische Züge?

K.: Ich glaube, jedes Buch ist der Roman des Verfassers. Es war keine Autobiographie, aber ...

A.: Es gab für Wolfgang Koeppen damals jedenfalls eine unglückliche Liebe.

K.: Ja.

A.: Jetzt, da Sie erzählen von dem großen Eindruck, den Ihnen die Bilder Caspar David Friedrichs gemacht haben, eben wegen ihrer Melancholie und Einsamkeit, geht mir ein Zusammenhang dieser Bilder zu diesem ersten Roman auf. Ich habe darin immer ein bißchen Kafka gesehen, und in der Mädchenfigur Wedekinds „Lulu", und in der zerstörerischen Leidenschaft des Erzählers Heinrich Manns „Professor Unrat" – also für Sie damals fast so etwas wie Zeitgenossen, die Ihnen die ganz eigentümlich irisierende Stimmung vermittelt haben könnten. Aber wenn man diesen Bezug zu Friedrich weiß, kann man diese beklemmende, melancholische Stimmung, die diesen Roman beherrscht, wohl zutreffender – und autonomer für seinen Autor – bestimmen.

K.: Ich habe es immer so gesehen, wie Sie es jetzt sagen.

A.: Ich habe von der Intensität Ihrer Beziehung zu Friedrich nichts gewußt, und da ist man als Kritiker ein bißchen auf ähnliche Stimmungen und Gefühlslagen in der Literatur abonniert – man sollte sich als Kritiker ja wohl prinzipiell vor solchen Vergleichen hüten.

K.: Nun mag auch das mitgespielt haben. Es war aber keine bewußte Herrichtung.

A.: Hatten Sie denn damals literarische Vorläufer, Vorbilder, die Sie geprägt haben – nicht in dem Sinne, wie das eben anklang, daß der Kritiker sagt: kafkesk, aha, Wedekind usw. –, also Schriftsteller, von denen man lernt? Bei Ihnen ist das doch sicherlich Faulkner gewesen und auch Joyce, und Sie selbst haben von Proust und von Döblin gesprochen.

K.: Ich kann da nur von meiner Begeisterung sprechen, die ich empfunden habe, als ich zum ersten Male Kafka las: da war der „Heizer" das erste, was ich von Kafka gelesen habe, ich war vielleicht 14 oder 15 Jahre alt. Dann habe ich, als ich in Würzburg Dramaturg war, also mit neunzehn, zwanzig, Joyce gelesen: Damals kam die deutsche Übersetzung vom „Ulysses" heraus – im Rhein-Verlag –, und die kostete, wenn ich mich recht erinnere – es war ein Privatdruck – 200 Mark; da habe ich mir diese 200 Mark geliehen, habe das Buch bekommen, habe es in drei Tagen und drei Nächten gelesen – das ging bis in meine Träume hinein, wenn ich überhaupt geschlafen habe –, und dann habe ich das Buch für 150 Mark wieder an den Buchhändler verkauft, weil ich das Geld zurückgeben mußte. Aber so war ich einer der ersten in Deutschland, der den „Ulysses" in deutscher Sprache gelesen hat.

A.: Sehen Sie denn selbst Nachwirkungen, nicht nur inhaltlicher oder gedanklicher Art, sondern stilbildende Einflüsse?

K.: Nein. Selbstverständlich haben alle Bücher, die ich geschätzt habe und noch liebe, wahrscheinlich meine literarische Haltung und mein literarisches Bewußtsein mitgeprägt. Aber ich könnte von niemandem sagen, daß er mein Lehrer, mein Meister gewesen wäre. Und wenn ich dies sagen wollte, dann müßte ich anfangen bei Goethe, bei den „Wahlverwandtschaften", beim „Wilhelm Meister", vielleicht bei Petronius, dem „Goldenen Esel", allen alten Märchen.

A.: Es wäre ja auch ein Verfahren, das die Eigenständigkeit einer literarischen Entwicklung relativieren würde. Hans Magnus Enzensberger sprach einmal, wiederum selbst Jürgen Becker zitierend, vom „Radiokopf": dem sehr empfindsamen, aufnahmefreudigen Kopf, der alles empfängt, aber alles verarbeitet, umsetzt und alle Erfahrung als schließlich doch eigene Äußerung von sich gibt; jeder wird durch jede Lektüre – als andere Möglichkeit der Erfahrung – reicher, aber er verändert sich auch, selbst wenn er es nicht sogleich merkt oder umsetzt und ohne daß man eine unmittelbare Kausalität nachzuweisen imstande ist.

K.: Das ist wohl eine ganz interessante Annahme, mir ist sie aber schon viel zu gewollt, zu sicher, eine Hypothese der Literaturwissenschaft.

A.: Sie würden das noch unberührter stehen lassen?

K.: Wahrscheinlich. Schauen Sie: Dies Lesen geht ja immer noch weiter, und es muß ja auch keine Neuerscheinung sein; ich habe heute nacht gelesen, was ich früher nur einmal angelesen hatte – jetzt ist es bei Suhrkamp wieder erschienen –, von Sherwood Anderson „Winesburg, Ohio"; und ich war die Nacht über glücklich, ich mußte bei jeder Seite – es ist von Nossack sehr schön übersetzt – empfinden: welch ein schönes Buch. Das genügt doch.

A.: Welche literarischen Verbindungen hatten Sie in den Zwanziger Jahren und bis hinein in die frühen Dreißiger?

K.: Ich hatte solche Verbindungen von Berufs wegen, weil ich beim „Börsen-Courier" zuletzt das Literaturblatt redigierte, und deshalb mit Schriftstellern, die ich damals noch nicht als meine Kollegen betrachtete, sondern als verehrungswürdige große Geister, telefonierte oder ihnen Briefe schrieb, weil ich etwas von ihnen wollte. Da war ein großes Erlebnis für mich Hans Henny Jahnn – ich war einer der ersten, der über seinen Roman „Perrudja" geschrieben hat. Ich war eben schüchtern und einsam. Bevor ich zum „Börsen-Courier" kam – und auch noch während meiner Zeit dort –, saß ich viel im Romanischen Café, das in Berlin damals das Literaten-, Künstler- und Bohème-Café war, wo auch viele angesehene Schriftsteller ständig verkehrten; aber ich habe fast keinen kennengelernt und auch keinen Versuch dazu gemacht. Mit der Ausnahme von Egon Erwin Kisch, der mich einmal angesprochen hatte auf einen Artikel, den ich vor meiner „Börsen Courier"-Zeit in der „Welt am Abend" veröffentlicht hatte.

A.: Von literarischen Freundschaften aus dieser Zeit kann man also nicht sprechen?

K.: Nein. Überhaupt ist es mit literarischen Freundschaften bei mir nicht weit her. Ich habe einen Freund, es macht mich froh, daß ich ihn als Freund habe, das ist Max Tau; aber das möchte ich nicht nur eine literarische Freundschaft nennen, das ist eine urmenschliche

Verbindung, obwohl Max Tau Schriftsteller ist – Lektor und Schriftsteller – und mein erster Roman im Verlag Cassirer herauskam, wo er Lektor war. Ich bin gewiß, wir wären auch Freunde geworden, wenn wir uns unliterarischer kennengelernt hätten. Und dann hatte ich eine Freundschaft – obwohl das schon zuviel gesagt ist, jedenfalls gingen unsere Interessen zusammen, vor allem während des Krieges, als ich aus Holland unfreiwillig wieder nach Deutschland gekommen war – mit August Scholtis; der hatte kurz vor Ausbruch des Dritten Reiches seinen schönen ersten Roman „Ostwind" bei Fischer herausgebracht, und ich hatte im „Börsen-Courier" darüber geschrieben, daraufhin hatten wir uns kennengelernt. Dann ging ich nach Holland und kam gezwungenermaßen wieder und traf ihn: Das war die Situation des jungen Schriftstellers, der vor dem Dritten Reich noch sein erstes Buch veröffentlicht hatte und nun in seiner Produktion durch das Dritte Reich gehemmt war. Dies brachte uns nahe.

A.: So wie auch Sie gehemmt wurden durch das Dritte Reich, produktiv zu sein?

K.: Ich war nicht nur gehemmt; ich fand den Nationalsozialismus abscheulich und konnte natürlich nicht schreiben, was ich schreiben wollte. Nach der „Unglücklichen Liebe" hätte ich einen Roman schreiben mögen, der ungefähr im Stil meiner späteren „Tauben im Gras" gewesen wäre. Das aber durfte ich damals nicht schreiben; das war unmöglich, und der Gedanke, ein Schriftsteller schreibe in schlimmer Zeit für die Schublade, ist eine Laienidee, das kommt fast nie vor.

A.: Vor allem für jemanden, dem die literarische Existenz etwas nahezu Totales ist.

K.: Ja. Außerdem war ich im Dritten Reich viel zu beschäftigt, das Dritte Reich zu überleben, wozu ich damals entschlossen war.

A.: Hatten Sie in den Zwanziger Jahren schon eine dezidierte politische Position bezogen?

K.: Ich möchte nicht sagen: eine dezidierte politische Position. Ich war immer, von frühester Jugend an, Sozialist, also links; aber in meiner Lebensführung war ich eigentlich kein Sozialist: Ich war kein Gemeinschaftsmensch, ich war kein Team-Arbeiter; ich war immer ein Außenseiter, und zwar ganz bewußt, und war so Sozialist –

manchmal auch in der Armut – wie ein Millionär Sozialist sein könnte. Ich war in keiner Organisation, um mich dort solidarisch zu erweisen. Mein Schreiben, von dem ich hoffe, daß es auf der Seite der Armen war, ist bei mir nie ein politisches Programm gewesen.

A.: Sondern das Wirken eines Einzelnen ...

K.: Eines Einzelnen, der gefühlsmäßig den Sozialisten helfen möchte.

A.: Haben Sie sich je politisch publizistisch artikuliert oder politisch gearbeitet?

K.: Nein, das habe ich nie getan. Meinem Roman „Treibhaus" hat man solche Motive unterschoben; das stimmt aber nicht; ich habe mich nie der Illusion hingegeben, daß ich mit diesem Roman die Verhältnisse in der jungen Bundesrepublik hätte ändern können oder es auch nur wollen. Es war für mich der Roman eines Politikers, der scheitert, oder eher noch eines Menschen, der scheitert. Aber man hat mir damals politische Absichten unterschoben, und es sind sogar einige Leitartikel über dieses Buch in der Presse erschienen.

A.: Hat Ihnen das damals sehr geschadet?

K.: Nein. Und wenn es mir irgendwo geschadet haben sollte, so war das in Kreisen, mit denen ich gar keine Berührung hatte, und es war mir gleichgültig, was die über mich denken. Jedenfalls muß das Buch damals als sehr ungewöhnlich empfunden worden sein und führte zu merkwürdigen Dingen: Ich war von einer Bonner Buchhandlung aufgefordert worden, meinen Roman mit höheren Ministerialbeamten zu diskutieren, und obgleich ich sehr wenig Lust dazu hatte, sagte ich zu; und dann bekam ich einen Eilbrief von dieser Buchhandlung, sie möchte auf das Gespräch mit mir verzichten, weil sie meine persönliche Sicherheit nicht garantieren könnte. Ein heute belachenswerter, ein komischer Vorfall, den ich mir fast nicht erklären kann.

A.: Wenn wir noch einmal zurückschauen auf 1933: Hatten Sie damals schon eine Ahnung vom Gang der Geschichte? Von der Katastrophe, die der Nationalsozialismus den Deutschen und der Welt bringen würde?

K.: Ja. Dies kann ich unbedingt bejahen. Ich habe das Aufkommen des Nationalsozialismus und dann die Tatsache, daß er mit dem Januar 1933 an der Macht war, von vornherein als ein entsetzliches

Unglück betrachtet, es hat mir Angst gemacht, mich tief bedrückt, und ich war fest davon überzeugt, daß dies fatal war und in einer Katastrophe enden würde. Ich habe nicht einen Tag meines Lebens an den Erfolg des Nationalsozialismus geglaubt.

A.: Und Sie haben sich eingeigelt und sich darauf eingestellt zu überleben.

K.: Ja. Es war eine sehr unschöne Situation. Der Roman „Eine unglückliche Liebe“ wurde 1934 geschrieben, nachdem am 1. Januar 1934 der „Börsen-Courier“ eingegangen war, und ich fuhr dann nach Italien und habe versucht, den Roman in Sizilien und Venedig zu schreiben, was aber nicht so recht zustande kam. Ich war zum ersten Mal in Italien, und das Italien-Erlebnis war für mich zu groß und zu schön, und ich habe den Roman dann im Sommer 1934 in Berlin geschrieben; im Herbst 1934 erschien er, und einen Monat später fuhr ich nach Holland.

A.: Sie sagen: Ich fuhr nach Holland. Gingen Sie nicht ins Exil?

K.: Ich möchte heute mit Uwe Johnson sagen: Ich war umgezogen.

A.: Und mußten dann aber später doch wieder zurückkommen.

K.: Ich mußte auf Umwegen wieder nach Deutschland zurück, es war für mich die einzige Möglichkeit, um zu überleben.

A.: In Holland haben Sie den zweiten Roman geschrieben: „Die Mauer schwankt“, der später noch einmal unter dem Titel „Die Pflicht“ erschienen ist. Wie kam das?

K.: Der Roman „Die Mauer schwankt“ war noch bei Cassirer erschienen. Als die große Judenverfolgung war, als die Synagogen brannten, 1938, mußte Cassirer auch gehen, da wurde sein Verlag liquidiert. Und ein literarischer Freund, auch ein Unglücklicher dieser Situation, der sich als Schriftsteller etablieren wollte, als das Dritte Reich ausbrach und im Dritten Reich gar nicht Schriftsteller sein wollte, Hans Georg Brenner, war damals Lektor beim Universitas-Verlag in Berlin. Mit Brenner habe ich aus Holland korrespondiert, und Brenner machte, um meine Existenz nach meiner Rückkehr nach Berlin zu rechtfertigen, den Vorschlag, daß Universitas diesen Roman übernehmen würde. Bei Cassirer war die Auflage nicht verkauft, die meisten Buchhandlungen kauften ja nicht bei einem jüdischen Verlag, es waren also noch genug Exemplare vorhanden, und die wurden dann mit dem neuen Titel „Die Pflicht“ bei Universitas herausgebracht.

A.: Ich habe vergeblich versucht, diesen Roman aufzutreiben, ich habe ihn nie gefunden. Was behandelt er?

K.: Dieser Roman setzt sich aus mehreren Schichten zusammen – so gesehen ist er nicht uninteressant. In einer Vorgeschichte des Romans habe ich erzählt, was mich in Deutschland bedrückte: politische Verfolgungen, politische Mißhandlungen, politische Greuel. Ich habe sie auf den Balkan verlegt; die Vorgeschichte spielt in einem Balkanort, wo diese entsetzlichen Dinge geschehen. Es war eine meiner Meinung nach und von anderen auch verstandene sehr deutliche Anspielung auf Vorfälle im Anfang des Dritten Reiches. Die Nazis scheinen es nicht gemerkt zu haben. Die anderen Schichten des Romans waren teils eine Jugendgeschichte in einer ostpreußischen Kleinstadt und die Geschichte eines Mannes, der dort lebte. Dieser Roman wäre wahrscheinlich nie geschrieben worden oder er wäre ganz anders geschrieben worden, wenn nicht das Dritte Reich gewesen wäre. Max Tau wollte für Cassirer unbedingt ein zweites Buch von mir haben, doch was ich gerne geschrieben hätte, hätte man unmöglich bei Cassirer veröffentlichen können – so kam ich auf die Idee, einen deutschen Kleinstadt-Roman zu schreiben. Es fand also eine gewisse äußerliche Angleichung statt, zu der ich bereit war, die ich aber nicht durchführen konnte, und so wurde das Buch anders, kam zunächst in eine gefährliche Richtung, bis ich dann auf diesen Kleinstadt-Roman verfiel, der aber auch wieder voll von Ablehnung der herrschenden Weltanschauung war. Ich habe diesen Roman nach dem Zusammenbruch des Dritten Reiches nicht wieder herausgegeben, was bei Goverts einmal im Gespräch war; aber ich habe eine Absicht und einen Plan, an dem mir viel liegt – und ich hoffe, daß ich ihn ausführen kann –: Ich möchte diesen Roman neu schreiben und gleichzeitig die Situation des Schriftstellers beschreiben, der in Den Haag sitzt, fast als Flüchtling, und diesen Roman einer deutschen Kleinstadt schreibt.

A.: Und der das Bewußtsein wiederum einer sehr viel späteren Zeit hat.

K.: Ja, das reizt mich sehr.

A.: Sie sagten vorhin – und es klang schon ein paarmal an –, daß Sie immer einen bestimmten Roman schreiben wollten, ihn aber nicht schreiben konnten. Kann man, vorausgreifend in der Entwicklung, vielleicht auch sagen, daß ein Roman wie die „Tauben im Gras“

oder „Das Treibhaus" oder „Der Tod in Rom" auch Romane sind, die Sie eigentlich nicht haben schreiben wollen, die Sie aber haben schreiben müssen, weil die politische Situation so war?
K.: Von diesen Romanen kann man das nicht sagen, die wollte ich schon so schreiben, wie sie sind.
A.: Man kann also nicht vermuten, Sie wollten etwas anderes schreiben, ein dickes Buch – aber die Geschichte, in der man lebt, brennt so in einem, daß man dann doch etwas anderes schreiben muß, als man es sich vorgenommen hat?
K.: Nun, man will immer etwas Besseres schreiben und meint nachher, man hätte es auch anders machen können. Ich möchte fast sagen: Ein Buch wird nie fertig.
A.: Ich meinte das nicht im Sinne von ‚besser'!
K.: Daß ich etwas anderes hätte schreiben wollen, trifft höchstens auf den „Tod in Rom" zu; ich war nach Rom gefahren, um einen anderen Roman zu schreiben, und in Rom fiel mir der „Tod in Rom" ein, so daß ich das andere Buch im Stich ließ.
A.: Durch irgendwelche äußeren Anlässe in Rom selbst hervorgerufen?
K.: Durch Spaziergänge in Rom, wo es mir einfiel; die Figur des alten SS-Generals Judejahn stand plötzlich vor mir, und ich fing an, mich mit ihr zu beschäftigen. Damit war das Buch schon da. Dann traf ich in Rom einen Menschen, den ich von früher kannte, der ein Musikliebhaber war und wegen eines Konzertes in Rom war – das brachte mich während meiner Spaziergänge auf den Komponisten Siegfried, der im Roman in Rom sein Konzert gibt. So spann sich das zusammen.
A.: „Eine unglückliche Liebe" war ein doch wohl sehr persönlich motiviertes Buch, und „Die Mauer schwankt" bzw. „Die Pflicht" war nach dem, was Sie sagten, ein Buch, in dem Sie sich weniger von Persönlich-Privatem freigeschrieben haben als eher von einer öffentlichen, von außen kommenden Last.
K.: Es war zwar eine sehr schwere Last von außen, aber kann man sich überhaupt von Persönlichem freischreiben? Der Schriftsteller liegt, glaube ich, immer etwas an der Kette seines Lebens.
A.: Ja. Und als ich diese Frage formulierte, habe ich selbst gespürt, daß man diese Bereiche natürlich nicht auseinander halten kann; denn der Kern, auf den eine unglückliche Liebe – privat – oder

politischer Terror – also Öffentliches – trifft, bleibt derselbe und ist hauptsächliches Agens bei der Umsetzung dieser Einwirkung. Ich meinte auch eher den Unterschied von privat und öffentlich. – Welchen Stellenwert würden Sie denn selbst den beiden Romanen aus den Dreißiger Jahren in Ihrer Entwicklung und innerhalb des Gesamtwerks zumessen?

K.: Das kann ich gar nicht sagen. Die „Unglückliche Liebe" war ein Anfang, und da es einen Anfang geben muß, war er wohl auch gut. „Die Mauer schwankt" ist ein Buch, das ohne das Dritte Reich und ohne meine Situation in Holland wahrscheinlich so nicht geschrieben worden wäre. Ich hätte vielleicht mal diesen Roman, der einige Berührungspunkte mit meiner Jugend in Ortelsburg hat, geschrieben, aber ganz anders. Wie, das kann ich nicht sagen. Mich hat es gefreut, daß dieser Roman Hermann Hesse gefiel, der in einer schwedischen Zeitung darüber geschrieben hat.

A.: Sie sagten, daß Sie schon 1933 wußten, wie der Nationalsozialismus enden würde. Sie waren in Holland, schließlich aber wieder in Deutschland. Waren Sie dann Soldat?

K.: Nein, ich war nicht Soldat, weil ich nicht Soldat werden wollte. Dies klingt etwas anmaßend: Wer wollte schließlich schon Soldat werden? Aber ich war fest entschlossen, für Hitler keine Uniform anzuziehen, und es ist vielleicht die größte Leistung, die ich in meinem Leben vollbracht habe, dies durchzuhalten.

A.: Wie gelang Ihnen das?

K.: Das ist ein Eulenspiegelroman, den ich jetzt im Gespräch nicht veröffentlichen möchte.

A.: Sie haben das Dritte Reich überlebt, aber offensichtlich in keinem Beruf, auch nicht als Schreibender.

K.: Auch nicht als Schreibender. Ich hatte mich beim Film untergestellt, ohne Wesentliches zu ihm beizutragen, da die Filme, die ich vielleicht sonst ganz gerne gemacht hätte, nicht zu machen waren, und ich an Filmen, die gemacht wurden, nicht beteiligt sein wollte. So daß es dahin kam, daß ich an irgendwelchen Entwürfen arbeitete, in der Sicherheit, daß sie nicht ausgeführt wurden.

A.: Dafür wurden Sie dann bezahlt und damit konnten Sie halbwegs überleben.

K.: Ja, wenigstens eine ganze Zeit lang, bis man mir hinter die

Schliche kam, daß ich ja gar nichts wollte, weder die Nazifilme noch den Krieg. Und dann bin ich zwei Jahre in den Untergrund gegangen.

A.: Was heißt Untergrund? Haben Sie aktiv im Untergrund gearbeitet oder sind Sie nur untergetaucht?

K.: Ich bin nur untergetaucht.

A.: Wir sprachen vorhin schon einmal von dem Problem, in einer solchen Zeit unmöglicher Publikation für die Schublade zu schreiben. Sie haben, wie Sie sagten, nicht für die Schublade geschrieben.

K.: Nein. Aber es ist mir das Manuskript eines fast fertigen Romans verbrannt in Berlin. Diesen Roman hatte ich schon fast fertig aus Holland gerettet, sein Manuskript ist in Berlin bei einem Bombenangriff, dem meine Wohnung zum Opfer fiel, untergegangen. Das Buch hatte den Titel „Die Javangesellschaft" – der Titel kam von diesen javanischen Puppenspielen –; es selbst war angeregt durch den Aufenthalt in Holland und spielte in der damals holländischen Kolonie Java. Das wäre mein dritter Roman gewesen, und ich denke mit einer gewissen Sentimentalität an ihn, und wenn ich an ihn denke, finde ich, daß er sehr schön gewesen wäre.

A.: Hatten Sie den für Cassirer gedacht?

K.: Ja, obzwar ich nicht wußte, was werden würde, dachte ich dafür noch den Cassirer-Verlag; und an Max Tau. Ich schrieb dann aber noch 1938 daran, als Cassirers Verlag liquidiert wurde, und schrieb doch auch in der Gewißheit, daß der Nationalsozialismus zusammenbrechen würde, wenn auch nicht in ein, zwei Jahren.

A.: Wie haben Sie die Kapitulation erlebt – und wo?

K.: Die Kapitulation habe ich in Bayern am Starnberger See erlebt.

A.: War es dann sogleich ein Neuanfang für Sie, waren Sie voller literarischer Pläne?

K.: Ich war befreit, hatte alte Pläne, es war der ersehnte neue Anfang – zunächst aber war ich von der Wirklichkeit der Befreiung enttäuscht; es kamen neue Bedrückungen. Es war eine merkwürdige Situation: Ich war erstaunt, daß ich unter lauter Anti-Nazis gelebt hatte – alle waren Anti-Nazis gewesen, alle waren sehr dagegen gewesen, alle hatten mehr oder minder Widerstand geleistet. Und die Amerikaner kamen, kamen mit einer großen Bürokratie und mit einem Fragebogen und verlangten auch von mir, daß ich ihren

Formularkram ausfüllen sollte; und ich fand in meiner Unschuld am Nationalsozialismus, daß ich diese Fragen nicht beantworten wollte, was die sehr verstimmt hat, ich aber auf mich nahm.

A.: Hatte das Konsequenzen für Sie?

K.: Es war eine dramatische Situation. Ich kam aus einem Versteck, aus der Illegalität, ich hatte die letzten Monate kaum gelebt. Und nun waren die Verzweiflungen des Krieges zu Ende. Zufällig kam Klaus Mann als amerikanischer Offizier an diesen Ort meiner Unterwelt. Er empfahl mich den amerikanischen Presseleuten, die in Deutschland Zeitungen herausgeben wollten. Leider sah ich Klaus Mann nicht wieder. Ich hatte schon Schwierigkeiten, aus meinem Dorf nach München zu fahren, und dann kam ich mit ahnungslosen Vernehmungsoffizieren zusammen, die mich aufforderten, Fragebogen auszufüllen, die ich im Dritten Reich nicht ausgefüllt hatte. Sie fragten nach einer Biographie, fragten nach einem Lebenslauf in kritischen Zeiten, der in ihr Besatzungsschema nicht paßte. Ich antwortete ihnen nicht, und mein Leben wurde zu einem literarischen Stoff, den ich bis heute zu formen versuche. Es gibt vielleicht überhaupt zwei Koeppens, dann, wenn man mich fragt: Was haben Sie damals gemacht und was dann und dann? Es gibt natürlich den Koeppen, der irgendwann geboren ist, irgendwo zur Schule gegangen ist, einmal Redakteur war und den man erkennungsdienstlich feststellen und festlegen könnte. Aber es gibt auch den surrealistischen Koeppen, eine literarische Figur, wo das alles nicht so sicher ist, der, um es im Extrem auszudrücken, wenn er gefragt wird, wann sind Sie geboren, vielleicht antworten möchte: Es ist gar nicht so sicher, daß ich jemals geboren wurde.

A.: Also eine literarische Existenz durch und durch?

K.: In der Empfindung, aber ohne Vorsatz; es ist so. Oder um den großen Titel zu mißbrauchen: Es gehen bei mir auf die natürlichste Weise Dichtung und Wahrheit durcheinander.

A.: Sie schreiben an einer Autobiographie oder an einem autobiographischen Roman. Ist das die Realisierung dieses Empfindens?

K.: Nein, noch nicht. Ich habe versucht, einen autobiographischen Roman zu schreiben. Aus diesem Versuch ist einiges veröffentlicht worden in der Zeitschrift „Merkur“. Ich habe aber diesen Plan des autobiographischen Romans verändert, weil mich die romanhafte Form anfing zu stören, oder anders gesagt: Es kam mir die wahre

Autobiographie dazwischen. Ich begann, die romanhafte Verkleidung auszuziehen und mich der Wahrheit, der brutalen und doch wieder imaginären Wahrheit, zu nähern. Vor dieser Aufgabe sitze ich noch. Ich möchte zu einer unbekannten Wahrheit kommen über mich und meine Zeit, nicht chronologisch, nicht von der Geburt bis zur Grabesnähe. Ich habe sehr interessiert die „Antimemoiren" von Malraux gelesen, sah, daß auch Malraux dem Geheimnis der Existenz nur auf der Spur ist. Malraux malt Träume vom eigenen Leben, der Leser mag sie nach Laune in sein „Imaginäres Museum" setzen. Das wäre viel!

A.: Sie haben in den drei Romanen „Tauben im Gras", „Das Treibhaus", „Der Tod in Rom" eine erzählerische Technik entwikkelt, die durchaus, wenn nicht episodenhaft, so doch schlaglichtartig und collagenhaft arbeitet, die verschiedenste Schichten ineinander bringt, verschiedenste Schichten in Ausschnitten; und dennoch ergibt sich nicht nur eine Sammlung von Teilausblicken – also kein Flickenteppich –, sondern es ergibt sich ein Gesamtblick auf die Verhältnisse zu Beginn der Bundesrepublik Deutschland. Geht das schon in die Richtung dessen, was Sie als die Form Ihrer Autobiographie sich wünschen?

K.: Mich fesseln Lebensläufe in Fragmenten, innere Autobiographien wie all die Notizen von Novalis. Er hat sich in diesen Stücken nicht verzettelt, wie manche meinen. Die Fragmente des Herrn von Hardenberg sind ein einziger großartiger innerer Monolog. Lange vor Joyce. Aus Texten Majakowskis wurde eine Autobiographie „Ich" zusammengestellt, ein Zeitbild, eine Gestalt, faszinierend, poetisch durch das Geheimnis des Fragments. Ebenso dieses Buch, von dem ich vorhin gesagt habe, daß ich es gestern nacht gelesen habe: „Winesburg, Ohio" von Sherwood Anderson: Das ist auch die Geschichte einer Jugend, aber erzählt in kurzen, nicht unbedingt zusammenhängenden Geschichten.

A.: „Eine unglückliche Liebe" war noch ganz anders erzählt; aber für „Die Mauer schwankt" erwähnten Sie schon verschiedene Schichten.

K.: Sie verführen mich zur Selbstbetrachtung des Tausendfüßlers. Der Schluß war seine Immobilität, der Tod. Ich sehe alles einfacher und gar nicht in Schichten. So ängstigt es mich auch nicht, sie zu häufen, zu mischen, durcheinanderzubringen. Das Komplizierte nicht absichtlich, das Einfache als Wunsch. Bewunderung für den „raunenden Beschwörer des Imperativs“, aber Zweifel an seinen Möglichkeiten heute. Hauff sah den Mann im Mond. Wir sahen uns auf dem Mond. Im Fernsehen und mit schlechtem Gewissen. Das sind schon drei Schichten der Erzählung: das Märchen, der Astronaut, der Betrachter im Sessel. Und schon kommen neue Möglichkeiten dazu, z.B. Hauff 1820 in einer deutschen Kleinstadt, ein Jüngling, dem Tode nah.

A.: Sind die drei Romane der Fünfziger Jahre, also Ihr erzählerisches Hauptwerk, mit ihrer episodisch-collagierenden Erzählweise also kein Zeichen für ein neugewonnenes Bewußtsein bei Wolfgang Koeppen?

K.: Nein. Den Stil meiner Nachkriegsromane fühlte ich schon vor dem Krieg. Es ist die gleiche Weltempfindung und derselbe Versuch, mir meine Welt zu gestalten, nur daß ich dies vor dem Krieg nicht schreiben durfte und nach dem Krieg wahrscheinlich zu spät gekommen bin.

A.: Welche Weltempfindung drückt sich denn in diesem Collagestil aus – um das einmal ganz verkürzt so zu fragen?

K.: Es ist dieses merkwürdige Bewußtsein, ein Einzelner in der Menge zu sein, das Leben der Menge zu teilen und zu führen und doch ein Wesen für sich zu sein, das durch diese Situation auch noch dazu gezwungen ist, zu einem Beobachter zu werden.

A.: Also nur die Abhängigkeit von den anderen, von den Zwängen, in die Sie hineingestellt sind, oder wiederum auch die Empfindung von der Zerrissenheit der Welt? Die Naturwissenschaften haben belegt, daß die Welt etwas Offenes ist – sowohl im Makro- wie im Mikrokosmos –, und nichts in sich Geschlossenes. Und eine auktoriale Erzählform repräsentiert ein Bewußtsein von einer geschlossenen Welt, zumindest von einem geschlossenen Weltbild, einem geschlossenen Weltbegriff.

K.: Ich habe kein fertiges Weltbild, keine Ideologie; ich versuche sogar, jede Lehre in Frage zu stellen. Sie fragten zu Anfang unseres Gesprächs nach literarischen Vorbildern und Einflüssen auf mich – jetzt möchte ich Ihnen antworten, daß die neuen Erkenntnisse der Naturwissenschaft, besonders der modernen Physik, einen Einfluß auf meine Entwicklung gehabt haben, wenn ich auch leider gestehen muß, daß ich kein Mathematiker bin und keine mathematische

Formel richtig lesen kann und man zum Begreifen etwa der Quantentheorie ein Mathematiker sein muß. Aber ich empfange da ganz deutlich ein Weltbild, das meinen Ahnungen entspricht in vielem.
A.: Seit wann ist das so?
K.: Das war schon immer so. Ich könnte eine Reihe von Titeln nennen, habe viel auf diesem Gebiet gelesen, schon in den Zwanziger Jahren.
A.: Ihre Reiseberichte, die eine Reihe von Jahren nach den Romanen erschienen sind, benutzen dasselbe Stilmittel, versuchen, impressionistisch zu arbeiten.
K.: Das sind ja auch keine Reiseführer. Es soll leider Leute gegeben haben, die nach Koeppen sich verirrten. Die Bücher sind Ansätze zu Erzählungen. Und sie enthalten wieder diese Konfrontation des Einzelnen mit der Welt.
A.: ... der sich ihr ausgeliefert fühlt. Ich erinnere mich an Szenen der „Amerikafahrt", Ihre Fahrt im Gläsernen Zug und ein Aufenthalt in Salt Lake City, die voll verhaltenen Entsetzens sind.
K.: Der Einzelne weiß sich ausgeliefert, aber manchmal wird er auch hochmütig und findet, daß die Welt ihm ausgeliefert sei.

A.: Hatten Sie nach 1945, bis Sie Ihre Romane schrieben, politische Hoffnungen hinsichtlich einer Neugestaltung dieser Gesellschaft, die so völlig am Boden lag?
K.: Ich weiß nicht. Ich war zunächst zu erschöpft, um Hoffnungen zu hegen, weil sich mir eine große Hoffnung, das Ende des Nationalsozialismus zu erleben, zunächst erfüllt hatte.
A.: Sie sagen: zunächst.
K.: Ja. Ich war ein Gegner des Nationalsozialismus gewesen, aber ich war kein Freund der Entnazifizierung. Sie schien mir falsch und lächerlich. Sie bewahrte viel zu viel und verfolgte Leute, die überhaupt nichts begriffen hatten, niemals etwas begreifen konnten.
A.: Ihre Romane haben doch eine sehr deutliche politische Wirkungsmöglichkeit gehabt – ich will nicht von Wirkungsabsicht sprechen, weil Sie ja diese Wirkungsabsicht ausschließen –; die Romane konnten eminent politisch wirksam sein, und die Reaktionen nicht nur der literarischen Kritik zeigten, daß es so war.
K.: Aber ich kann nicht sagen, daß ich mit diesen Romanen irgendeine, die Geschichte revidierende Absicht verbunden hätte. Dazu bin

ich viel zu pessimistisch. Ich habe etwas erzählt. Schön, es sollte betroffen machen. Ich bin – offen gestanden, und auch Sie werden es mir wahrscheinlich nicht glauben – recht erwartungslos gewesen, daß jemand meine Bücher liest, von ihnen Kenntnis nimmt.

A.: Aber es artikuliert sich darin doch ein für diese Zeit bemerkenswertes radikales Verhältnis zur wiederkehrenden politischen Restauration in Deutschland.

K.: Ja. Ich gab meinem Unbehagen Laut.

A.: Das Unbehagen wurde aber persönlich empfunden – oder allgemein? Oder ist nicht etwa die Figuration in Beispielfiguren wie Keetenheuve, dem neuen Abgeordneten der Opposition, der scheitert, weil er in diesem korrupten Gelände nicht mehr Fuß fassen kann und der nicht selbst korrupt werden möchte, oder wie Judejahn, dem alten SS-General, eine Verallgemeinerung via Literatur, und sind nicht diese veröffentlichten Figuren in solchem Zusammenhang auch öffentliche Figuren, Figuren von öffentlichem Interesse und öffentlicher Wirkung?

K.: Sicher. Das sind öffentliche Figuren, aber sie sind nicht nach einem Plan geschrieben. Sie sind von mir erdachte Personen, die nun in dem Buch in die Welt getreten sind; wie weit sie kommen, weiß ich nicht, aber sie sind da und haben möglicherweise auch die eine oder andere Wirkung auf andere, das aber geht mich sozusagen nichts mehr an.

A.: Geht das einen Autor wirklich nichts mehr an, was mit den Figuren, die er in die Welt setzt, passiert? Es ist zu glauben, daß man als Autor in seine positiven wie negativen Figuren hineingeht, weil man ein Unbehagen an Öffentlichem nicht nur einfach artikulieren, sondern metaphorisch, exemplarisch und verweisend darstellen möchte. Aber diese Figuren haben Wirkungen: Keetenheuve, Judejahn – sie haben doch Wirkungen gehabt, Wirkungen, die man an öffentlichen Reaktionen ablesen konnte; wie haben Sie sich denn zu diesen Wirkungen verhalten?

K.: Ich habe mich gar nicht verhalten. Ich habe mein Personal gehabt, es in die Welt gesetzt; ich glaube, sie sind zu mir gekommen. Auf einmal war Judejahn da. Gleich mit seinem Namen. Was sie in der Leserschaft machen, mit wem sie sich unterhalten, mit wem sie korrespondieren, wen sie beeinflussen, bessern, zerstören, das weiß ich nicht.

A.: Die literarische Kritik hat ja sehr böse und aggressiv reagiert auf diese Romane.
K.: Das hätte sie, wenn die Romane zehn Jahre später erschienen wären, nicht mehr getan. Es war damals für die deutsche literarische Kritik schockierend.
A.: Hat Sie dieses vernichtende, dieses ungerechte, selbstgerechte Urteil einer konservativen, jedes inhaltlich innovierende Element zurückweisenden Kritik selbst sehr getroffen?
K.: Nein. Es hat mich, wenn wir die Sache im literarischen Bereich betrachten wollen, überhaupt nicht getroffen.
A.: Persönlich?
K.: Es hat mich betroffen, daß die Bücher zunächst nur in einer beschränkten Auflage verkauft wurden und sie mir nicht eine wirtschaftliche Basis, geschweige denn eine materielle Unabhängigkeit bescherten.
A.: Haben Sie damals resigniert?
K.: Nein. Es taucht immer wieder das Gerücht auf, ich höre davon, oder es fragt mich jemand, ob ich resigniert hätte. Ich habe überhaupt nicht resigniert. Ich nehme es für mich als ganz selbstverständlich hin, daß ich einen Publikumserfolg im Sinne eines Bestsellers niemals haben werde; das ist mir gar nicht gegeben und ist eine Aussicht, die bei meiner Art zu schreiben nicht besteht. Das ist eine Tatsache, die mich keineswegs kränken kann oder mir Kummer machen sollte. Es ist nur diese wirtschaftliche Lage, die es mit sich bringt, daß ich in finanziell bedrängten Umständen leben muß und daß ich nicht, wenn ich plötzlich möchte, nach New York fahren kann, daß ich eben die Welt nicht so zu eigen haben kann, wie ich es gerne möchte, wie es der Lebensdrang, der in mir ist und sehr aktiv, gerne wollte. Meine Bücher sind, finanziell gesehen, wohl ein Mißerfolg, das liegt zum Teil an den Verhältnissen des Buchhandels, man könnte auch sagen, es liegt am Publikum, doch es sind Gegebenheiten, mit denen ich mich abfinden muß und auch abfinde. Es liegt an mir. Darüber bin ich nicht einmal erstaunt.
A.: Sie haben nach dem letzten Roman „Tod in Rom“ keinen Roman mehr veröffentlicht, sondern Reisebücher mit großen Prosaqualitäten, in denen man von Seite zu Seite den großen Schriftsteller Koeppen wiedertrifft. Warum dies? War es ein Versuch mit einer anderen, neuen Form?

K.: Ein Versuch vielleicht, es waren auch Studien, Vorstudien zu anderen Produkten, möchte ich hoffen; aber es hatte auch einen viel simpleren Grund. Alfred Andersch, der am Süddeutschen Rundfunk ein literarisches Spielfeld, den Radio-Essay geschaffen hatte, fragte mich, ob ich für den Rundfunk nach Spanien fahren möchte. Es traf sich gut, ich hatte Lust, nach Spanien zu reisen, mir hatte nur das Reisegeld gefehlt. Ich habe dann meinen ersten Radio-Essay über Spanien geschrieben. Nicht nur das Reisen, das Kennenlernen anderer Länder, auch das Schreiben über die Reise, der Versuch, eine neue Form des Berichts zu finden, das Experiment machten mir Spaß. Und nach dem Erfolg der ersten Sendung drängte mich mein damaliger Verleger Henry Goverts, Reisebücher zu schreiben. Das verführte mich, weil ich Rußland sehen, nach Amerika fahren, durch Frankreich mit dem Auto wandern wollte. Das befriedigte mich sehr. Auf meinem Programm standen noch Indien, China, Japan, alte Sehnsuchtsziele, aber auf einmal wollte ich nicht mehr reisen. Die Reisebücher sollten zu keiner Routine werden. Ich glaube zwar nicht, daß die Gefahr der Routine bei mir überhaupt bestand; dazu bin ich zu systemlos, zu neugierig, zu sehr auf Überraschungen aus und zu wenig am Erfolg und Gewinn interessiert. Ich fand es komisch, nun ein Land nach dem andern als Vorwand für ein Buch zu nehmen. Das paßte mir nicht. Ich sehnte mich auch wieder nach der reinen Fiktion, der Verwandlung der Welt, dem neuen Leben in einem Roman. Mein Übergang von Goverts zu Suhrkamp bestärkte mich in diesem Verlangen. Ich hatte große Hoffnungen. Ich geriet dann in eine Krise. Zweifel kam mir am Sinn meines Tuns. Früher hatte ich diesen Zweifel auch schon gehabt, aber er hatte mich weniger gestört. Jetzt lähmte mich Ohnmacht und trieb mich zusammen mit widrigen persönlichen Umständen in die Enge. Es kamen mir immer neue Bedenken vor dem Schreiben.

A.: Hing diese Produktionskrise mit dem geplanten großen Roman zusammen und ist sie ausgestanden?

K.: Nein, es quält mich das Auge der Öffentlichkeit, das auf mir ruht. Ich weiß nicht warum. Da ist ein Anspruch, den ich gar nicht erfüllen will. Etwas wehrt sich in mir dagegen. Mein alter Widerstand gegen jeden Zwang. Es ist widersprüchlich. Natürlich möchte auch ich jedes Jahr ein Buch herausgeben. Aber nicht um jeden Preis. Ein Buch kommt von selbst. Allerdings muß man sich hinsetzen und es schreiben. Bis man sich hinsetzt, leidet man. Wahrscheinlich gehört das schon zum Schreiben.

A.: Sie sagten vorhin, daß Sie einerseits sehr gern die wirtschaftliche Unabhängigkeit gehabt hätten – also gern von Ihren Büchern gelebt hätten –, andererseits aber sagen Sie, daß Sie die Reisebücher mit Bewußtsein eingestellt haben, um da nicht zum Routinier zu werden – Ihnen geht es also primär immer um die literarische Realisation, koste sie, was sie wolle.

K.: Meinem ersten Verleger Bruno Cassirer drohte ich, ich würde an der Börse spekulieren. Balzac wollte eine Goldmine finden. Cassirer nahm die Drohung gelassen hin. Das Schreiben kann Qual und Lust sein, aber ich habe mir niemals, bei keinem Werk überlegt, ob ich mit ihm Geld verdienen könnte. Ich weiß, ich kann es nicht. Es gibt keine anderen Welten, wir leben in einer, und allmählich schon recht kleinen, Welt, und das eigene Land trägt man mit sich, auch wenn man es flieht. Resignation liegt mir nicht. Ich möchte wegfahren, ich möchte wiederkommen. Es ist meine Welt. Vielleicht mag ich sie sogar. Als Schriftsteller ihr Diener. Auf meine Weise. Das heißt aktiv.

A.: In diesem Sinne meinte ich das. Nun wurde Ihnen die Tatsache – Ihre eigene Entscheidung –, daß Sie nach den Romanen Reisebücher publiziert haben, oft als eine resignative Haltung angekreidet, das Reisen wurde Ihnen als Flucht aus der Gegenwart des eigenen Landes in andere Welten, vor allem auch aus der politischen Realität des eigenen Landes in andere Welten ausgelegt; es wurde also sehr viel Legendenbildung betrieben. Stimmen vielleicht Teile aus dieser Legende?

K.: Mag sein. Ich weiß nichts davon. Es hat nichts mit mir zu tun. Nur betrachte ich das Schreiben nicht als einen Beruf, von dem man leben und vielleicht auch gut leben könnte. Man sollte das gar nicht erst versuchen. Döblin war noch Arzt. Der schreibende Vagabund ist nun wirklich eine Legende – aus vergangener Zeit.

A.: Ohne diese Rigorosität und Radikalität gegenüber dem Schreiben wären auch diese Romane nicht möglich gewesen. – Man hat diesen Fall Koeppen konstruiert, man hat gesagt, Wolfgang Koeppen habe damals drei der bedeutendsten deutschen Romane nach 1945 geschrieben, er habe, wie ich das eben andeutete, dann aber mit den Reisebüchern eine Flucht angetreten und ist seither über mehr als ein Jahrzehnt völlig verstummt. Dieser Fall stimmt in meinen Augen nicht ...

K.: In meinen auch nicht. Es stimmt nicht mal, daß ich verstummt bin. Vielleicht spreche ich mit mir selbst. Und weiß jemand, was ich in dieser Zeit getan und vielleicht auch geschrieben habe? Auch veröffentlicht habe, z.B. im „Merkur". Und wie viele Seiten wurden geschrieben, Anfänge, die man plötzlich nicht mehr mochte? Sie zählen!

A.: Man wartet eben seit Jahren auf den neuen Roman von Wolfgang Koeppen, und weil er nicht kommt, braucht man eine Erklärung und bastelt sich eine Legende.

K.: Das ist bedrückend, es ist schrecklich, daß es jemanden geben soll, der auf einen Roman von mir wartet, und es ist noch schlimmer, daß man, ohne daß ich daran mitwebe, eine Legende fabriziert. Das wird mich nur noch selbstkritischer, selbstbedenklicher machen, und ich werde mich immer mehr fürchten, überhaupt noch etwas zu veröffentlichen, weil ich dem Anspruch der Legende nie genügen könnte. Es ist eine peinliche Situation. Ich habe oft bedauert, als Schriftsteller nicht unter einem Pseudonym angetreten zu sein. Es wäre mir lieb, wenn meine Bücher von irgend jemandem, von einem Herrn Jakob Meyer geschrieben worden wären, und ich irgendwo in den Augen der Nachbarn als Nichtstuer, als Arbeitsloser oder als Rentner oder als Kapitalist rumlaufen würde.

A.: Das wird verständlich aus vielem, was Sie gesagt haben. Und daß Sie mit dieser Legende nichts zu tun haben, weil ganz andere, nämlich private Probleme diese Schreibprobleme, diese sogenannte literarische Krise bewirken, sollte man in der Öffentlichkeit doch endlich einmal zur Kenntnis nehmen.

K.: Aber die Krise, literarisch, privat, zeitbedingt, sozialgebunden, großgeredet, sollte man vom Markt verscheuchen, nicht sie noch verhökern. Die Krise lebt in mir oder im Haus, in dem ich wohne, oder in der Zeitung, die ich lese, auf meiner Bank, wenn mein Konto überzogen ist. Ich muß mit meinen Gespenstern fertig werden, sterben, wenn ich es nicht schaffe. Ich bin menschenscheu. Das trug dazu bei, daß ich Schriftsteller wurde, ein Mensch allein vor einem Blatt Papier. Inzwischen ist auch der Beruf des Schriftstellers ein anderer geworden. Rundfunk, Fernsehen, Leseabende, Diskussionsveranstaltungen machen den Schriftsteller zu einer Person des

Schaugeschäfts, treiben ihn vor die Öffentlichkeit, vor der er sich verstecken möchte. Bald müßte jeder Schriftsteller einen Schauspieler haben, der ihn spielt, sein der Menge sympathisches Gesicht zeigt. Ich habe mich lange dagegen gewehrt, öffentlich aufzutreten. Ich habe keine Einladungen zu Lesungen oder Vorträgen angenommen. Ich habe mich dem Versuch, eine Gemeinde zu gewinnen, verschlossen. Ich sehe mich als Außenseiter, den anderen etwas unheimlich.

A.: So ist der literarische Markt, der Literaturbetrieb, in den letzten zehn Jahren genau in das entgegengesetzte Extrem jener Verhaltensweise eines Schriftstellers gegangen, die Ihnen entspricht. Zunehmend erschienen Figuren auf dem Markt, die nicht in dem, was sie literarisch leisteten, wichtig sein mußten, um verkauft zu werden, sondern die in ihrem Auftreten, in ihrer personalen Wirkung, oft auch in ihrer vom Fernsehen bereits vorbereiteten Prominenz den Verkaufserfolg bereits mit sich trugen – was mit Literatur nicht mehr viel zu tun hat.

K.: Das Buch wird immer mehr zu einer Ware, dazu verderblich. Das Buch, das zu Weihnachten herausgekommen ist, ist nach dem Fest wie verfaultes Obst.

A.: Ihre Romane sind nun wieder neu aufgelegt worden und werden ganz normal verkauft. Sie sitzen an neuen Projekten. Was mögen Sie darüber sagen?

K.: Ich lese mich nicht. Ich will andere Bücher schreiben.

A.: Wollen Sie etwas über das Projekt sagen, an dem Sie augenblicklich arbeiten?

K.: Das kann ich nicht. Es ist schon so, daß ich auf Bücher, die gedruckt vorliegen und mit denen jedermann anfangen kann, was er will, sehr ungern angesprochen werde und nur ungern Auskunft gebe darüber. Und wenn jemand fragt: Was haben Sie sich dabei gedacht? muß ich die dumm klingende Antwort geben: Ich habe mir gar nichts dabei gedacht. Und nun über ein noch nicht geschriebenes oder noch nicht zu Ende geschriebenes Buch zu sprechen, ist tödlich. Ich weiß ja nicht, wie das Buch enden wird. Oder vielleicht weiß ich, wie es enden wird, aber es ist mir völlig unklar, wie ich zu diesem Ende komme. Bisher bin ich immer zu dem Ende gekommen, zu dem ich hin wollte, aber es kann auch sein, daß ich zu diesem Ende, das mir zwar bekannt ist, überhaupt nicht komme. Eine Expedition, die ihr Ziel nicht erreicht. Ich schreibe und halte dieses Schreiben, diese Seiten, die aus meiner Schreibmaschine kommen und die dann noch zehnmal in die Schreibmaschine gehen, bevor ich halbwegs denke, jetzt sei es gut – diese angesammelte Schrift halte ich für einen Beitrag zur Literatur, für meinen Beitrag zur Literatur, und ich bin soweit, sofern man mich nichts fragt und mich leben läßt, ganz zufrieden damit.

A.: In dem und mit dem Augenblick des Schreibens also.

K.: Ja, in dem Augenblick des Schreibens und mit dem, was da ist, was vorliegt. Oder auch in einer Arbeit sein – das ist schön. Ich glaube nicht recht, und zwar nicht nur für mich, sondern für jeden, der heute schreibt, an die Möglichkeit des wirklich fertigen, des wirklich abgeschlossenen Werkes. Ich glaube, daß immer noch etwas zu sagen wäre und alles, was man gesagt hat – und wenn man es auch auf tausend Seiten geschrieben hätte –, Fragment bleibt und nicht vollendet.

A.: Dies auch eine Erklärung Ihrer gesamten Schreibweise.

K.: Es ist weniger der Versuch eines Dialogs mit der Welt als eines Monologs gegen die Welt. Und die Welt ist für mich nicht nur das Sichtbare, sondern auch etwas Unsichtbares. Ich meine allmählich, daß hinter den sichtbaren Dingen Magie ist oder daß es so etwas wie einen Weltgeist gibt, dem ich mich übrigens meistens widersetze, selbst wenn ich an sein Vorhandensein glaube.

A.: Das würden viele als Metaphysik bezeichnen. Oder meinen Sie das materialistischer?

K.: Ich glaube an die Realität der Mythologie.

A.: Welches Verhältnis haben Sie in einer solchen singulären, ja fast solitären Position zur Literatur, die gleichzeitig mit Ihnen geschrieben wurde und geschrieben wird?

K.: Wir müßten untersuchen, aber das würde zu weit führen, was wir von dem allen, was in einem Jahr gedruckt wird und auf der Frankfurter Messe erscheint, für Literatur halten. Diese Literatur scheint mir notwendig zu sein. Es sind auch dies Hervorbringungen dieses Weltgeistes.

A.: Dann wäre der Weltgeist auch ein literarischer?

K.: Er ist Literat. Von jeher.

A.: Und sind seine Äußerungen vergänglich oder bleiben sie?

K.: Nein, sie bleiben nicht, nichts bleibt, aber sie kommen wieder unter anderen Namen und in anderer Form.

A.: Und ist die Tatsache, daß ein Schriftsteller für die Öffentlichkeit einmal schweigt, nicht auch eine Aussage?

K.: Es könnte sein.

A.: Und wenn der Schriftsteller dann wieder publiziert, dann ist das Schweigen etwas Vergängliches, aber es hat in seiner Biographie dieselbe Größe des Bleibenden wie das Schreiben?

K.: Fast alle Lebensläufe sind post mortem ein trauriger Roman. In den Todesanzeigen heißt es, er lebte für seine Familie, er ging in seinem Geschäft auf, er dachte an das Wohl unserer Vereinsbank. Von solchen Banalitäten abgesehen, könnte man selbst bei einem verehrten Namen, einem berühmten Mann, dem Schöpfer eines großen Werkes fragen, wozu hat er gelebt, wofür gelitten? Der Nachruhm ist eine Farce, die Auflösung des Fleisches eine Realität, sicher ist, daß man vergessen wird. Der Tote ist ein Unbekannter. Die Sekundärliteratur lebt vom Mißverständnis und der Eitelkeit ihrer Schreiber. Selten aus Ergriffenheit und Feier. „Das Schicksal setzt den Hobel an." Wäre Goethe an einer Kinderkrankheit gestorben, wir wüßten nichts von einem Verlust. Die Natur ist grausam, das Leben unfreundlich. Die Natur hat es mit der großen Zahl. Einer wird überleben. Wer, ist ihr gleichgültig. Sie hat Zeit. Zeit ist unheimlich. Sie ist schrecklich. Ob sich einer, der geboren wurde, im Leben vollenden konnte, schert nur ihn, der törichterweise an so etwas glaubte und gescheitert ist. Dieser Mensch ist sehr allein. Gestorben vor seinem leiblichen Tod. Ich bin nicht unzufrieden. Vielleicht bin ich von meinem Kopf berauscht. Ich finde den Augenblick manchmal schön.

A.: Das würden Sie auf die Literatur übertragen.

K.: Ja.

A.: Wenn man z.B. Arno Schmidts Aussagen in dieser Richtung folgt, so kann man da auch einerseits eine Genealogie und andererseits eine auserwählende Verfestigung auf ganz wenige Namen, die geblieben sind, sehen.

K.: Die Namen sind vielleicht aus glücklichen oder unglücklichen Zufällen in unserem Gedächtnis geblieben oder dank Arno Schmidt wieder erschienen.

A.: Zufälle durch Zuwahl? Also in diesem einen Falle durch Arno

Schmidt, der nur als Name hier steht – gibt es viele andere, die wählen?

K.: Wenn Arno Schmidt einen ausgräbt, bedeutet das was. Für uns, für unseren Tag. Jetzt und hier.

A.: Zufall als Fügung oder Zufall als eine sich immer wieder ergebende biologische materialistische Mischung, die dann etwas Besonderes produziert – Zufall also als Ergebnis von Mutation?

K.: Das sind die alten Hexenküchen. Heute tritt man programmiert an. Ich weiß nicht, was in welchen Mischkesseln gerade an Schönheit oder Mißgeburt vorbereitet wird.

A.: Ist das nicht zu fatalistisch? Ein Glaube an eine Metaphysik, die regiert?

K.: Lesen Sie Geschichte! Was war nicht fatal? Und die Metaphysik? Mich rührt ein Satz von Kafka: „Es ist unendlich viel Hoffnung in der Welt, nur nicht für uns." Vielleicht. Vielleicht sogar für uns. Wenn ich durch die Straßen gehe oder fahre oder dort stehe, was auch immer ich tue oder denke, allein, in der Menge, daß dies geschieht, daß ich da bin, meine Empfindungen, daß ich sie habe, daß dies möglich ist, das ist ein Wunder und unerklärlich selbst für die verehrte Naturwissenschaft.

A.: So, wie ein zufälliges Talent in einer zufälligen Zeitkonstellation unter zufälligen günstigen Bedingungen persönlicher und allgemeiner Art – die ja nicht immer positiv sein müssen fürs momentane Erleben – ein literarisches Werk produziert, kann doch eine Welt wie diese unter den Milliarden Welten, die existieren, auch durch Zufall – durch bestimmte elementare Zusammensetzungen unter bestimmten Bedingungen zu bestimmten Zeiten: und auch nur für eine bestimmte Zeit – entstehen.

K.: Dieser Zufall ist mir zu zufällig.

A.: Um ganz direkt zu fragen: Glauben Sie an Gott?

K.: Das weiß ich nicht.

A.: Für Gott gibt es viele Namen.

K.: Lassen Sie mich mit Pascal antworten, der glaubte, Gott habe sich ihm offenbart, was ich wiederum Pascal glaube: „Gott schreibt gerade auch auf krumme Zeilen". Ich weiß aber nicht, was Gott will oder was er gar von mir wollen könnte. Als Mensch hätte ich viel vorzubringen. Ich lese Pascal, aber auch Hiob. Ich lese sie gern. Die Sätze der Weisen sind schön. Aber auch der Jammer ist, Literatur geworden, im Buch Hiob schön. Ich bin glücklich, wenn ich dies alles lese und meine, die Welt ist durch Autoren, durch Schreiben und Lesen in die Möglichkeit eines rein menschlichen egoistischen Glücks geraten, auch wenn die Dichter irrten, die Utopie sich nicht erfüllte, das Land Orplid nicht erreicht, Gott nicht erkannt wird, die Welt nicht nach der Vernunft geht.

Gespräch mit Max von der Grün

Arnold: Herr von der Grün, Sie wurden 1926 in Bayreuth geboren – sind jetzt also 48 Jahre alt –, besuchten vor dem Kriege die Handelsschule, absolvierten bei der Rosenthal-Porzellanfabrik eine kaufmännische Lehre, dann wurden Sie eingezogen, gerieten in Kriegsgefangenschaft, arbeiteten nach dem Kriege zunächst in der Bauwirtschaft, kamen 1950 in die Nähe von Unna im Ruhrgebiet und arbeiteten als Schlepper und Hauer unter Tage; nach einem schweren Unfall vor Ort ließen Sie sich zum Grubenlokführer umschulen. Wie es heißt, beschäftigen Sie sich schon seit 1953 mit Literatur und schriftstellerischen Arbeiten: Sie schrieben zunächst Gedichte, Essays, Stories, befaßten sich auch mit Literaturkritik und brachten Anthologien heraus. Der breiteren Öffentlichkeit wurden Sie dann durch Ihren Grubenroman „Männer in zweifacher Nacht“ von 1962 und vor allem 1963 mit „Irrlicht und Feuer“ bekannt. Seit 1963 leben Sie als freier Schriftsteller. Der Roman „Irrlicht und Feuer“ wurde in der DDR verfilmt und in der ganzen Welt – auch in der Bundesrepublik im Fernsehen – gezeigt, bei großem Interesse und nicht immer, vor allem in Unternehmer- und Gewerkschaftskreisen, mit Zustimmung. Der Roman selbst ist in 18 Sprachen übersetzt und hat eine Gesamtauflage von über 3 Millionen Exemplaren. Mit auf Ihre Initiative geht die Gründung der Gruppe 61 zurück. Sie haben in der westdeutschen Literatur – nicht nur innerhalb der sogenannten „Arbeiterliteratur“ – und auch in der DDR und in anderen Ostblockstaaten inzwischen eine renommierte Position. 1968 kam Ihr dritter Roman, „Zwei Briefe an Pospischiel“, und 1973 erschien Ihr bislang letzter Roman „Stellenweise Glatteis“ – beide Romane wurden in der Bundesrepublik von ZDF und ARD verfilmt. – Ich möchte noch einmal zurückgehen auf die Fünfziger Jahre: Es wird gesagt, Sie hätten sich seit 1953 mit schriftstellerischen Arbeiten befaßt. Wo liegen die Motive und Anregungen dieses literarischen, literarisch produktiven Interesses?

Von der Grün: Das nachzuvollziehen ist immer schwierig. Ich weiß auch nicht, woher die Nennung dieses Jahres 1953 kommt. Wenn ich zurückdenke: Ich habe mich schon immer mit Literatur befaßt. Während ich drei Jahre lang Kriegsgefangener in den amerikanischen Südstaaten war, habe ich angefangen, Tagebuch zu schreiben, ich wollte mir über bestimmte Situationen klar werden, also habe ich einfach angefangen zu schreiben; diese Tagebücher sind verloren gegangen, d.h. ich mußte sie verbrennen, weil ich sie nicht mit nach Deutschland nehmen durfte – für mich wäre es heute interessant zu lesen, was ich damals gedacht habe, welche Vorstellungen und Wünsche ich hatte. Zum Schreiben kam ich durch das Lesen. Ich habe sehr viel gelesen, vor allem auch viel nicht-deutsche Literatur. Natürlich haben wir in der Schule klassische Literatur gelesen. Aber vor allem diese drei Jahre Amerika waren für mich wie eine Universität: Ich habe etwas anderes gesehen, habe Faulkner gelesen, Hemingway, Jack London, alles Bücher, die in Deutschland gar nicht zu haben waren oder die nur einem kleinen Kreis von Eingeweihten bekannt waren.

A.: Diese Autoren waren ja während des Dritten Reiches in Deutschland überhaupt nicht verfügbar.

v.d.G.: Vielleicht gab es aber Leute, die da rankamen. – So habe ich mich damit jedenfalls beschäftigt. Jeder Mensch hat doch seine Weise, sich auszudrücken, sich als Mensch zur Geltung zu bringen; von daher war meine Beschäftigung mit der Literatur wohl bestimmt. Das hat bei mir sehr lange gedauert, da ich keine akademische Vorbildung hatte und also auch keine Kriterien entwickeln konnte; so habe ich heute einen Roman von Karl May gelesen und am nächsten Tag „Die Glocke" von Schiller. Mir hat niemand gesagt, wo die Kriterien für eine Lektüre sind, das mußte ich mir im Laufe der Zeit selbst aneignen.

A.: Hat das Elternhaus die Lektüre beeinflußt, vielleicht sogar angeregt?

v.d.G.: Nein, das war nun mal so in Arbeiterhaushalten, daß von dort keine Anregung kommen konnte. Nur war ich vielleicht etwas vorbelastet, weil mein Vater bei den Zeugen Jehovas war, also Mitglied einer sehr konsequenten religiösen Sekte, und mein Vater hatte eine alte Lutherbibel, in der er immer gelesen hat; ich wurde als Junge immer dazu angehalten, auch in dieser Bibel zu lesen; mein Vater hat mit mir richtige Bibelstunden abgehalten. Es mag sein, daß durch die Beschäftigung mit dieser Bibel und mit dieser Luthersprache etwas in mich hineingelegt wurde. Das Elternhaus selbst hat mich sonst zum Lesen überhaupt nicht ermuntert. Ich bin meiner Mutter nur dankbar dafür, daß sie im Gegensatz zu anderen Müttern oder Vätern mir das Lesen nicht verboten hat. Ich habe damals als Junge Zeitungen ausgetragen, das brachte in der Woche immer so 4,50 bis 5,50 Mark – das war für einen Jungen damals allerhand Geld –, und davon habe ich mir Bücher gekauft und Batterien für die Taschenlampe; als sparsame Frau, und wir hatten ja auch kaum Geld, hat mir meine Mutter die Sicherungen herausgeschraubt, weil sie wußte, daß ich nachts so lange lese; mit der Taschenlampe durfte ich dann lesen – das klingt alles so romantisch, es ist aber doch so gewesen. Sie hat mir also das Lesen nicht verboten, ich wurde aber auch nicht zum Lesen angehalten.

A.: Haben Sie erst in der Gefangenschaft ein weiteres Umfeld von Literatur kennengelernt?

v.d.G.: Ich will das einmal mit einer Geschichte demonstrieren: Ich werde als Autor manchmal gefragt: Wie kamen Sie zum Schreiben? Für Außenstehende eine ganz berechtigte Frage, nur sage ich immer darauf: Ich kann's nicht beantworten – weil's im Grunde genommen gar nicht beantwortbar ist. Ich glaube, man müßte viel eher fragen: Wie kamen Sie zum Lesen? Denn ich glaube, ein Mensch, der nicht liest, kann auch nicht schreiben. Nur ein Beispiel: Ich ging einmal von der Schule nach Hause, und mit mir ging mein Lehrer – ich war damals zwölf Jahre alt –, der wohnte in unserer Straße im letzten Haus, wir wohnten im drittletzten Haus; und als wir an unserem Haus vorbeikamen, gab mir dieser Lehrer ein Päckchen und sagte: Lies das mal, aber zeig's niemandem. Als ich dann, ganz aufgeregt, zu Hause war und aufmache, fand ich ein Buch; der Titel hieß „Sternstunden der Menschheit", der Autor Stefan Zweig. Erst später habe ich erfahren, warum er so geheimnisvoll tat: weil Stefan Zweig im Dritten Reich verboten war. Ich habe mich also hingesetzt, denn ich war sehr neugierig – Geschichte, Geographie, das waren Fächer, die mich immer sehr interessiert haben –, und angefangen, diese Geschichten zu lesen, worin mir ein ganz anderes Geschichtsbild vermittelt wurde als das, was die Lehrer mir in der Schule vermittelt haben. Wenn man etwas als Zäsur bezeichnen kann, dann ist dies eine Zäsur gewesen. Und von diesem Mann, der noch viel verbotene Literatur versteckt hatte, bekam ich noch mehr: Zweigs „Fouché“, Balzac, für den ich mich dann nach Zweig sehr intensiv interessiert habe – so gab es eine Kettenreaktion von Autor zu Autor und Buch zu Buch.

A.: Natürlich sehr riskant von diesem Lehrer; er konnte ja nicht wissen, wie Sie nun darauf reagieren würden.

v.d.G.: Das konnte er in etwa doch, weil er meinen Vater kannte, als Zeugen Jehovas; mein Vater war damals noch nicht im Konzentrationslager, er kam erst später hinein; also der wußte schon, wem er diese Bücher gab, wußte von der Familie, daß da nichts öffentlich gemacht werden würde.

A.: Es heißt, Sie haben sich öffentlich-literarisch schon in den Fünfziger Jahren betätigt. Womit?

v.d.G.: Heute würde ich sagen: Ich habe Fingerübungen gemacht. Geschrieben habe ich schon 1948, als ich aus der Kriegsgefangenschaft zurückkam; wir hatten eine kleine Tageszeitung zu Hause, und der Vater eines Schulfreundes war da Redakteur; dem habe ich erzählt, daß ich auch schreibe, woraufhin er mich aufforderte, ihm mal eine Geschichte zu schreiben für die Zeitung. So habe ich angefangen, Kurzgeschichten zu schreiben. Ich weiß noch genau: einmal habe ich 40 Mark Honorar bekommen, und ich konnte gar nicht begreifen, daß man für Schreiben überhaupt Geld bekommt. – Dann habe ich mich auch ganz intensiv mit Gedichten beschäftigt. Nur um ein Beispiel zu nennen: Dieses kleine Gedicht von Goethe, wo es heißt: „Amerika, du hast es besser als unser Kontinent, der alte“, habe ich einfach mal auseinandergenommen und ihm meine eigenen Erfahrungen in Amerika gegenübergestellt. So bin ich eigentlich reingekommen in die Literatur. Aber man sollte unterscheiden zwischen Schreiben und Publizieren.

A.: Das wollte ich eben fragen: Sie haben geschrieben, aber nicht publiziert, oder doch nur geringfügig. Sie hatten doch wohl auch noch nicht die Absicht, in den publizistischen oder literarischen Beruf zu gehen – oder stand diese Idee schon damals hinter Ihrer Beschäftigung mit der Literatur?

v.d.G.: Es ist eigenartig, es glaubt mir auch keiner, wenn ich sage: Ich bin in diesen Beruf hineingekommen, ohne selbst zu wissen, wie. Ich weiß nicht, ob bei mir der Wunsch dahinter stand, einmal Autor zu werden; nur war ich baß erstaunt, als ich es plötzlich war.

A.: Das war aber doch sehr viel später, erst zu Anfang der Sechziger Jahre.

v.d.G.: Ja. Das ganz intensive Schreiben fing damit an, daß ich zu Hause saß und, wie damals in Amerika, Tagebuch schrieb; ich habe bestimmt 10000 Blätter vollgeschrieben: was man so den Tag über gemacht hat, die Arbeit auf der Zeche, die Gespräche mit Kollegen. Und aus diesem Tagebuchschreiben heraus – wie bei Kindern, die mit Plastilin arbeiten – formt sich etwas.

A.: Haben Sie im Tagebuch schon Erzählerisches untergebracht?

v.d.G.: Wenn man nach dem Motto verfährt: Dichtung und Wahrheit, dann muß ich doch sagen, daß in diesen Tagebüchern plötzlich Menschen auftauchten, die es tatsächlich gar nicht gegeben hat, sondern die Erfindungen von mir waren, Stilisierungen. Ich habe z.B. eine Nachbarin porträtiert, aber in Wirklichkeit war die Nachbarin ganz anders, als sie in meinem Tagebuch aufgetreten ist. Das waren die ersten Ansätze.

A.: Welche Themen hatten diese Arbeiten, die Sie für sich Fingerübungen nennen?

v. d. G.: Das ist ein umgekehrter Weg: Als ich angefangen habe zu schreiben, ging es mir um Themen – sagen wir's mal wie der kleine Moritz –: Da ist irgendwo ein reicher Mann und da ist irgendwo ein armes Mädchen, und die müssen irgendwie zusammenkommen – mal ganz primitiv gesagt.

A.: Also Romantizismen und, wie Sie selbst auch mal gesagt haben, Heide- und Lenzlyrik.

v. d. G.: Ja. Ich habe mir eine Welt zusammengebastelt. Aber dann durch das harte Arbeiten unter Tage wurde ich auf ganz andere Themen gestoßen.

A.: Die auf Ihren Umwelt- und Arbeitsbereich bezogen waren.

v. d. G.: Und es kommt noch etwas anderes hinzu, das immer parallel dazu verlaufen ist und dessen Anstoß ich von jenem Lehrer bekommen habe, von dem ich erzählte; der hat mir gesagt: Lies so viel Monographien und Biographien, wie du überhaupt verkraften kannst, denn nur am Leben der anderen kann man sich eigentlich selbst Werte und Kriterien setzen. Ich habe also angefangen, Biographien und Monographien zu lesen, und da habe ich – zum Beispiel bei Balzac, den ich immer wieder lese – gemerkt, daß diese großen Schriftsteller nichts anderes getan haben, als sich mit ihrer Umwelt, in der sie leben, auseinanderzusetzen, also nicht mit einer fiktiven Welt, sondern einfach mit den Leuten, mit denen sie zu tun haben. Und das habe ich dann auch gemacht. Ich habe diese Geschichten aus meiner Straße, aus der Bergarbeitersiedlung, in der ich damals lebte, aufgeschrieben, Geschichten, die sich als Tragödie oder als Komödie abgespielt haben; und im Grunde dann auch mein eigenes Leben mit.

A.: Also Umsetzung von Autobiographie über die authentische Erzählung, vermischt mit Erfundenem, zum Roman.

v. d. G.: So ungefähr könnte man es sagen. Für mich war immer wichtig die Frage – wenn ich etwas geschrieben und nach ein paar Tagen wieder gelesen hatte –: Ist das eigentlich die Wirklichkeit, die ich da geschrieben habe, oder bilde ich mir vielleicht etwas ein, ist es tatsächlich vielleicht ganz anders usw.; ist es meßbar und vergleichbar mit dem Vorfindbaren.

A.: Es ist doch auch möglich, daß bestimmte Schriftsteller, die Sie damals gelesen haben, auf Ihren Stil, auf Ihr Verständnis von Welt im literarischen Sinne Einfluß gehabt haben. War das so? Und welche Schriftsteller haben Sie in diesem Sinne am meisten beeinflußt?

v. d. G.: Das ist eine Frage, die sehr schwer zu beantworten ist. Wenn mich ein Autor vom Stil her beeinflußt hätte, so vielleicht Ernst Wiechert – ich war damals ein richtiger Fan dieses Autors, den heute kaum jemand mehr kennt, der damals aber sehr viel gelesen wurde; aber ich bin nicht von Wiechert beeinflußt, in meiner ganzen Prosa nicht. Oder ich müßte von Knut Hamsun beeinflußt worden sein, den ich auch sehr viel gelesen habe, oder von Jack London oder Traven. Vielleicht ist man von allen etwas beeinflußt, ich weiß es nicht.

A.: Das sind alles Autoren, die in die Nähe einer bestimmten, wie auch immer realistischen, Schreibweise kommen, keine experimentellen Autoren oder literarisch innovierenden Schriftsteller.

v. d. G.: Ich habe auch Joyce sehr viel gelesen. – Aber ich meine jetzt nicht den alten Hamsun, sondern den jungen Hamsun, den, der sich aus lauter Verzweiflung hinsetzt und ein Buch schreibt, das „Hunger" heißt, was mich ungeheuer beeindruckt hat. Da spürte man in jeder Zeile den tiefen Aufschrei. Und ich habe gesagt: Was dem möglich ist, muß dir doch auch möglich sein. Vielleicht ist von daher ein Einfluß vorhanden – aber man ist sich hinterher gar nicht mehr im Klaren darüber.

A.: Wie haben Sie denn damals nach 1948, nachdem Sie aus der Kriegsgefangenschaft kamen, die kulturelle Szene in den frühen Fünfziger Jahren erlebt? Haben Sie das – bei Ihren Interessen nicht verwunderlich – überhaupt wahrgenommen? Oder war das für Sie ein Feld, welches Sie nichts anging?

v. d. G.: Doch, ich würde schon sagen, daß ich diese ganze literarische Szene beobachtet und wahrgenommen habe, natürlich nicht so intensiv wie heute, wo es ja mein Beruf ist. Heute gehöre ich ja dazu. Bevor ich ins Ruhrgebiet ging, habe ich Maurer gelernt. Ich war also den ganzen Tag auf dem Bau. Und während die anderen während ihrer Brotzeit durch die Gegend geflaxt haben, saß ich dabei und hatte ein Buch und las – und hatte deshalb dann auch bald meinen Spitznamen weg.

A.: Was lasen Sie?

v. d. G.: Ich habe z.B. Heinrich Heine gelesen. Gar nicht so sehr neue, nach dem Kriege geschriebene Literatur. In die Nachkriegsliteratur bin ich durch Anthologien hineingekommen, die damals herauskamen. Der erste Autor in der Nachkriegsliteratur, den ich bewußt wahrgenommen habe, war Heinrich Böll mit seinen Kurzgeschichten, zu Anfang der Fünfziger Jahre. Das war eine realistische Erzählweise, das waren Geschichten, die auch für mich nachvollziehbar waren, z.B. „Die Waage der Baleks“, worin es eine Welt gab, in der auch ich groß geworden bin – beim Bauern, Beeren pflückend und Pilze sammelnd; meine Mutter und ich haben damals Blaubeeren gepflückt und für das Pfund 8 bis 12 Pfennige bekommen –; bei Böll fand ich diese Welt dann plötzlich dargestellt. Und ich fing an, diese literarische Welt, die sich dann in der Gruppe 47 manifestiert hat, wahrzunehmen. Nur konnte ich mit dem meisten, was ich nun wahrnahm, nichts anfangen. Ich konnte lange Zeit mit Enzensberger nichts anfangen, das war aus meiner Biographie auch ganz erklärlich, denn das war eine bürgerliche Literatur, wie man so sagt; ich würde eher sagen, es war keine bürgerliche, sondern eine akademische Literatur; ich tat mich ungeheuer schwer mit Autoren, die von mir als Leser ein bedeutendes Vorwissen verlangen, um sie überhaupt verstehen zu können. Zum Beispiel hat es bei mir ungeheuer lange gedauert, bis ich im „Ulysses“ von James Joyce dieses Gespräch in der Bibliothek – war Shakespeare nun Shakespeare oder nicht? – begriffen habe. Ich habe ja auch erst sehr viel später angefangen, so etwas wie Sekundärliteratur zu lesen.

A.: Sie haben das, was man bürgerliche Bildung nennen mag, von zu Hause nicht mitbekommen und mußten sich diese Voraussetzungen selbst erarbeiten.

v. d. G.: Anlesen, ja; aber man weiß dann ja auch nicht, ob etwas bedeutend ist oder nicht. Das dauert ungeheuer lange, bei mir war das ein Prozeß von vielleicht dreißig Jahren.

A.: Gibt es denn außer Heinrich Böll und außer der Frage nach der sozialen Gerechtigkeit andere Autoren und Themen der zeitgenössischen deutschen Literatur, die Sie besonders berührt haben?

v. d. G.: Es ist schwer, darauf zu antworten. Wahrscheinlich gibt es die. Wenn man – mal etwas schnoddrig gesagt – mittlerweile ein paar Kilometer Bücher gelesen hat, dann weiß man oft gar nicht mehr, was man alles gelesen hat. Ich habe immer sehr viel gelesen. In diesem erwähnten Tagebuch habe ich auch das notiert, da stand also drin: heute Heinrich Mann gelesen; und am nächsten Tag: heute Thomas Mann gelesen – so daß ich mich nach ein paar Jahren selbst gefragt habe: Du hast also in einer Nacht ein Buch ausgelesen! Es waren immer wieder auch amerikanische Autoren, die mich beeindruckt haben. Ich habe dann angefangen, Lyrik aus der DDR zu lesen. Ich habe das nachgeholt, was andere auf ihrem gängigen Bildungsweg mitbekommen, z.B. Trakl usw. – all dies hatte ich ja nicht und mußte es nachholen.

A.: Also ein eher allgemeines Nachholen von Lektüre, und zwar quer durch die gesamte tradierte oder zum Teil neue Literatur; es gab keine spezifischen Anregungen, die Sie dann in eine bestimmte Richtung – stilistisch, thematisch – führten?

v. d. G.: Nein. Ich war ja – wenn man das Bild gestattet – wie ein trockener Schwamm, ich habe alles in mich aufgesaugt, ganz wahllos; ich habe heute Goethes „Werther“ gelesen und am nächsten Tag den „Streit um den Sergeanten Grischa“ von Arnold Zweig, um es einmal so zu sagen. Und ich habe da auch gar keine Verbindung gesehen und wollte auch keine sehen, sondern wollte einfach aufnehmen, in mich aufnehmen. Ich habe durch das Lesen eigentlich die Welt entdeckt. Ich habe früher Abenteuerbücher gelesen: „Wie wurde die Beringstraße entdeckt?" – ich war da völlig dabei, hatte den Atlas neben mir liegen, habe mich mit den Leuten identifiziert und alles nachvollzogen. Und so war das mit dem Lesen der Literatur auch. Aber ich sagte schon: Ich habe immer Schwierigkeiten gehabt mit einer Literatur, die von mir eine akademische Vorbildung verlangt hat. Diese Bücher habe ich immer wieder weggelegt, dann hat sich wieder etwas angesammelt, dann habe ich das Buch wieder hervorgeholt, dann habe ich es wieder ein bißchen mehr verstanden; wenn ich diese Bücher früher gelesen habe, mußte ich auf jeder dritten Seite zum Fremdwörterlexikon greifen; und heute ist es mittlerweile so, daß meine Tochter zu mir sagt: Kannst du das nicht mal auf Deutsch sagen? Da merkt man plötzlich, wie sich bestimmte Ausdrucksweisen verändern; man nimmt einfach bestimmte Wörter in den Mund, ohne sich etwas dabei zu denken, ohne daran zu denken, daß man ja auch verstanden werden will und soll.

A.: Man kann jedenfalls nicht sagen, daß Sie als einer der „Arbeiterschriftsteller" – in Anführungszeichen gesprochen – im wesentlichen von der alten Arbeiterliteratur etwa der Zwanziger Jahre herkamen.

v. d. G.: Dahin bin ich erst viel später gekommen. Ich habe natürlich auch damals schon solche Bücher gelesen. Um eines zu nennen: einen englischen Bergbauroman von dem englischen Modeschriftsteller Cronin – da habe ich dann gemerkt, daß das gar nicht so stimmt, wie es da beschrieben wurde. Aber diese Bücher haben keinen großen Eindruck auf mich gemacht. Ich habe nicht mit einem bestimmten Ziel gelesen, habe mir auch keine belletristische Fachbibliothek zugelegt, sondern einfach gelesen, was mir unter die Finger kam. Und mit meinem Schreiben hat das kaum etwas zu tun. Ich habe, wie ich das vorhin sagte, mir eine Welt in meinen Tagebüchern erfunden, habe meine Phantasie spielen lassen und glaubte nun, das wäre Schreiben, bis ich plötzlich durch den harten Job, den ich auf der Zeche hatte, in eine ganz andere Richtung gekommen bin. Und als dann meine beiden ersten Romane da waren, war ich für einen bestimmten Teil der Kritik ein Arbeiterschriftsteller. Damals habe ich übrigens zum ersten Male Kritik wahrgenommen und begriffen, daß man nicht in den luftleeren Raum schreibt, sondern daß da Menschen sitzen, die das, was man geschrieben hat, wieder bekritteln; und ich habe sehr empfindlich auf diese Kritik reagiert, weil ich dachte, die wollen mir was. Durch diese Kritik hatte ich also sehr bald ein Etikett: Weil ich Bergmann war und schrieb, mußte ich ein Arbeiterdichter sein. Das hängt mir an und wird mir bis an mein Lebensende anhängen; es tut mir auch nicht weh. Nur frage ich immer: Was ist das, ein Arbeiterdichter? Erklärt mir das bitte! Die Leute, die dieses Wort benutzen, kann man in die größte Verlegenheit bringen, wenn man sagt: Bitte erklärt mir, was das ist.

A.: Sie begreifen sich selbst also durchaus als bürgerlichen Schriftsteller – was ich jetzt nicht herkunftsmäßig meine, obgleich man solche Bezeichnungen, wenn überhaupt, dann nur in diesem Sinne verwenden sollte.

v. d. G.: Jeder Mensch ist durch seine Biographie geprägt. Wenn ein Mensch nun auch noch anfängt, kreativ zu werden, zu malen, Musik zu machen oder Bücher zu schreiben, dann spielt doch dieses Biographische eine ungeheuer wichtige Rolle. Ich stelle mir immer wieder die Frage: Wenn ich den von meiner Mutter für mich gedachten Ausbildungsweg hätte einhalten können, den ich durch das Schicksal meines Vaters und durch den Krieg nicht habe einhalten können, wenn ich also Abitur gemacht hätte und studiert hätte – hätte ich dann geschrieben, hätte ich dann Romane geschrieben? Das kann man nicht beantworten.

A.: Wann sind Sie denn zum ersten Male mit der Arbeiterliteratur intensiv in Berührung gekommen – vermutlich erst, nachdem Sie Ihre ersten Romane geschrieben hatten?

v. d. G.: Ich will Ihnen eines sagen: Als damals „Irrlicht und Feuer" herauskam, 1963, verging kein Tag, an dem in meiner Wohnung nicht ein Journalist war. Ein Journalist, Walther Schmieding, der die Sendung „Aspekte" im ZDF gemacht hat und damals noch bei den „Ruhrnachrichten" war, wo er übrigens meinen ersten Roman im Tagesabdruck gebracht hat, hat mich einmal gefragt, ob ich mich mit Brecht beschäftigt habe, in dem Roman erinnerten sehr viele Stellen an Brecht; und da ich in solchen Dingen immer ehrlich bin, habe ich ihm geantwortet: Ich kenne von Brecht nur den Namen. Und dann erst habe ich Brecht gelesen; obwohl ich so viel gelesen habe, hatte ich bis dahin Brecht nicht gelesen. Und Brecht hat mich dann wiederum auf andere Weise beeinflußt, mit seinem Gedicht „Fragen eines lesenden Arbeiters"; wenn es da heißt: „Alexander ist nach Indien gezogen – hat er nicht wenigstens einen Koch dabei gehabt?", dann stellt sich für mich immer dieselbe Frage – ich war in Griechenland, ich war in Ägypten, man sieht die klassischen Stätten, man sieht die Pyramiden –, es ist fast schon wie ein Zwang, immer wieder stellt sich mir die Frage: Man kennt nur die Pharaonen, nicht aber die Fellachen – wie waren die Menschen, die all das damals gebaut haben?

A.: Also die andere Seite dessen, was durch die Geschichte und durch unsere Geschichtswissenschaft überliefert wurde, überdauert hat ...

v. d. G.: So ungefähr würde ich es sagen.

A.: ... war eine Motivation Ihres Schreibens von Romanen seit 1961, 1962.

v. d. G.: Genaugenommen müßte ich sagen: 1962 ist „Männer in zweifacher Nacht" erschienen, ein Jahr lang habe ich das Manuskript bei gut einem halben Dutzend Verlage angeboten, und die Verlage haben mir immer wieder zurückgeschrieben – ich weiß nicht, ob sie es wirklich gelesen haben oder nicht –, das sei doch keine Literatur – der Roman ist also 1959 geschrieben worden. Und erst als dieser Roman herauskam, hatte ich mittlerweile einen Mann kennengelernt, der sich berufsmäßig mit Arbeiterliteratur beschäftigte: Fritz Hüser.

A.: Also war die Initiation Ihres Schreibens grundsätzlich einmal der Trieb, das Bedürfnis, sich selbst auszudrücken, sich zu artikulieren, nicht ein von außen herangetragener Grund: etwa Protest gegen die Restauration, gegen eine Politik, die das Lebensinteresse der Arbeiter noch nicht so wichtig nahm, also keine Reaktion auf offensichtlich Politisches?

v. d. G.: Auf die Gefahr hin, daß das, was ich jetzt sage, das Bürgerlichste ist, was es überhaupt gibt, das soll mir egal sein: Schreiben ist doch nichts anderes, als daß ich mich hinsetze und versuche, eine Geschichte zu erzählen – entweder kann man sie erzählen oder man kann sie nicht erzählen. Ich will etwas ausdrükken. Ich will dem anderen auch etwas sagen, das ist ja selbstverständlich, deshalb schreibe ich ja; aber solange ich schreibe, beschäftige ich mich ungeheuer mit mir selbst. Um es einmal anders zu sagen: Ich war eine Zeitlang in England, und man hat mich gefragt: Wie kommt es eigentlich, daß Sie nicht perfekt Englisch sprechen? –

Wissen Sie, sagte ich, ich habe mit meiner eigenen Sprache soviel zu tun, daß ich nie Zeit gehabt habe, mich mit einer anderen Sprache zu beschäftigen. Ich will damit sagen: Wenn ich schreibe, habe ich ungeheuer viel mit mir selber zu tun. Und ich kann mir nicht vorstellen, daß man sich hinsetzt und einen Roman aus Protest schreibt gegen das, was vorfindbar und unerträglich ist; denn das, was mich bedrückt und worunter ich leide – und das mag jetzt auch etwas pathetisch klingen: ich leide –, bedrängt mich immer, und ich kann eigentlich nur schreiben, wenn ich zornig bin; z.B. ist ein Roman wie „Irrlicht und Feuer" in 20 Wochen geschrieben worden, und „Stellenweise Glatteis" in 16 Wochen reiner Schreibarbeit, kreativer Schreibarbeit.

A.: Nachdem Sie aber schon einige Jahre an dem Thema herumgedacht haben …

v. d. G.: Natürlich, das kommt hinzu.

A.: Also durchaus individueller Antrieb und autobiographischer Erfahrungsraum: im ersten Roman die Welt unter Tage; im zweiten Roman die Welt des Arbeiters, im Beruf und im Privatleben, mit der Frage versehen, wie die Arbeit das Leben verformt; im dritten Roman die Verplanung des Menschen in der industriellen Arbeitswelt – und nicht nur dort –; also alles Themen, deren Stoffe aus Ihrer Autobiographie kommen, deren Auswirkungen Sie erfahren haben und deren literarische Ausformungen deshalb zur Arbeiterliteratur wurden, weil Ihre Erfahrungen aus dem Arbeitermilieu kommen.

v. d. G.: Ich hätte „Irrlicht und Feuer" nicht schreiben können, wenn ich nicht Bergmann gewesen wäre.

A.: Aber eben kein bewußtes Anknüpfen an Arbeiterliteratur und auch kein mit diesem Anspruch versehenes spezifisches Klassenbewußtsein.

v. d. G.: Das auf keinen Fall. Ich möchte es einmal anders formulieren: Ich hatte viele Jahre nachts um 24 Uhr Schicht, und ein Nachbar, der mit mir zur Schicht ging, der immer auf diese „Verbrecherschicht", wie er sagte, schimpfte, meinte auf diesem Weg zu mir: Mensch, man müßte das mal schreiben, einfach mal beschreiben, was mit uns so getrieben wird. Und dann sagte ich drauf: Mensch, Karl, wen interessiert das schon? Und da sagte er etwas sehr Kluges, was mich sehr nachdenklich machte: Wenn man da nicht drüber schreibt, dann kann sich auch niemand dafür interessieren. Also ein umwerfend einfacher Gedankengang, den er da brachte. Das sind diese Wechselwirkungen. Und weil Sie jetzt sagen: individueller Antrieb – natürlich bekomme ich täglich Anstöße, und es werden Dinge verarbeitet, die mit meiner Biographie absolut nichts zu tun haben, die aber in diesem Lebensraum doch zu Hause sind. Ich schreibe ja alle Romane in Ich-Form – bis auf den ersten –, und da könnte man einmal darüber nachdenken, warum ich das tue; um es mal so zu sagen: Ich bin kein Fernfahrer wie in meinem letzten Roman, und ich mußte bestimmte Dinge überhaupt erst einmal tun, um das schreiben zu können; aber ich bin ohne weiteres in der Lage, mich mit diesem Mann, der einen 36-Tonner fährt, zu identifizieren, weil ich viele solcher Leute kenne, aus meiner Kneipe, aus meiner Nachbarschaft, mit denen ich täglich zu tun habe. Ich kann ihre Welt verstehen und kann sie auch zu meiner eigenen machen. Ich hätte keinen anderen Mann nehmen können, z.B. keinen Mann von der Müllabfuhr – denn den kenne ich nicht und ich kenne das Leben dieser Leute nicht. Also ich bleibe immer in dem Bereich, den ich kenne. Ich kann, um es kurz zu sagen, keinen Roman über einen Frauenarzt schreiben.

A.: Mit dem Wort individuell wollte ich sagen: Sie kommen nicht mit einem theoretischen Vorwissen daher – mit, sagen wir's platt: Soziologie –, das Sie nun als solidarische Aktion im Roman, versehen mit einem kollektiven Bewußtsein, umsetzen.

v. d. G.: Ich unterschreibe oder verfasse, da ich nun einmal in diesem Beruf bin, ganz zwangsläufig mal Resolutionen. Aber mein Antrieb bei meinem Schreiben ist einfach: Ich möchte eine Geschichte erzählen. Und wenn mich jemand immer wieder dasselbe fragen würde, so würde ich ihm immer wieder sagen: Ich möchte eine Geschichte erzählen – ob die Geschichte gut oder nicht gut erzählt ist, das ist eine ganz andere Frage. Ich möchte eine Geschichte erzählen – das ist mein Antrieb. Und diese Geschichten werden immer aus diesem Bereich kommen, weil ich keinen anderen Bereich kenne. Sicherlich, ich kenne mittlerweile eine literarische oder politische Schickeria, aber es lohnt nicht, darüber zu schreiben, weil keine Substanzen da sind; das sind Modeerscheinungen – in der Literatur gibt es ja sehr viel Mode. Und deshalb dauert es auch immer so lange mit meinen Romanen; die Abstände zwischen den Romanen – das ist mir neulich mal wieder bewußt geworden – werden immer länger. Woher kommt das? Weil das unmittelbare Erleben, die Anreicherung von Substanz, immer längere Zeit beansprucht. Man geht mit einem Thema nicht mehr drei Wochen spazieren, sondern drei Jahre und merkt dann plötzlich: Das gibt nichts her, das ist keine Geschichte, sondern eine Sache, die ich mit einem Satz erzählen kann.

A.: Sie nehmen aber auch immer mehr in Ihre Romane hinein. Wenn man das einmal verfolgt: der erste Roman „Männer in zweifacher Nacht" war fast die Darstellung existentieller, aber noch nicht politisierter Ereignisse – es geht da um durch einen Strebbruch eingeschlossene Kumpel.

v. d. G.: Eine U-Boot-Situation.

A.: Die aber noch nicht Kritik an einem Arbeitssystem bedeutet, das den Menschen völlig in seine Kalkulationen einschließt, ihn zum Rädchen im Getriebe macht. Das kommt deutlicher im zweiten und nachdrücklich im dritten Roman „Zwei Briefe an Pospischiel", deren Sprach- und auch Stoffbereich größer wird.

v. d. G.: Das ist ganz richtig: ich konnte ja früher diese Dinge nicht beschreiben, weil ich sie nicht kannte, nicht wußte.

A.: Die Entwicklung Ihrer Bücher entspricht also Ihrer Entwicklung, die Sie schilderten, als Sie davon sprachen, daß Sie – hinsichtlich der Lektüre – alles, was Sie unter die Finger bekamen, wie ein trockener Schwamm aufsaugten. Und hierauf bezogen: Je mehr Sie, auch politisch, begriffen haben, desto deutlicher, und vielleicht auch im vermittelten Sinne politisch wirksamer, werden diese Romane. In „Zwei Briefe an Pospischiel" stellen Sie ja die Ereignisse in einen unmittelbaren politischen Zusammenhang, und in „Stellenweise Glatteis" werden auch – und zwar noch entschiedener als je zuvor – die Gewerkschaften als Institutionen des öffentlichen Lebens unmittelbar kritisch angesprochen.

v. d. G.: Die Schwierigkeit, mit der man sich beim täglichen Schreiben auseinandersetzen muß, ist dieses immer mehr Wissen um Zusammenhänge; das kann einem manchmal im Wege stehen beim Schreiben selbst. Ich könnte täglich Geschichten erzählen, so wie Hašek; der fängt eine Geschichte an, erzählt sie nie zu Ende und erzählt so immer neue Geschichten. Nur kommt jetzt eine andere Überlegung hinzu, die ich früher gar nicht hatte – damals bin ich ganz naiv an die Dinge herangegangen –; ich lege mir die Brecht'sche

Frage vor: Wem nützt das? Es gibt also eine bestimmte Verdorbenheit – wobei ich nicht weiß, ob man das Verdorbenheit nennen kann; jedenfalls steht mir beim Schreiben schon etwas im Wege.
A.: Das, was da im Wege steht, wirkt aber auch als Ordnungsfaktor und verhindert die krude, amorphe Ansammlung der disparatesten Dinge, wirkt also in etwa als ästhetisches Prinzip. Auch mit der Auswahl wird ja etwas demonstriert. – Um noch einmal zurückzugehen: Als Sie zu Beginn der Sechziger Jahre Ihre Romane schrieben und dann bekannt wurden: Wie haben Sie damals die Verhältnisse in der Bundesrepublik eingeschätzt: einmal die politischen Verhältnisse und ihre Auswirkungen in der Arbeitswelt, und zum anderen die Literatur und den literarischen Betrieb mit ihren Möglichkeiten, gesellschaftsverändernd oder zumindest doch bewußtseinsverändernd zu wirken?
v. d. G.: Um das Ende von den Fünfziger zu den Sechziger Jahren gab es eine solche Terminologie wie Gesellschaftsveränderung, Systemveränderung nicht, zumindest nicht als Schlagwort.
A.: Aber es gab das Schlagwort von der engagierten Literatur.
v. d. G.: Ja. Und für mich war Enzensberger immer einer der engagiertesten Autoren – das hat man sich so hingebaut; ob es dann stimmte, war eine ganz andere Frage. – Ich habe bei meiner ganzen Arbeit immer festgestellt, daß der Arbeiter an sich – und ich habe früher fälschlicherweise immer geglaubt, nur der Bergarbeiter – nicht reaktionär, aber sehr konservativ ist. Das hat seine Ursachen: Er ist abhängiger, er muß mehr Angst haben – also bitte keine Experimente! Und dieses Schlagwort, das die CDU damals aufgebracht hat, hatte nie einen besseren Nährboden als gerade in der Arbeiterschaft: keine Experimente, das bedeutet: einen sicheren Arbeitsplatz haben. Natürlich habe ich mich auch umgesehen nach politischen Alternativen; natürlich habe ich mit Bewußtsein verfolgt, was sich in der Politik abspielte; ich gehörte damals zu den vermutlich wenigen Arbeitern, die den *Spiegel* gelesen haben, ich wurde immer damit aufgezogen: Ach guckt mal, unser Studiosus kommt wieder und liest den *Spiegel.* Dadurch vermutlich bin ich auch in dieses politische Fahrwasser mit hineingekommen. So lange ich zur Wahl gehe, habe ich immer die SPD gewählt. Daß dann, wie bei vielen anderen, mal die große Unzufriedenheit über eine Partei kommt, ist ganz zwangsläufig; man wartet, daß die auch mal an die

Macht kommen, mit dem ständigen Gedanken, daß es in diesem Lande keine Alternativen gibt. Und ich habe das immer gemessen an dem, was ich in der Arbeiterschaft gefunden habe, und ich bin immer auf großen Widerstand gestoßen, so daß Arbeitskollegen zu mir sagten: Nun halt doch endlich mal die Schnauze, uns geht's doch gut, uns ist es noch nie so gut gegangen, und wenn die anderen drankommen, weißt du denn, was die machen? Ich möchte behaupten, daß die Hälfte der Arbeiter damals auf meiner Zeche höchstwahrscheinlich CDU gewählt hat – ich kann das nicht beweisen, vermute es aber aus Gesprächen. So hat sich mir die Landschaft politisch dargestellt.

A.: Seitens der Arbeiter. Und seitens der offiziellen Politik?

v. d. G.: Ich sah die SPD als echte Alternative an gegenüber diesem Adenauer-Staat: Ich habe mich auch ganz instinktiv gegen eine Wiederbewaffnung gewehrt, und es war das erste Mal, daß ich damals auf die Straße gegangen bin – ich kannte das gar nicht, war von meiner Mutter immer so erzogen worden: Junge, mach deine Arbeit und sieh zu, daß du nicht auffällst.

A.: Sie haben sich ansonsten nicht aktiv politisch betätigt?

v. d. G.: Ich war SPD-Mitglied, bin bei Gründung der Großen Koalition ausgetreten und nicht wieder eingetreten.

A.: Sie haben auch nicht in der Gewerkschaft aktiv mitgearbeitet?

v. d. G.: Nein. Mir ist manchmal angetragen worden auf der Zeche, ich solle mich zum Betriebsrat aufstellen lassen, aber ich habe mich immer dagegen gewehrt; damals wußte ich nicht so recht, warum, heute weiß ich es vielleicht: weil ich von außen die Dinge viel schärfer beobachten und kritisieren konnte als wenn ich einen Posten gehabt hätte. Gerade die Funktion des Betriebsrates ist diejenige, in der man am schnellsten korrumpiert werden kann, weil der Betriebsrat immer gezwungen ist, Kompromisse zu schließen. Deshalb habe ich mich immer dagegen gewehrt. Er hat Privilegien, und das kann korrumpieren. – Meine politische Tätigkeit in den Fünfziger Jahren hat sich darauf beschränkt, zu Gewerkschaftsveranstaltungen zu gehen und zu SPD-Veranstaltungen, das war alles. Ich war ein politischer Mitläufer. Ich wollte auch keinen Ärger, ich habe damals ein Häuschen gebaut.

A.: Also auch keine Experimente.

v. d. G.: Ich wollte ein Häuschen im Grünen haben. Und man soll ruhig zugeben, daß es so war.

A.: Und nun das andere: Ihre damalige Erfahrung des literarischen Betriebs. Wie haben Sie damals die Gruppe 47 in ihrer Wirkung und Bedeutung eingeschätzt?

v. d. G.: Da gibt es zwei Stationen. In den Fünfziger Jahren, als ich so meine Fingerübungen machte, habe ich über die Gruppe 47 gelesen; und ich habe sie verstanden als eine sehr fortschrittliche, politisch links orientierte Gruppe von verschiedenen Autoren. Und dann die andere Phase, während der ich bewußt geschrieben habe, auch wenn damals noch nichts veröffentlicht wurde: So wie jeder Schauspieler sich still-heimlich wünscht, einmal den Hamlet zu spielen, habe ich mir gewünscht, dort auch einmal zu lesen, auch einmal eingeladen zu werden. Als ich dann später auch eingeladen wurde, bin ich aber nicht hingegangen – das war um 1965 –, weil ich mich gefragt habe: Was soll das eigentlich? Da wird doch nur ein Hammel zur Schlachtbank geführt. Insgesamt – und abgesehen von diesem damaligen Wunsch – muß ich aber sagen, daß mich die Gruppe 47 nie besonders interessiert hat; ich habe natürlich Autoren gelesen, die bei ihr waren: Böll, Enzensberger, Walser, Hildesheimer usw., aber die Gruppe als solche hat auf mich keinen besonderen Eindruck gemacht.

A.: Aber sie war doch damals der wohl wichtigste literarische Faktor innerhalb der neu sich orientierenden Literatur der Bundesrepublik.

v. d. G.: Im Nachhinein gesehen, ja natürlich, da würde man schon sagen, daß es überhaupt der wichtigste Faktor war, auch in der Wirkung im Ausland. Aber das ist mir damals so gar nicht bewußt gewesen. Natürlich habe ich das in Zeitungen – auch literarischen Zeitschriften, die es damals ja noch mehr gab als heute – verfolgt, habe mich informiert; aber ich muß eben auch sagen, daß da viel Literatur herauskam – auch von der Gruppe 47 –, die ich nicht verstanden habe, die ich oft nur gelesen habe, weil ich mir sagte: Das muß man gelesen haben, wenn man gefragt wird nach der Gegenwartsliteratur – also habe ich das als eine Art Pflichterfüllung hingenommen; tatsächlich konnte ich nichts damit anfangen. Und da habe ich mir auch selbst bei meinem Schreiben die Frage gestellt: Verstehe ich selbst überhaupt etwas vom Schreiben? Ich habe ja

auch immer Vergleiche gezogen und gesehen, daß ich das so, wie viele dieser Autoren geschrieben haben und schreiben, nicht konnte. Natürlich mußte ich eine bestimmte Form finden, in der ich mich ausdrücken konnte, ich mußte eine Form finden, eine Geschichte zu erzählen, also mußte ich mich mit der Sprache beschäftigen, um herauszufinden, wie ich das mache. Und da hatte ich manchmal bei diesen Autoren den Eindruck, als ginge es ihnen nicht um Inhalte, sondern nur noch um Formen. Das hat mich nachhaltig gestört, ich fragte mich immer wieder: Ist das eigentlich die Literatur?
A.: Weil die experimentellen Formen, die natürlich auch Inhalte vermittelten, sich zwischen diese Inhalte und Ihr Verständnis gestellt haben: verhindernd?
v. d. G.: Genau. Und es hat lange Zeit gedauert, bis ich dann überhaupt erst einmal jemanden wie Heißenbüttel gelesen habe.
A.: Nun ist Heißenbüttel auch gerade einer der schwierigsten Schriftsteller.
v. d. G.: Ich meine ihn als typisches Beispiel, auch für andere auf diesem Gebiet. Jedenfalls habe ich mich immer wieder gefragt: Was soll das eigentlich alles? Ich hab's einfach nicht verstanden.
A.: Wie haben Sie die Gruppe 47 politisch bewertet?
v. d. G.: Zu der damaligen Zeit gab es für mich nur zwei oppositionelle Institutionen in der Bundesrepublik; noch gar nicht mal so sehr die SPD, die ja Opposition im Bundestag war; die wirkliche Opposition waren für mich damals der *Spiegel* und die Gruppe 47 – um das mal kurz als Schlagwort zu sagen. Und so ist die Gruppe 47 auch bei mir im Bewußtsein: zusammen mit dem *Spiegel* als die wichtigste geistige Opposition in diesem Lande.
A.: Und wenn Sie das jetzt aus der Rückschau betrachten: Würden Sie meinen, daß diese Opposition eine politische war oder vor allem anderen eine moralische?
v. d. G.: Ich glaube, in erster Linie eine moralische Opposition.
A.: Politisch gemeint, aber in der Wirkung dann doch eher moralisch? Oder vielleicht auch umgekehrt: moralisch gedacht und deshalb möglicherweise auch ein bißchen politisch wirkend?
v. d. G.: Ja, genau so. Es kam ja erst viel später, daß sich die Autoren der Gruppe 47 direkt politisch betätigt haben. Ich erinnere mich an einen Aufsatz von Rolf Hochhuth über die soziale Situation in der Bundesrepublik, der im *Spiegel* erschienen ist, und zu dem ich nur

sagen konnte: Was regt man sich so darüber auf, es stimmt doch alles, was Hochhuth da geschrieben hat. Da fing das an, und später hat Günter Grass das mit seinen Wahlreisen fortgesetzt, und auch noch entschiedener betrieben. Das hat es in den Fünfziger Jahren nicht gegeben.

A.: Immerhin haben sich Autoren wie Walser, Grass, Enzensberger 1961 schon für die Wahl der SPD eingesetzt.

v. d. G.: Die Szene war damals, ab 1959, schon so, daß große heiße Debatten geführt wurden, die in die Politik hineingingen; z.B. als von Grass „Die Blechtrommel" und von Hochhuth „Der Stellvertreter" erschienen. Das waren doch markante Punkte, die über das rein literarische Geschwätz und über die reine Beschäftigung mit der Sprache weit hinausgingen. Grass hat – so wie ich das heute sehe – mit der „Blechtrommel" eine Debatte über den Begriff der Pornographie eingeleitet, der ja auch seine politischen Aspekte hat. Und Hochhuth hat mit dem „Stellvertreter" eine Diskussion eingeleitet, die bis in die Bereiche und Belange des Vatikan gingen; was Böll z.B. in dieser Weise nicht gemacht hat, obgleich auch er sich immer wieder mit kirchlichen Fragen auseinandergesetzt hat. Hier hat Hochhuth den Vatikan als moralische Instanz ganz entschieden in Frage gestellt.

A.: Sowohl Grass als auch Hochhuth waren zwei der entschiedensten Tabubrecher dieser Zeit, mit langer Nachwirkung ...

v. d. G.: Ich habe sie eben so gesehen und auch gelesen.

A.: ... und daran zeigt sich natürlich, daß auch jedes literarisch-moralische Sich-Verhalten ein politisches Sich-Verhalten ist; auch wenn es nicht immer diese spektakuläre Wirkung hat. – Man sprach damals ja sehr viel von engagierter Literatur und engagierten Schriftstellern. Würden Sie einige Autoren der Gruppe 47 wie Böll, Grass, Enzensberger, Walser usw. für engagierte Schriftsteller halten – oder wie würden Sie für sich diesen Begriff definieren und anwenden?

v. d. G.: Das Wort ist ja so strapaziert worden, daß man heute Angst hat, es in den Mund zu nehmen, weil ich auch immer wieder die Kontrollfrage stelle: Bin ich engagiert oder bin ich engagiert worden? Das weiß man oft gar nicht, das weiß man oft erst sehr viel später. Aber ich möchte doch sagen, daß ich Schriftsteller wie Böll, Hochhuth, Walser, Grass als engagierte Autoren gesehen und auch

verstanden habe. Nur muß man immer auch fragen: engagiert für was? Ich kann mich ja auch für Adolf Hitler engagieren.
A.: Das haben auch viele Schriftsteller getan.
v. d. G.: Das ist eben auch ein Engagement, und manche nennen das auch noch wertfrei. – Für mich waren aber diese genannten Schriftsteller in gewisser Weise auch Vorbilder – ich bin ja erst spät in die Literatur gekommen, mit 38 Jahren, da hatten andere schon ein halbes Lebenswerk vorgelegt –, Vorbilder in dem Sinne, daß ich mir heimlich gewünscht habe, einfach mal mit ihnen zu reden, einfach mal mit Walser zu reden, mit Böll mich zu unterhalten. Und später ist all das auch zustande gekommen; und ich habe gespürt, daß diese Leute, die ich auf einem Thron gesehen habe, gar nicht auf einem Thron gewesen sind. Das erste Gespräch, das ich zum Beispiel mit Böll hatte, war für mich ungeheuer wichtig, für meine Arbeit.
A.: Und auch für Ihr Selbstbewußtsein?
v. d. G.: Ja. Ich entsinne mich noch: Ich habe Böll zum ersten Male getroffen in der Katholischen Akademie in Bensberg – das sind genau zehn Jahre her; als wir dann zusammen hinausgingen, hat Böll mich in den Arm genommen und gesagt: Bleiben Sie da, wo Sie sind – also in meinem literarischen Bereich –, lassen Sie sich nicht verführen von modischen Trends und schreiben Sie das, was Sie glauben schreiben zu müssen. Dadurch bekamen solche Leute eine große Wichtigkeit für mich, es war eine Bestätigung dessen, was ich machte. Böll war der erste überhaupt aus der Gruppe 47, der sich eingehend mit dem beschäftigt hat, was ich geschrieben habe, der auch daran teilgenommen hat, der auch öffentlich für mich Partei ergriffen hat, als z.B. damals die DDR-Verfilmung von „Irrlicht und Feuer" hier im Fernsehen lief – ich bin ja immer nur so am Rande mitgelaufen im Literaturbetrieb, so in der Art: Na ja, den nehmen wir halt mit in Kauf; oder wie Wallraff das später mal gesagt hat: Wenn man immer nur Weißbrot ißt, dann ist man froh, wenn man auch mal ein Stück Schwarzbrot hat. Natürlich waren Leute wie Grass, Walser, Enzensberger für mich nicht direkt Vorbilder, aber sie waren für mich Fixpunkte.
A.: Positionen, die Sie auch gerne mal erreichen wollten?
v. d. G.: Ja, Positionen, die ich erreichen wollte, obgleich es in ihrer Schreibe vieles gab, was ich nicht verstanden habe.

A.: Nochmals zurück zu dem Begriff ‚engagierte Literatur'. Dieser Begriff hat ja gerade in den Sechziger Jahren eine starke Abwertung erfahren. Während man früher den nonkonformistischen Autoren wie Grass, Walser, Enzensberger diesen Begriff angeklebt hat, ist heute ja mit dem Begriff eher eine andere Art von Literatur gemeint: Arbeiterliteratur z.B., und zwar nicht nur die Arbeiterliteratur, die sich die Information des Bürgers über Probleme der Arbeitswelt zur Aufgabe gemacht hat, sondern jene etwa des Werkkreises Literatur der Arbeitswelt, der die Arbeiter selbst zum Schreiben bringen will. Und diese ganze Bewegung dorthin begann doch eigentlich 1961 mit der Gründung der Gruppe 61, die in der Mitte der Sechziger Jahre zu Höhepunkten geführt hat, inzwischen aber wohl doch eingeschlafen ist. Wie kam es also zur Gründung der Gruppe 61, zu deren Initiatoren Sie gehören und deren renommiertester Schriftsteller Sie – neben Günter Wallraff – sind?

v. d. G.: Da ist schon viel Geheimnisvolles und Legendäres mit verbunden worden, auch schon viel Dummes publiziert worden, was sich in Lexika niedergeschlagen hat und gar nicht stimmt. Die Geschichte ist ganz simpel: Ich saß da und hatte meinen Roman „Männer in zweifacher Nacht" geschrieben. Ich wollte mich mit jemandem darüber unterhalten und ich kannte niemanden, hatte keinen Lektor; saß isoliert in meiner Bergarbeitersiedlung und hatte keinen Gesprächspartner. Und ich hatte den Roman nicht geschrieben, damit er in der Schublade vergammelte, sondern damit er gedruckt würde – wenn das auch ein bißchen unbescheiden klingt. Und eines Tages las ich in meiner Tageszeitung, daß in Dortmund ein Archiv für Arbeiterdichtung und soziale Literatur existierte; Fritz Hüser, der Dortmunder Bibliotheksdirektor, hat das in jahrzehntelanger Arbeit privat aufgebaut. Und da dachte ich mir: Vielleicht könntest du mal mit dem Mann sprechen. Ich habe ihm einen Brief geschrieben, ob es ihm recht wäre, wenn ich mal käme. Ich war baß erstaunt, daß postwendend die Antwort kam und ich eingeladen wurde. Wir haben uns dann zwei Stunden unterhalten, und es hat mich schon beeindruckt, daß ein so vielbeschäftigter Mann sich so lange mit mir unterhielt. Und das Merkwürdige ist, daß ich nicht gesagt hatte, daß ich schreibe, sondern nur, daß ich mich für dieses Archiv interessiere; und als ich mich verabschiedete, fragte Hüser: Eine ganz indiskrete Frage: Schreiben Sie auch? Ich glaube, ich bin damals rot geworden, und ich antwortete: Ja. Und er fragte: Was haben Sie denn geschrieben? Ich: Einen Roman. Er: Kann ich den mal lesen? Ich: Wenn Sie meinen. Er: Also schicken Sie mir den sofort! Ich ging nach Hause und dachte, na ja, wie man das so aus Höflichkeit sagt: Schicken Sie mir das mal! Acht Tage später bekam ich einen Brief mit der Erinnerung, ich hätte doch versprochen, das Manuskript zu schicken. Dann habe ich es ihm geschickt, und ein paar Tage später schrieb er mir, er fände das Manuskript großartig, die Schwierigkeit sei nun wohl, einen Lektor dafür zu finden – weil es doch lektoriert werden müsse, denn so könne es nicht bleiben –, und es beständen bestimmt Chancen, diesen Roman zu veröffentlichen. Was ich nicht wußte war, daß Hüser auch mit anderen Leuten schon Kontakt aufgenommen hatte, mit einem Bildungssekretär der Gewerkschaft und auch mit anderen Autoren. Und so entstand das Ganze; das eigentlich Organisatorische hat Hüser zustandegebracht. Er brachte eine Reihe von Leuten zusammen, Arbeiter, die auch Schreibversuche machten, Journalisten usw. Am Karfreitag 1961 kamen dann diese Leute zusammen. Hüser dachte wohl ein bißchen daran, die alte Arbeiterliteratur wieder zu beleben, er hatte seine bestimmten Vorstellungen davon, er hatte sich ja auch schon seit Jahrzehnten mit dieser Literatur befaßt. Da las ich dann an diesem Karfreitag zum ersten Mal aus meinem Roman.

A.: Aber das war noch ein ganz internes Treffen – ohne Gruppenfunktion, ohne Außenwirkung, ohne Absicht, gegen oder für etwas aufzutreten?

v. d. G.: Überhaupt nicht. Man kam einfach mal so zusammen. Ich weiß allerdings nicht, welche Intentionen Hüser dabei hatte. Hüser hatte natürlich schon die Absicht, diesem Treffen eine gewisse Publizität zu verschaffen, denn es waren ja auch Journalisten dabei. Aber der Begriff „Gruppe 61“ ist von uns gar nicht erfunden worden. Alles entstand rein zufällig: Ein Journalist meinte, man könne dieses Treffen doch zu einer stehenden Einrichtung machen. Und Hüser meinte: Warum eigentlich nicht. Und wie das so kommt, wenn man dann in der Kneipe zusammensitzt, man redet über einen Namen, es kam der Vorschlag: Gruppe 61; andere wandten ein, daraus könnte man so etwas wie eine Gegengründung zur Gruppe 47 ableiten; jedenfalls stand der Name plötzlich in der Zeitung – und dabei blieb's.

A.: Wann hat sich diese Gruppe 61 denn dann ihr Programm gegeben und sich auch nach außen bewußt definiert?

v. d. G.: An diesem Programm war ich gar nicht beteiligt, das lief an mir vorbei; das war um 1962/63.

A.: Also nachdem sich das Ganze schon institutionalisiert hatte?

v. d. G.: Ja. Es muß 1963 gewesen sein; denn als „Irrlicht und Feuer" erschien, hatte die Gruppe noch kein Programm. Mit „Irrlicht und Feuer" ging überhaupt die theoretische Diskussion erst los. „Männer in zweifacher Nacht" lief ja nebenher, kam über einen geringen Achtungserfolg nicht hinaus, obgleich es Zeitungsabdrukke gab. Mit „Irrlicht und Feuer" aber begann eine ganz heftige Diskussion, und da meinte man in der Gruppe, um bestimmten Mißverständnissen von vornherein vorzubeugen, sollte man doch ein Gruppenprogramm anbieten. So ist das entstanden.

A.: Aber die Gruppe 61 verstand sich doch nach einer gewissen Zeit nicht nur als literarischer Club, wie vielleicht die Gruppe 47, sondern als Versammlung von linken Schriftstellern und Journalisten mit recht eindeutigen politischen Absichten.

v. d. G.: Das kam ganz zwangsläufig. Um es mal aus meiner Sicht zu sagen: Ich habe mit „Irrlicht und Feuer" einen Roman vorgelegt, dessen Reaktionen mich am meisten erschrocken oder zumindest doch erstaunt machten. Plötzlich kamen Soziologen, Politologen, Germanisten, die an den Gruppentagungen teilnehmen wollten; und es kamen Prozesse auf mich zu, drei wurden es insgesamt, und erst durch diese Prozesse kam alles an die große Glocke der überregionalen Publizistik. Und über die Tatsache, daß hier nun plötzlich ein Arbeiter im Mittelpunkt eines Romans stand, wurde nun massiv diskutiert und theoretisiert, und über diese theoretische Diskussion kam man ganz zwangsläufig in die politische Diskussion; denn Arbeit ist ja ein eminent politischer Faktor, und im Bereich Arbeitswelt kann ich politische Zusammenhänge am besten darstellen, das glaube ich jedenfalls.

A.: Vor allem wenn man einen Arbeiter so darstellt, daß alle anderen Arbeiter mit dargestellt werden – daß es also keine Personalisierungen gibt, sondern die Absicht – und das Gelingen –, Typisches zu erfassen. Man redet ja nicht vom Ingenieurs-, Arzt- oder Architektenroman; wenn in der Literatur solche Figuren auftreten, hat man zumindest meist den Eindruck, hier werden bestimmte Einzel-

schicksale dargestellt; beim Arbeiterroman, um diesen Begriff einmal zu benutzen, kommt man kaum auf diese Idee, weil hier doch eher kollektives Denken vorausgesetzt wird und man also auch Prototypisches dargestellt glaubt.

v. d. G.: Das tauchte in allen Diskussionen auch immer wieder auf, und bei „Irrlicht und Feuer" wurde auch sofort die Frage gestellt: Ist das wirklich der deutsche Arbeiter?

A.: Die Frage ist ja richtig gestellt.

v. d. G.: Natürlich ist die Frage richtig gestellt. Nur mußte ich mich immer wehren und sagen: Ich habe die Arbeitssituation anhand eines Arbeiters dargestellt. Daß andere Arbeiter andere Lebenswege haben, wird damit ja nicht ausgeschlossen. Aber die Grundsituation, in der z.B. ein Jürgen Fohrmann steht, die ist in allen Bereichen, in denen Arbeiter tätig sind, dieselbe.

A.: Beim Arzt oder Architekten, um bei diesen Beispielen zu bleiben, prägt der Beruf auch die Freizeit nicht so entscheidend; natürlich stehen Arbeit und Freizeit – inhaltlich und zeitlich – in Beziehung zueinander, aber der Freiraum ist bei den beiden genannten Berufen doch für den Einzelnen disponibler.

v. d. G.: Beim Arbeiter wäre auch die grundsätzliche Frage zu stellen, wie groß denn sein Freiheitsbereich ist. Und da würde man sehr schnell feststellen, daß dieser Freiheitsbereich gegenüber anderen Berufen sehr, sehr klein ist.

A.: Und daß Freizeit auch in einer sehr viel engeren Funktion an die Arbeit gebunden ist als in solchen, nun sagen wir: bürgerlichen Berufen.

v. d. G.: Ich kann das ja vergleichen: Ich war damals Arbeiter und bin heute Schriftsteller und habe heute einen unvergleichlich größeren Freiraum als damals.

A.: Vermutlich den größten, den man sich in Bezug auf jenen des Arbeiters vorstellen kann, und insofern sind Sie natürlich auch schon wieder in einer Ausnahmesituation zur anderen Seite hin. Und je größer die Freizeit als faktische Freiheit ist, desto mehr Möglichkeiten stehen einem auch zur Verfügung, sich fortzubilden, sich zu informieren, sich also prinzipiell zu sensibilisieren. Der Arbeiter, der acht Stunden am Fließband gestanden hat, wird der aufwendigeren Information die unaufwendige Entspannung vorziehen, um sich für die kommende Arbeit zu erholen.

v. d. G.: Um einmal zu verdeutlichen, was ich damit meine: Als mein erster Roman erschienen ist, wurde ich plötzlich zu meinem Betriebsdirektor bestellt – ganz ungewöhnlich, daß ein Grubenlokführer zum Betriebsdirektor bestellt wird –, und der druckste herum: Na ja, ist ja ganz schön – aber damit haben Sie doch unsere Zeche gemeint! Und ich habe versucht, ihm klar zu machen, daß eine Grundsituation damit gemeint war. Jedenfalls ging ich wieder 'raus und hatte Angst, nun meine Arbeit zu verlieren; mit „Irrlicht und Feuer" ist es mir dann ja so gegangen, da habe ich wegen des Romans meine Arbeit verloren. Damals ging es mir jedenfalls noch so, daß ich sagte: Um Gottes willen nicht auffallen; und ich habe mir auch überlegt, ob ich diesen Roman nicht unter Pseudonym veröffentlichen sollte, damit mein Name nicht in die Öffentlichkeit gezerrt wurde. Mir hatte doch niemand gesagt – ich habe das doch nie geahnt –, daß ich vom Schreiben einmal würde leben können. Ich war gewohnt, am Monatsletzten mein Geld zu bekommen – so war man doch dressiert als Arbeiter. Und so stand ich in dieser Lage völlig auf Glatteis, ich hatte wirklich Angst. Nur hatte ich Glück, daß ich mit „Irrlicht und Feuer" einen Geldsegen kriegte, so daß ich für einen absehbaren Zeitraum keine Existenzangst haben mußte.

A.: Durch die Gruppe 61 wurde erstmals die Frage nach den Problemen der Arbeitswelt auch über die Gruppe 61 hinaus interessant: Wie sind diese Probleme darstellbar? Da gab es jene, die sagten, Arbeiterliteratur könne nur von Arbeitern geschrieben sein, und darüberhinaus verliere jemand, der Schriftsteller wird, mit der Zeit den Anschluß an die Arbeitswelt und könne allenfalls noch Literatur der Arbeitswelt schreiben, sei aber kein Arbeiterschriftsteller mehr. Wie haben Sie sich in diesen Diskussionen verhalten? Denn es ist ja aus Ihrer Entwicklung deutlich geworden, daß Sie keinen bewußten Anschluß an die Arbeiterliteratur gesucht haben, sondern den Bildungsprozeß eines bürgerlichen Schriftstellers, der Ihnen vorher verwehrt geblieben ist, nur nachholten und als Thema Ihres Schreibens deshalb auch nur der Raum Ihrer Erfahrungen durchschlagen konnte.

v. d. G.: Ich habe ja gesagt, daß ich die Auseinandersetzung mit dem, was Arbeiterliteratur war und ist, erst begonnen habe, als meine ersten beiden Romane schon erschienen waren; erst auf den Gruppentagungen, für die ein bestimmtes theoretisches Gerüst nützlich war, habe ich mich damit beschäftigt. Ich habe vor allen Dingen auch eines gesehen: In der Beschäftigung mit dieser Arbeiterliteratur habe ich neue Bereiche des gesellschaftlichen Lebens der Vergangenheit kennengelernt – ganz interessant z.B. der Lebenslauf eines Max Barthel, eines Grünberg oder eines Willi Bredel oder Marchwitza, die ich später dann auch alle noch persönlich kennengelernt habe. Auf der anderen Seite habe ich mir gesagt: Hier kann man nicht anschließen, hier liegt das Dritte Reich dazwischen. Hier gibt es eine Literatur, die sehr stark vom Kommunismus, dort eine, die sehr stark von der Sozialdemokratie beeinflußt ist; daraus konnte man bestimmte Dinge ableiten. Andererseits: Liest man ein Gedicht von Bröger, der eine Fabrikhalle wie einen riesigen Dom beschreibt und die Arbeit wie ein Gebet – da muß ich lachen. Im Grund habe ich mich nie darum gekümmert, was nun Arbeiterliteratur sei oder was nicht. Ich habe ja mal schnoddrig gesagt – und das wird mir immer wieder vorgehalten –: Arbeiterliteratur, das ist doch Quatsch mit Soße. Mittlerweile wird siebzig Jahre darüber gestritten, was Arbeiterliteratur eigentlich ist, was ein Arbeiterschriftsteller ist. Ich will sagen: Zola hat zu seiner Zeit einen sehr wichtigen Roman geschrieben: „Germinal"; und Zola war ein Intellektueller – aber er hat mit diesem Roman einen sehr wichtigen Beitrag zu dem, was man Arbeiterliteratur nennen muß, geleistet. „Hunger" von Hamsun würde ich in diesen Bereich auch noch mit hineinnehmen. Dann gibt es andere Autoren in Italien, Spanien, auch in Südamerika, die wir überhaupt noch nicht richtig zur Kenntnis genommen haben – und da zwingt sich mir immer die Frage auf, ob nicht auch ein Intellektueller einen Roman über einen Arbeiter schreiben kann.

A.: Wenn so etwas aus Südamerika kommt, wirkt das natürlich immer etwas exotisch ...

v. d. G.: Und direkt vor meiner Haustüre muß das dann gleich ein Etikett bekommen.

A.: Nun ist das Problem dieser schwierigen Definition auch historisch zu verstehen und zu erklären. Der Arbeiter hatte keinen Anteil am Bildungsprozeß des Bürgertums, und nur sehr selten war er ein Thema dieses Bildungsprozesses, zu dem ja die Literatur gehört. Warum, so dann die Frage, soll er nun etwas zu den Bildungsgütern dieser Gesellschaft beitragen können? Inzwischen aber hat diese

Literatur ebenso wie die Klasse, die sie vertritt, einen ganz anderen Stellenwert. Dennoch meine ich, es ist unwichtig, ob man von Arbeiterliteratur oder von Literatur der Arbeitswelt spricht, und mir scheinen die Anhänger jener These, daß Arbeiterliteratur nur von Arbeitern geschrieben werden könne, eher auf einem blinden Klassenstandpunkt zu stehen, der heute so gar nicht mehr tragfähig ist; denn zu welcher Klasse gehören die Intellektuellen eigentlich? Und kommt es nicht darauf an, welchen Standpunkt sie vertreten?

v. d. G.: Genau, alles andere ist dumm. Aber nun ein anderer Bereich: Sie nannten vorhin das Wort „exotisch". Die Leute, die diese theoretischen Diskussionen führen über die Arbeiterliteratur oder die Literatur der Arbeitswelt, bringen die Frage schon wieder in einen exotischen Bereich hinein: daß diese Literatur nämlich außerhalb der Gesellschaft und ihrer Literatur stehe. So habe ich das aber nie gesehen. Ganz naiv und simpel – ob das nun bürgerlich ist oder nicht bürgerlich, das interessiert mich überhaupt nicht –: Das ist die Welt, in der ich gelebt habe und, wenn ich nicht geschrieben hätte, wahrscheinlich bis zu meinem 60. oder 65. Jahr gelebt hätte; und ich kann immer nur aus der Welt heraus schreiben, aus der ich komme. Ein schönes Beispiel: Martin Walser wurde in einem Fernsehinterview gefragt, heute ist ja Arbeiterliteratur ‚in', der Arbeiter ist ‚in': Herr Walser, warum schreiben Sie nicht über Arbeiter? Daraufhin sagte Walser: Ich komme aus einem kleinbürgerlichen Milieu, ich kenne die Arbeitswelt nicht, aber ich kenne das kleinbürgerliche Milieu. Das ist das ganze Geheimnis des Schreibens: Literatur zu verstehen als eine Vermittlung von Erfahrungen, die man gemacht hat, die der andere vermutlich auch gemacht hat, die er sich aber nicht bewußt gemacht hat. Ich kann mich an Diskussionen über „Irrlicht und Feuer" entsinnen – und mit der Verfilmung, die im westdeutschen Fernsehen gezeigt wurde, kam das Thema des Buches auch an viele Nicht-Leser –, in denen es immer wieder hieß: Das ist ja so, das stimmt ja alles. Dann kommt aber eine bestimmte politische Verblendung hinzu, die symptomatisch ist. Ich greife mal zwei Beispiele heraus: Damit diese DDR-Verfilmung in der Bundesrepublik überhaupt laufen konnte, damals war Günter Gaus noch Chefredakteur beim Südwestfunk, mußte man hinterher so Alibidokumentationen machen mit den Fragen, ob das, was im Film so dargestellt wurde, auch richtig war; und im zweiten Teil gab es noch eine Diskussion mit dem Publikum über den Film – 250 Leute aus Essen wurden dazu eingeladen, die vom Emnid-Institut ausgesucht worden waren und einen sozialen Durchschnitt der Stadt Essen darstellen sollten –; es kamen fünf Fragen, von denen ich zwei herausgreifen möchte. Erstens: „Glauben Sie, daß dieser Film die soziale und politische Wirklichkeit in der Bundesrepublik realistisch wiedergibt, speziell im Ruhrgebiet: Ja oder nein?“ Und darauf antworteten 80% mit Ja. Und nun kommt die infame zweite Frage: „Glauben Sie, daß dieser Film eine Propaganda gegen die Bundesrepublik ist?“ Und da stimmten 99% mit Ja.

A.: Die Frage ist natürlich nicht infam, sondern sehr geschickt gestellt, weil sie die Schizophrenie des Antikommunismus entlarvt. – Aber nun doch noch einmal zurück zu den ideologischen und politischen Strittigkeiten innerhalb der Gruppe 61. Die einen, die Vertreter der Arbeiterliteratur, wollten eine politisch aktivere Literatur und hatten doch wohl einen im Grunde politischen Ansatz. Die anderen, die Vertreter einer Literatur der Arbeitswelt, zu denen Sie ja gehörten, hatten im Grunde doch wohl einen literarischen Ansatz: Sie wollten Literatur machen, darin ihre Erfahrungen mitteilen, ohne sogleich und unmittelbar politisch zu wirken. Aus diesem Gegensatz hat sich doch dann eine Krise ergeben, und aus dieser Krise entstand 1970 der Werkkreis Literatur der Arbeitswelt, der seine Arbeit entschieden politisch definiert hat.

v. d. G.: In der Gruppe gab es grundverschiedene Charaktere, Temperamente – Literatur muß man ja auch vom Temperament her sehen. Bei uns konnte von Anfang an kommen, wer kommen wollte; es war nicht wie bei der Gruppe 47, daß da eingeladen wurde – zu uns konnte jeder kommen: Studenten ebenso wie Straßenbahnschaffner konnten also anhand der Texte, die gelesen wurden, mitdiskutieren. Der eine Teil, also Leute wie Josef Büscher, hat die Gruppe 61 dahingehend verstanden, daß die Gruppe ihnen eine Schreibhilfe gibt; sie haben die Literatur als Plakat, als Aufruf, als etwas Aktionistisches verstanden. Ich hingegen habe immer die Intention gehabt: Ich will eine Geschichte erzählen. Eine einfache Geschichte kann politischer sein als der unmittelbar geäußerte politische Anspruch. Und dann kam später etwas anderes hinzu: Wenn man hinaus ins Land ging und draußen Lesungen abhielt, an Universitäten usw., dann hieß es oft: Nun legen Sie doch erstmal ein politisches Bekenntnis ab, wo stehen Sie politisch? Und wenn ich dann geantwortet habe: Mein politischer Anspruch liegt in dem, was ich schreibe – dann galt ich als Reaktionär. Mein politischer Anspruch läßt sich aus meinen Büchern, aus meinen Fernsehspielen usw. ablesen. Sicher, ich weiß auf viele Dinge keine Antwort, und ich kann deshalb auch keine Antwort geben.

A.: Eine dumme Frage, weil sie den Schriftsteller zu einem Lippenbekenntnis drängt, das leichter zu geben als in der Literatur zu verwirklichen ist; oder das zwar leicht zu geben ist, dann aber auch gar nicht in der Literatur vorhanden sein muß.

v. d. G.: Von daher kamen dann auch diese Auseinandersetzungen innerhalb der Gruppe. Wir hatten einmal meinen Drehbuchautor aus der DDR bei der Gruppe zu Besuch, als wir darüber stritten, ob wir nicht besser die Gruppe auflösen sollten, und das einzige, was der dazu gesagt hat, war: Wenn's erlaubt ist. Eine Gruppe, in der man noch so heftig und so ehrlich diskutieren kann, sollte man nicht auflösen, wo sollte man denn sonst diskutieren. Nun ist es aber auch so: Wenn man sagt, von der Gruppe 47 hört man nichts mehr, von der Gruppe 61 hört man nichts mehr – dieser Mechanismus ist doch fast selbstverständlich, irgendwann läuft sich so etwas tot.

A.: Und Sie würden das für die Gruppe 61 sagen?

v. d. G.: Ja, das hat sich totgelaufen, die Situation im Jahre 1961 war eben eine andere als jetzt im Jahre 1974. Was wir einmal neu einbrachten, wurde von anderen Autoren übernommen, man braucht keinen Altar mehr, um den herum man sitzen konnte, man braucht auch keine gegenseitigen Bestätigungen und Anfeuerungen mehr, weil viele in der Gesellschaft wirkende Kräfte – es müssen ja nicht unbedingt Autoren sein – dies der Gruppe 61 abgenommen haben. Aber was die Gruppe 61 nun geleistet hat – und da liegt ihr unbestrittenes Verdienst –, ist, daß sie den Themenbereich Arbeitswelt in die Öffentlichkeit getragen hat.

A.: Also sie hat in jedem Falle initiatorische Wirkung gehabt, auch wenn sie heute als Gruppe nicht mehr besteht. Sie hat ja immerhin noch die Werkstätten im Werkkreis Literatur der Arbeitswelt als wie auch immer geartetes und wie auch immer entstandenes Kind zur Folge gehabt; trotz Krach und Streit. Tatsache ist doch wohl auch, daß heute der Werkkreis eine größere Wirkung hat als ihn seinerzeit die Gruppe 61 als Gruppe ...

v. d. G.: ... haben konnte!

A.: Die Gruppe 61 wurde ja, einschließlich ihrer Schriftsteller als Einzelne, von der literarischen Kritik jahrelang vernachlässigt.

v. d. G.: Kaum zur Kenntnis genommen. Ich kann mich entsinnen, daß meine Romane in Zeitungen wie der FAZ oder der *Zeit* nie im Kulturteil besprochen worden sind, sondern im Wirtschaftsteil oder im politischen Teil – etwas Besseres kann einem Autor ja gar nicht passieren.

A.: Wie ähnlich bei Günter Wallraff.

v. d. G.: Es ist ja nun so: Die Werkkreise hatten insofern einen besseren Start, als es inzwischen eine ganz andere öffentliche Bereitschaft gibt. Als ich damals anfing, gab es diese Bereitschaft der Verlage, der Zeitungen, der Rundfunkanstalten nicht.

A.: Die Gruppe 61 hat auch dieser Publizität vorgearbeitet.

v. d. G.: Genau. Die Leute haben heute einen oder mehrere Verlage, die sie verlegen, sie kommen in Funk und Fernsehen hinein – der Weg ist ihnen schon bereitet worden; das ist ohne die Gruppe 61 nicht denkbar. Wenn ich früher gesagt hätte: Ich möchte etwas im Rundfunk machen, dann hätte man mich ausgelacht. Als mich ein Redakteur früher mal anrief und fragte, ob ich nicht etwas für den Rundfunk machen wolle, da dachte ich, der hat sich in der Nummer geirrt. Man muß sich einmal daran erinnern, wie langsam das vor sich ging: Literatur im Rundfunk waren Essays, Gedichte usw. Das hat alles sehr lange gedauert: 1963 kam „Irrlicht und Feuer“, und erst drei Jahre später habe ich meine erste Rundfunksendung gemacht. Als dann 1968 der DDR-Film im Fernsehen lief, war die Publizität natürlich da; von der Taschenbuchausgabe von „Irrlicht und Feuer“ bei Rowohlt wurden zigtausend Exemplare binnen kurzem verkauft. Mit der Fernsehaufführung von „Irrlicht und Feuer“, die sinnigerweise am 17. und 18. Juni 1968 lief, hatte ich meinen Durchbruch.

A.: Kann man sagen, daß mit der Karriere, die Sie dann gemacht haben, der Untergang oder Niedergang der Gruppe 61 eingeläutet wurde? Denn die Prominenz, die Sie im literarischen Geschäft der Bundesrepublik – und darüber hinaus – erreicht haben, hat ja keiner der anderen Schriftsteller in der Gruppe 61 erreicht, mit Ausnahme vielleicht von Günter Wallraff, obgleich ich glaube, daß dessen Fall noch anders liegt.

v. d. G.: Man soll bestimmte Dinge eben auch mal so sehen wie sie sind und soll sie weder verkleistern noch heroisieren. Natürlich hat das, was Sie jetzt sagen, mit dazu beigetragen; d.h. ich kann es ablesen an einigen Reaktionen: Wenn z.B. ein Schriftstellerkollege in der Gruppe neben mir sitzt und mich fragt: Was hast du denn überhaupt noch hier zu suchen, du Senkrechtstarter? Das sind so unterschwellige Dinge, da kommt Futterneid hinzu, das ist nun mal da und braucht nicht verschwiegen zu werden. Wie das in jedem anderen Beruf vorhanden ist, so auch in diesem Beruf. Allmählich war ich in dieser Gruppe dann nicht mehr ein Autor unter anderen Autoren, sondern ich war innerhalb der Gruppe schon wieder eine Instanz – und das konnte auf die Dauer nicht gut gehen. Ich bin heilfroh gewesen, als Günter Wallraff in die Gruppe kam.

A.: Als er 1967 in die Gruppe kam, hatte er die heutige Prominenz aber noch nicht; und er hat seine Prominenz doch erst erreicht, als die Gruppe 61 schon fest schlief, also nach 1970/71.

v. d. G.: Nur muß man auch eines mal sehen: Welche Funktionen haben Gruppen? Gruppen sind auch Umschlagplätze, sind Messen, die Angebot und Nachfrage regulieren. Als Günter Wallraff zum ersten Mal in der Gruppe 61 gelesen hat, hatte er erstmals als Günter Wallraff Öffentlichkeit – vorher hatte er unter dem Pseudonym Günter Wallmann publiziert, und Fritz Hüser hat ihn für die Gruppe 61 entdeckt.

A.: Kam die Gruppe 61 zu dieser Zeit nicht auch in die Gefahr, als Plattform für literarische Starter betrachtet zu werden, vielleicht sogar für Leute, die mit der Thematik Sozialkonflikt gar nicht soviel im Sinne hatten, die aber einfach die Institution der Gruppe ausnutzten, um dort, ähnlich wie bei der Gruppe 47, von der sie nicht eingeladen wurden, zu lesen und Öffentlichkeit zu erhalten?

v. d. G.: Anfangs nicht. Als die Gruppe später den Charakter einer Institution hatte, kam das vor. Es lasen zum Beispiel Christian Geißler und Yaak Karsunke. Und dann ging natürlich auch die Diskussion los mit der Frage: Was hat das eigentlich mit Arbeitswelt zu tun? Und dann sagten die anderen: Aber es hat doch etwas mit Politik zu tun. Da setzte der Trend ein, die Gruppe zu einem ausgesprochen politischen Forum zu machen.

A.: Welche Rolle spielte denn bei jenen, die die Gruppe politisieren

wollten, die Solidarität? Und welche Rolle spielt Solidarität für Sie persönlich?
v. d. G.: Ich komme gleich auf diese Frage zurück. Ich will vorher noch zu der Frage der Gruppe 61 als Plattform etwas sagen: Mir hat ein Autor gesagt – der Name tut nichts zur Sache –: Ja wenn man mit Arbeiterliteratur Geld verdienen kann! Es ging denen gar nicht um diese Welt, sondern darum, daß mit dieser zur Mode werdenden Sache Geld verdient werden konnte, daß man mit diesem Thema ins Gespräch kommen konnte. – Und jetzt zur Frage der Solidarität: Mit solchen Autoren kann man sie schlecht haben. Aber in der Gruppe hat es doch immer einen sehr starken Zusammenhalt gegeben, oder, um es einmal anders zu sagen: Viele hatten Sorgen, als Hüser ging, denn Hüser war derjenige, der alle zusammenhielt, der die Gruppe organisierte, die verschiedensten Temperamente integrierte und der kein Konkurrent als Autor war; eher so eine Vaterfigur wie Hans Werner Richter – er schaffte so eine Art Solidaritätsgefühl, auf recht patriarchalische Weise. Und ich persönlich habe immer zu allen in der Gruppe Solidarität gewahrt, zu Angelika Mechtel, zu Günter Wallraff; man hat sich geholfen, ich habe für manchen, der die 200 DM für eine Lesung bitter brauchte, Lesungen abgegeben usw.
A.: Aber wurde diese Solidarität nicht sehr problematisch, als Sie bald der prominenteste Autor der Gruppe waren? Gab es keine Solidarität in einem – sagen wir – sozialistischen oder Klassenbewußtsein?
v. d. G.: Das wird von Fall zu Fall verschieden gewesen sein, ich kann das nicht sagen. Aber ich deutete das ja vorhin an: Ich kann mich mit jemandem, der mich futterneidisch anblafft, schwer solidarisieren.
A.: Glaubte man denn nicht vielleicht, in ihrem Erfolg eine bestimmte Manipulation wittern zu müssen, die gar nicht mehr auf Arbeitswelt, auf die Arbeiterexistenz, auf politische Fragen hinlief und zielte? Hatte man nicht das Gefühl: Der von der Grün ist ein erfolgreicher bürgerlicher Schriftsteller geworden, ein Karrierist im bürgerlichen Literaturbetrieb, der gar nichts mehr mit uns zu tun hat?
v. d. G.: Da kamen natürlich viele Emotionen hoch, auch bei Autoren, mit denen man angefangen hat, in der Gruppe zu arbeiten, die

dann sagten: Du bist ja gar kein Arbeiter mehr, du fährst jetzt einen dicken BMW usw. – also solche primitiven Klischees, die sogar im Fernsehen gegen mich vorgebracht wurden: schöne Wohnung, dikkes Auto vor der Tür usw. Ich habe das Geld ja niemandem gestohlen. Ich war doch am meisten davon überrascht, daß dieser Boom auf mich zugekommen ist.

A.: Gewiß haben Sie damit in diesem Sinne nichts zu tun. Aber man kann doch zumindest vermuten, daß ein solcher Erfolg, gerade weil er so überraschend kommt, korrumpieren kann.

v. d. G.: Natürlich. Und die Frage der möglichen Korrumpierbarkeit eines Autors ist immer eine wichtige Frage. Täglich werde ich doch dieser Frage ausgesetzt. Ich habe mich letzthin noch mit Martin Walser darüber unterhalten: Täglich wird man in diese Sache hineingestellt. Wie ich vorhin sagte: Man muß stets überprüfen, ob man sich engagiert oder ob man engagiert worden ist. Daß man korrumpiert wurde, merkt man oft erst ein Jahr später: daß man sich also auf etwas eingelassen hat, was man gar nicht wollte. Es gibt auch Beispiele dafür, wie man gegen seinen Willen ‚engagiert' wird. Als es z.B. um die Auseinandersetzung zwischen der Gruppe und dem Werkkreis ging, habe ich in einem Fernsehinterview gesagt: Es ist eine Fiktion zu glauben, der Arbeiter komme über das Schreiben zu einem politischen Bewußtsein, denn der Arbeiter, der schreibt, wird immer eine Ausnahme sein – es gibt 24 Millionen Arbeiter, und ich wehre mich gegen solche absoluten Ansprüche wie: *der* Arbeiter, *der* Angestellte. Nun haben Leute vom Werkkreis gegen mich geschossen mit dem Satz: „Es gibt sie doch, die schreibende Fiktion!" – und haben gleich die Schlußfolgerung daraus gezogen: Seht, er ist doch ein bürgerlicher Autor, er ist gar kein Arbeiter mehr, weil er den Arbeitern das Recht abspricht zu schreiben! Das habe ich aber gar nicht getan. So wird also interpretiert. Eine Zeitlang habe ich darunter auch gelitten, und ich habe mich dagegen gewehrt. Aber was soll das? Der Schriftsteller wird an dem gemessen, was er schreibt. Und mein letzter Roman „Stellenweise Glatteis" ist doch der Beleg dafür, daß ich diese Welt nicht verlassen habe und daß ich mich sehr intensiv mit dieser Welt beschäftige. Und vielleicht bin ich noch intensiver in dieser Welt, weil ich heute doch einen größeren Überblick gewonnen habe. An mich werden heute Dinge herangetragen, die an einen Max von der Grün, der damals nur Bergmann war, nicht herangetragen worden sind. Damals war es meine eigene unmittelbare Erfahrungswelt. Jetzt ist Erfahrungswelt alles, was auch von außen an mich herangetragen wird. Da kommt ein Mann zu mir und blättert die Protokollbücher von Betriebsratssitzungen auf den Tisch. Ich sage dem: Du bist ja wahnsinnig, du fliegst, wenn das jemand erfährt – denn die dürfen nicht aus dem Betrieb heraus. Aber was ich aus diesen Büchern erfahren habe, das war ungeheuerlich. Und jetzt noch etwas zu Solidarität in der Gruppe: Da kamen Leute zu mir und entdeckten einen Fall, dem nachgegangen werden mußte. Ich hatte keine Zeit und habe den Günter Wallraff angerufen, und der ging der Sache nach – auch ist ja seine Methode besser für solche Fälle geeignet als mein Schreiben –; da sind dann verschiedene Reportagen entstanden.

A.: Nun mal zurück zu der Gefahr, die ich ansprach, die Gefahr der Korrumpierbarkeit, in der der erfolgreiche Schriftsteller auch steht – der Erfolg kann natürlich auch eine Art Schutz sein –; Sie sagten, man merkt oft erst später, daß man sich hat korrumpieren lassen. Haben Sie solche Fälle an sich erlebt?

v. d. G.: Ich hab mal Beiträge in einer Anthologie geschrieben, da habe ich später gesagt: Das hättest du besser nicht machen sollen. Typisches Beispiel: Robert Neumann gibt eine Anthologie heraus: „Erste Liebe"; ich habe dazu einen Beitrag geliefert, weil ich den Robert Neumann mag; als das Buch da war, habe ich's bereut; und ich fühle mich jetzt sehr unwohl, in diesem Band vertreten zu sein.

A.: Das sind die geringfügigsten Arten von Korruption. Es gibt aber doch andere Fälle; wenn Ihnen z.B. dickes Geld geboten wird von Leuten, für die Sie etwas machen oder unterlassen sollen und die ansonsten nicht sehr viel mit dem, was Sie so vertreten, im Sinne haben.

v. d. G.: Ich kann dazu Beispiele liefern: Zum ersten Male wurde ich mit Korruption finanzieller Art in Berührung gebracht, als ich noch Bergmann war. Das Unternehmen Klöckner-Werke, bei dem ich dreizehn Jahre lang beschäftigt war, bot mir eine Summe von 40000 DM und einen Posten in der Duisburger Hauptverwaltung als Redakteur der Werkszeitung.

A.: Wofür und warum? Als eine Gegenleistung?

v. d. G.: Damit ich „Irrlicht und Feuer“ zurückziehe, damit es nicht als Buch erscheinen sollte. Damals verdiente ich 850 DM, und sie boten mir ein Gehalt von 2500 DM und Dienstwagen, enorm viel Geld im Jahre 1963; sie sagten: Sie sind hier doch völlig deplaciert, Sie können sich doch ausdrücken – und wenn Sie dann einige Passagen wegstreichen könnten usw. Die Folge war dann die Prozeßlawine, die auf mich und den Verlag zugekommen ist. Da kam zum ersten Male Korrumpierendes auf mich zu. Und ich habe da natürlich nicht mitgemacht. Denn soviel hatte ich auch begriffen: Wenn ich das annehme – und von Geld allein kann man ja nicht leben –, bin ich als Autor tot, absolut tot; von mir würde kein Mensch mehr ein Stück Brot nehmen, man würde sich immer fragen: Wer hat ihn jetzt bezahlt, damit er dies oder das schreibt, denn vorher hat er Geld dafür bekommen, daß er dies oder das nicht schreibt. Das kann man also nicht machen. – Aber es gibt auch andere Sachen, und man kann ruhig frei und offen darüber reden: An mich wurde z.B. das Ersuchen herangetragen, Texte zu schreiben für einen Kalender der Westdeutschen Landesbank; das Angebot kam von einem jungen Public-Relation-Mann, der sich fragte, warum Texte dafür nicht einmal Autoren aus Nordrheinwestfalen schreiben könnten. Jeder Kalender steht unter einem bestimmten Thema, und meiner stand unter dem Thema „Das Rad“. Ich habe mir Bedenkzeit erbeten, weil das einfach zu überraschend für mich war. Ich habe dann aus verschiedenen Gründen zugesagt: Es ist keine Privatbank, sondern eine staatliche Bank; deren Vorsitzender ist der Herr Poullain, der in vielem vermutlich anders denkt als ich, der aber dafür gut ist, daß er einen nicht übers Ohr haut – die Nebenfolgen dabei sind immerhin, daß man diese Leute wie Poullain auch einmal kennenlernt und daß man auch über Inside-Informationen verfügt, an die man sonst nicht so leicht heran kommt. – Ich habe es mir mit dem Text nicht einfach gemacht. Ich ging von dem Gedanken aus, daß alle Zivilisation mit der Erfindung des Rades beginnt, von daher habe ich den Text entwickelt. Und ich wurde gut honoriert. Als ich den Text abgeliefert hatte, bekam ich einen Anruf: man wollte mich aufsuchen, um über den Text zu sprechen. Die zwei Leute, die dann kamen, saßen einen ganzen Tag bei mir im Arbeitszimmer; es waren ein paar Sätze in meinem Text, die denen Unbehagen bereiteten, z.B. dieser: „Ein Dichter des Mittelalters sagte einmal: Ich gestehe dir zu, daß du den Wagen lenkst, aber ich gestehe dir nicht zu, daß dir die Ladung allein gehört." Solche Sätze wollte man heraushaben. Es war nun aber ausgemacht, daß das, was ich auf Grund der zwölf Bilder, die ich vor mir habe, schreibe, gedruckt würde. Und ich habe mich von dieser Verabredung nicht abbringen lassen. Ich bot an, den Text zurückzuziehen und auf das Honorar zu verzichten, aber ich war nicht bereit, diesen Satz, den ich für richtig hielt, zu streichen.

A.: Das ist durchaus ein gefährlicher, obgleich eigentlich minimaler und subtiler Fall, in dem man sich korrumpieren lassen könnte. Nun sind Sie in der glücklichen Lage, so viel Geld zu verdienen, daß Sie auf dieses Honorar von einigen Tausend Mark nicht angewiesen waren.

v. d. G.: Man tut's nicht gern. Aber die Korruption setzt ja auch noch bei ganz anderen Gelegenheiten ein. Man hat es doch täglich mit Rundfunk und Fernsehen zu tun. Eine Zensur findet nicht statt, wird behauptet; aber es gibt nirgendwo eine strengere Zensur als gerade in Rundfunk- und Fernsehanstalten. Für mich ist immer ein Satz sehr wichtig gewesen, den Heinrich Böll einmal gesagt hat, als er den Kölner Literaturpreis bekam und in der einen Hand die Urkunde und in der anderen den Scheck über 10000 DM hielt: „Ich danke der Stadt Köln für den Preis, ich danke der Stadt Köln für die 10000 DM – wieder eine Stufe zur Freiheit." Oder ein anderer junger Autor kommt zu mir, dem ich sage: Wie kannst du nur in der „Welt" einen Artikel schreiben! Und er: Ich habe immerhin 150 DM dafür bekommen und konnte endlich meine Miete bezahlen. Man muß diesen Beruf doch auch einmal so sehen.

A.: Ich weiß nicht. Die Tatsache, daß man in der „Welt" schreibt, ist möglicherweise noch nicht einmal so entscheidend, wenn man wörtlich das schreiben kann, was man möchte und sich nicht der Zensur beugen muß – doch darum wird man bei solch einem Blatt eben nicht herumkommen. Denn eigentlich ist es doch ganz schön, wenn man „Welt"-Leser auch mal mit anderen Ideen konfrontieren könnte als mit jenen, die in der Springer-Küche gekocht werden – nur kommt man dazu ja nicht. Sie sprachen nun von strengsten Zensuren in Funk und Fernsehen; sicherlich gibt es da böse Fälle, die im System der Abhängigkeit von Redaktionen, Intendanzen und ‚freien' Mitarbeitern angelegt sind, und sicherlich wird auch da, wie überall in unserer Ausdrucksbranche, manipuliert. Gibt es denn in Ihrer eigenen Erfahrung Beispiele für Ihre Behauptung?

v. d. G.: Ich gehöre vermutlich zu den Autoren, die sehr viel Glück mit dem Fernsehen hatten, und ich habe ja viel mit dem Fernsehen gearbeitet; ich bin immer wieder an Leute geraten, die mir viel geholfen haben beim Schreiben von Drehbüchern – das muß man ja auch erst einmal lernen –, und auch an Regisseure, die auf meiner Linie lagen. Nun ist das Schreiben und Realisieren von Drehbüchern eine recht komplexe Angelegenheit, daran sind der Regisseur, der Dramaturg, der Fernsehchef beteiligt. Und dann sagt der Regisseur: Diesen Dialog streichen wir, das mache ich mit der Kamera!

A.: Das sind doch wohl keine Zensurmaßnahmen. Ich meine jetzt: Haben Sie Erfahrungen mit Zensur gehabt durch Funk oder Fernsehen, wie es handfest ja Günter Wallraff erlebt. Er hatte z. B. den Auftrag für einen Film, er hat recherchiert, geschrieben, abgedreht und produziert, er wurde auch bezahlt, doch der Film wurde nicht gesendet; Wallraff konnte, was er vermitteln wollte, nicht vermitteln; also eine ganz handfeste Zensurmaßnahme. Haben Sie so etwas je erlebt?

v. d. G.: Nein. Ich habe nur einmal einen Fall erlebt, 1967, als ich mein Fernsehspiel „Schichtwechsel" geschrieben hatte, das für den WDR entwickelt worden war. In der Besprechung mit den Verantwortlichen kam der Einwand: Das können wir nicht bringen – es ging um eine Dialogstelle –; diese Stelle war für mich aber sehr wichtig, das mußte gesagt werden. Der Verantwortliche daraufhin: Es tut mir leid, aber ich gebe Ihnen die Rechte zurück. Ich: Und was soll ich damit? Er: Ich gebe Ihnen die Freiheit, das einem anderen Sender anzubieten, *ich* kann das so nicht bringen. Und ich ging mit diesem Drehbuch zum Hessischen Rundfunk, der den Film dann auch gemacht hat, und „Schichtwechsel" gehört mittlerweile zu den besten Fernsehspielen, die in den letzten zehn Jahren gedreht worden sind. Beim Hessischen Rundfunk wiederum saß ein Mann, den diese Dialogstelle nicht gestört hat – zwar meinte der Regisseur: Es ist zwar ein bißchen hart, aber es kommt ja auch darauf an, wie man den Schauspieler sprechen läßt.

A.: Man kann so etwas natürlich auch auf andere Weise entschärfen, ohne daß solche Eingriffe merklich und nachweisbar wie Zensurmaßnahmen aussehen. Aber Sie können mit Ihren Erfahrungen für sich diese Behauptung von der strengen Zensur durch Funk und Fernsehen nicht belegen?

v. d. G.: Ich spreche ja nun auch mit aus der Erfahrung anderer Autoren, die ihre Probleme an mich herantragen und fragen: Wie machst du das? usw. Ich sage dann immer: Wenn ich zum Funk oder Fernsehen gehe, und die wollen etwas von mir haben, dann habe ich bei mir immer ein Wapperl, auf dem steht: Es muß nicht sein! Wenn die Leute mir vorschreiben, was ich zu machen hätte, dann sage ich: Ich heiße nicht XYZ, ich heiße Max von der Grün, und wenn Sie mich als Autor holen, dann haben Sie doch bestimmte Vorstellungen, was Sie mit mir machen wollen. Dann können die doch nicht ihre Vorstellungen in den Autor Max von der Grün hineintransponieren. Also in diesem Sinne gibt es schon Fälle, in denen Zensur an mich herangetragen wurde, aber dann habe ich die Konsequenzen gezogen und gesagt: Es muß nicht sein. Ich habe schon oft Redaktionen verlassen und gesagt: Ich arbeite nicht mit Ihnen.

A.: Also gibt es immerhin die Gefahr der Korruption durch Erfolg und Prominenz, aber andererseits gibt es auch Schutz durch Prominenz.

v. d. G.: Ich bin überzeugt, daß ein Autor, der in dieser Gesellschaft einen Namen hat und von dem man weiß, daß man ihn finanziell nicht locken kann, dieser Korruption nicht so ausgesetzt ist. Ein junger Autor sagt womöglich: Sollen die doch den Satz rausstreichen, ich brauche die 21000 DM! Dem anderen, berühmten Autor tritt man in diesem Geschäft eben ganz anders gegenüber als einem jungen, den man finanziell gleichsam in der Hand hat. Und das finde ich infam.

A.: Sie sind nun immerhin der berühmteste Schriftsteller der Gruppe 61 und damit so etwas wie der – ich will dies Wort ruhig noch einmal benutzen, weil meine Frage darauf abzielt – renommierteste ‚Arbeiterschriftsteller‘ der Bundesrepublik. Aber sind Sie noch Arbeiterschriftsteller? Sie haben ja von Ihrem ganz anderen Hintergrund erzählt, Sie wollen in dem Sinne ja gar nicht Arbeiterschriftsteller sein. Aber was die – von Ihnen einmal so benannte – existentielle Grundsituation des Arbeiters angeht, die Sie ja mehr als ein Jahrzehnt ohne Hoffnung auf etwas anderes erlebt haben und die in dieser Erlebensintensität auch Ihre Romane geprägt hat – entfernen

Sie sich nicht immer mehr von dieser Grundsituation, so daß sich diese Erlebensintensität immer mehr verflacht und sich verflüchtigt? Daß Sie stattdessen andere Erfahrungsbereiche aufgeschlossen haben, spielt dafür ja keine Rolle.

v. d. G.: Darauf könnte ich einfach nur antworten: Ich habe bislang vier Romane geschrieben und vier Fernsehspiele, das soll man doch an diesen vier Romanen ablesen. Nur kommt etwas hinzu, und das ist ja nicht zum Schaden des Autors, sondern zu seinem Nutzen: Für mich spielt sich die Welt der Arbeit nicht mehr in einem kleinen Rahmen ab, die Welt ist nicht mehr nur das Fließband; sondern Arbeitswelt ist heute für mich in einem weit stärkeren Maße der freigesetzte Raum des Arbeiters, sein Leben außerhalb der Fabrik, und das ist noch wichtiger für mich als das, was er in der Fabrik macht. Es gibt ja diesen Satz von Reich-Ranicki: „Mich interessiert nicht, was der Mensch im Betrieb macht, sondern was der Betrieb aus dem Menschen macht." Nur kann man das nicht verstehen, wenn man nicht auch weiß, was der Mensch im Betrieb macht. Die Verlagerung einer bestimmten Problematik, die ja nicht abgelöst ist, wenn ich das Fabriktor hinter mir geschlossen habe, war notwendig. In „Irrlicht und Feuer" steht noch der Satz – ich zitiere aus dem Kopf –: „Ich ziehe mit der Grubenkleidung meinen Erdenadam aus und mit meiner Straßenkleidung ziehe ich meinen Straßenadam an." Das war noch sehr naiv von mir gesehen, das stimmt ja gar nicht; ich schleppe diese Arbeitskleidung unsichtbar mit, ich schleppe diese Problematik mit, und diese Arbeitsweltproblematik schlägt sich heute immer mehr in Dingen, die außerhalb der Fabrik liegen, nieder. Und von daher würde ich sagen: Ich habe mich nicht entfernt, sondern ich sehe die Dinge jetzt viel differenzierter und subtiler. Es genügt heute, bestimmte Dinge nur anzureißen, die in einem Betrieb sind, aber sie dann aufzubereiten, zu erzählen in einer ganz anderen Landschaft, in einer ganz anderen Umgebung und Situation, wie ich das ja in „Stellenweise Glatteis" versucht habe. Nur kommt etwas hinzu, und da liegen die Schwierigkeiten – es kommt nicht von ungefähr, daß ich ein ausgesprochener Kneipengeher bin: Ich brauche einfach die Kommunikation, die einem in der Familie gar nicht vermittelt werden kann; ich bin also jeden Tag ein paar Stunden in der Kneipe und erfahre Weltliteratur dort, um es mal so zu sagen.

A.: Nun ja, vielleicht nicht gerade das, aber doch die Realität der Freizeit von Arbeitern, die reden.

v. d. G.: Die kleinen Dinge. Ich muß also viele Dinge tun, die ich früher nicht getan habe. In meiner Nähe platzte also der Gasometer einer Kokerei. Fünfzig Häuser im Umkreis wurden in Mitleidenschaft gezogen. Es hat sich eine Interessengemeinschaft gegen die Zeche gebildet, und ich bin einfach dahin gegangen und habe da zugehört. Es war ungeheuerlich, was man dort erfuhr. In meiner Kneipe steht also der Pastor der katholischen Kirche, nebendran steht ein Bierverleger, nebendran steht ein Arbeiter von Maibach – die stellen Schläuche her –; dann hört man die Sorgen des Bierverlegers bei der Verteuerung des Sprits, die ganz andere sind als die des Arbeiters bei Maibach – und diese Dinge muß man erfahren. Und es gibt andere. Als ich „Stellenweise Glatteis" schrieb, habe ich sehr viele Interna, Kleinigkeiten von einem alten Bekannten erfahren, der einen 36-Tonner-Tankwagen fuhr – und im Roman geht es ja um einen solchen Tankzugfahrer; nun ist das Detail sehr wichtig, und ich hatte keinen 36-Tonner gefahren. Ich zu ihm: Du, ich möchte gern mal deinen 36-Tonner fahren. Er: Mensch, das ist doch verboten. Ich: Also du, ich mache Führerschein Klasse II. So daß ich für den Fall, daß wir in eine Kontrolle hineinkamen, den Führerschein hatte – trotzdem ist es immer noch verboten, daß ich so ein Werksfahrzeug fahre, ist ja auch ein ungeheurer Wert, der kutschiert 100000 DM über die Autobahn. Und dann haben wir das so gemacht: Ich bin mit meinem Wagen auf einen Autobahnparkplatz gefahren, habe meinen Wagen da stehen lassen, der kam angefahren, ich bin eingestiegen und so habe ich vier Wochen lang, immer wenn der auf Tour ging, diesen 36-Tonner gefahren. Nicht um detailliert zu beschreiben, wie das ist, sondern weil man einfach diese Situation erfahren muß, wenn man z.B. mit 40 Stundenkilometern in der Kriechspur den Berg hochfährt. Oder etwas anderes: In dem Buch ist eine Arbeitsgerichtsszene. Plötzlich setzt die Phantasie des Autors aus, diese Situation kennt er nicht. Also bin ich jeden Freitag in Dortmund aufs Arbeitsgericht gegangen – auch wieder durch Vermittlung eines Arbeitsrichters, der früher mal Schlosser gewesen ist und über den zweiten Bildungsweg Arbeitsrichter geworden ist –; und ich bin darüberhinaus auch wieder in neue Kreise hineingekommen: Juristenkreise; und habe dort z.B. erfahren, daß die meisten Leute, die auf dem Arbeitsgericht entscheiden, früher mal handwerkliche Berufe hatten – das wußte ich alles gar nicht. Ich habe mich also da hineingesetzt und immer nur zugehört; in den ersten vier Wochen war das für mich Chinesisch. Man muß die Atmosphäre schmecken; da wird eine reglementierte Sprache gesprochen, das Urteil, das gefällt wird, ist als Kompromiß zwischen Arbeitgeber und Gewerkschaftsvertreter längst schon abgesprochen. Erfahrungen also. Oder auch Überraschungen: Ich denke, mich trifft der Schlag, den kenne ich doch, der da plötzlich als Angeklagter steht – obwohl es in diesem Sinne beim Arbeitsgericht keinen Angeklagten gibt! Draußen in der Vorstadt ist er der große Mäzen für den Schützenverein und für den Kaninchenzüchterverein, und im Kirchenvorstand ist er, ein wohlhabender Mann, der Schlips und weiße Hemden trägt, wie Degenhardt singt, und nun steht er da vor dem Arbeitsgericht, weil eine Putzfrau ihn verklagt hat, weil er ihr die drei Tage Urlaub, die ihr zustehen, nicht gegeben hat. So etwas erfährt man. Ich wäre früher nicht drauf gekommen; diese Erfahrungen sammelt man durch das Schreiben. Und das Arbeitsgericht hat ja doch sehr viel mit Arbeitswelt zu tun, da werden die eigentlichen Tragödien ausgetragen. Und was die existentielle Grundsituation des Arbeiters, die ich ja über zehn Jahre miterlebt habe, angeht: Wenn ich z.B. im Arbeitsgericht bin, dann habe ich mich – es ist sehr eigenartig – innerlich immer identifiziert mit dem Arbeiter oder Angestellten, nie mit dem Arbeitgeber, selbst wenn sachliche Gründe für den Arbeitgeber sprachen; ich habe mich immer für diese eine Seite engagiert, auch wenn deren Vertreter neurotisch aufgetreten ist usw. Und warum? Da vorne steht die kleine Kreatur, die sich im Grunde gar nicht wehren kann, weil ein allmächtiger Apparat über ihr sitzt, der sogar noch den Richter als Feind ansieht.

A.: Diese Grundsituation haben Sie erlebt und erfahren, genügend intensiv, um deren Eindruck Ihr Leben lang nicht zu verlieren; was Sie aber verlieren könnten, ist die unmittelbare Anschauung. Und nun holen Sie diese unmittelbare Anschauung stückweise aus ganz anderen, erweiterten Bereichen: aus der Freizeit – also der Kneipe –, aber auch, indem Sie sich zeitweise in Arbeitsprozesse eingliedern?

v. d. G.: Wie für „Zwei Briefe an Pospischiel“: Ich mußte auf eine

Schaltwarte in einem Elektrizitätswerk gehen, was mir auch wieder durch Freunde vermittelt worden ist, ich habe den Blaumann angezogen und vier Wochen dort gearbeitet. Nicht um einen technischen Apparat kennenzulernen – den kann ich auch aus der Sekundärliteratur erfahren –; aber ich bin eben nun mal ein Schriftsteller geworden. – Daß ich nun mit dem Schreiben auch Geld verdiene, das ist wieder eine ganz andere Geschichte. Es geht doch darum: Was schreibt dieser Autor? Ich weiß nicht, ob das richtig ist, ob ich mich entferne von der unmittelbaren Anschauung. Ich wohne nach wie vor in einer Stadt, die zu 90 % aus Arbeitern besteht; ich gebe zu, ich wohne in einer Straße, wie sie in „Stellenweise Glatteis" auch beschrieben worden ist, die aus zwei Seiten besteht. Auf der schwarzen Seite wohnen die Arbeiter und Angestellten und auf der grünen Seite wohnen Rechtsanwälte, Ärzte usw. Und ich wohne auf der grünen Seite. Und in „Stellenweise Glatteis" habe ich ja nicht mein Leben beschrieben, obwohl da in Ich-Form erzählt wird, sondern das Leben des Karl Maiwald, der auf der schwarzen Seite lebt. Nun habe ich natürlich bestimmte Privilegien, und ich muß zugeben, ich bin nie rot geworden und ich habe mich nie geschämt, wenn mein Wirt zu mir sagte: So wie du arbeitest, so möchte ich mal Urlaub machen. Er sagt das aus einer bestimmten Unkenntnis heraus; er sieht mich ja nur, wenn ich in der Kneipe stehe, er sieht mich nicht, wenn ich 16 Stunden am Schreibtisch sitze, wenn ich Hunderte von Kilometern fahren muß, er kennt nicht den Streß, wenn ich bei Lesungen bin und auseinandergepflückt werde usw. Das alles kommt ja mit hinzu, ist ein neuer Erfahrungs- und Erlebensbereich. Aber eines würde ich doch für mich in Anspruch nehmen: Ich möchte nicht leben in einer Stadt wie z.B. Berlin, wo sich dann wieder eine literarische Schickeria trifft in einem bestimmten Lokal, die dann freudestrahlend auf mich zukommen und sagen: Da mußt du mit reinkommen, da verkehren auch Arbeiter – wörtlich gesagt von einem Schriftsteller –; auch der Günter Grass verkehrt da. Ich wohne sehr schön, am Wiesenrand, fast im Grünen – und ich brauche das auch.

A.: Aber eben auch das Leben und das Flair einer totalen Industriestadt, einer Arbeiterstadt.

v. d. G.: Ja, das ist irgendwie ein Bedürfnis für mich. Ich habe auch anderes erlebt: Eine Stadt wie Oxford kotzt mich an. Wenn ich aber in Birmingham, in einem ganz schlimmen dunklen Arbeiterviertel

bin, da fühle ich mich plötzlich wohl. Da sind dann plötzlich Menschen, mit denen ich mich unterhalten kann, auch wenn ich ihre Sprache nicht flüssig spreche. Da habe ich doch ein bißchen Angst vor, mal irgendwo am Möhnesee zu wohnen.
A.: Also abgeschnitten von dem Lebensbereich, der Ihr literarisches Material darstellt.
v. d. G.: Ja. Viele Leute glauben ja immer, ein Schriftsteller müsse sein Häuschen im Grünen haben und distanziert sein.
A.: Romantizistische Vorstellungen.
v. d. G.: Ich finde, ein Autor soll mitten in einer Mietskaserne wohnen, das ist für ihn das Richtige.

A.: Wie würden Sie ganz grundsätzlich Ihr soziales Engagement definieren?
v. d. G.: Da kann man wieder pathetisch werden, weil die Sprache keine Ausflüchte kennt oder man irgendetwas Stereotypes sagen muß. Es gibt einen Satz bei Lichtenberg, den ich mir anziehe und der sich bei mir im Schreiben artikuliert, der heißt: „Es tun mir viele Dinge weh, die anderen nur leid tun." Das heißt, mein soziales Engagement wird immer bei denen sein, die man als die Abhängigen, als die Schwachen kennt; weil ich zwanzig Jahre lang – 13 Jahre auf der Zeche, 4 Jahre als Maurer, 3 Jahre als kaufmännischer Lehrling – Abhängiger war und viele Jahre in einem Elternhaus gelebt habe, wo der Sohn und die Mutter lutherisch waren, der Vater bei den Zeugen Jehovas war, und die anderen 7997 waren Katholiken. Von daher wird so etwas geprägt. Ich habe als Kind die Demütigungen erfahren: Du Lutheraner!, die Demütigungen meines Vaters: Du Bibelforscher!, Demütigungen erfahren, als ich von der Schule geschmissen wurde, weil der Vater ins KZ kam. Das kann man doch nicht abstreifen, auch wenn ich im Jahr zwei-, drei- oder fünfhunderttausend Mark verdiene, das hat doch damit gar nichts zu tun – das ist sehr angenehm für mich, es wäre idiotisch, das Gegenteil zu sagen, es ist sehr angenehm für mich, weil ich mir bestimmte Dinge leisten kann, die ich mir in einem Arbeiterleben nicht hätte leisten können; aber mit meiner Einstellung hat das nichts zu tun. Natürlich kann ich einfach für fünf Wochen nach Griechenland fahren, ich kann nach Moskau fliegen oder nach Südamerika, einfach weil ich neugierig darauf bin, und das hätte ich

mir nicht leisten können, wenn ich ein einfacher Arbeiter geblieben wäre – nicht mal mit einer Chartermaschine.

A.: Aber das hat das, was Sie Ihr Mitleiden nennen, das soziale Engagement, wie Sie es umschreiben, nicht korrumpiert?

v. d. G.: Nein, ich bin bei meinem Thema geblieben. Im Gegenteil, ich entdecke immer neue Dinge, die zu meinem Generalthema gehören. Ich schreibe dann auch mal eine kleine Geschichte oder Erzählung, wie eben ein berufstätiges Ehepaar so dahinlebt, leben muß – wie in „Wenn der Abend kommt" –: Da sind zwei Menschen, die sind müde, die kommen nach Hause, die haben alle die Aggressionen, die sie im Betrieb nicht loswerden konnten, weil sie ja gefügig und gehorsam sein müssen, gestaut und lassen sie plötzlich aufeinander los, ausgelöst z.B. durch eine nicht richtig ausgedrückte Zahnpastatube – ganz ohne Dramatik und alltäglich. Das sind diese Geschichten, die mich berühren. Ob die dann richtig erzählt sind oder nicht, na ja ... Was mich dann allerdings auf die Barrikaden bringt: Diese Geschichten kommen massenweise in die Schulbücher hinein – Arbeiterliteratur ist ja auch da Mode geworden –, und dann bekommt man Interpretationen von Deutschlehrern, die das Letzte sind. Z.B. steht über dieser erwähnten Geschichte nur der Bibelvers „Herr, bleibe bei uns, denn es will Abend werden und der Tag hat sich geneigt." Und dann fängt diese Geschichte an, es ist Abend, das Ehepaar ist nach Hause gekommen, und der Mann beobachtet vom Fenster aus, wie sich ein blaulichterner Mercedes-Stern oben am Ruhrschnellweg dreht, und der Junge hat mal abgestoppt: in sieben Sekunden dreht sich der Stern einmal. Mir ging es mit dem Zitat des Bibelverses eigentlich darum zu sagen, daß bestimmte Welten zerstört sind, daß eine Familie heute auf Grund des Arbeitsprozesses oft gar nicht mehr zusammensitzen kann und gemeinsam zu Mittag oder zu Abend ißt, durch Schichtbetrieb usw. Und auf einmal bekomme ich die Aufsätze von Schülerinnen, die alle gleichlautend waren in der Interpretation, daß dieser Mercedes-Stern wohl doch ein neuer Stern von Bethlehem sei. Da muß ich einfach sagen, viele Germanisten sind Idioten. Dann kann mir keiner übelnehmen, daß ich, wenn ich das Wort Germanisten höre, rot anlaufe. Denn die Schülerinnen haben das natürlich von ihrem Deutschlehrer übernommen.

A.: Sie sind, was Ihr soziales und also auch politisches Engagement angeht, früher immer wieder in die Kiste mit der Aufschrift „Sozialismus" gesteckt worden. Sie haben gute Beziehungen zur DDR, Ihre Bücher werden dort, wie auch in der Sowjetunion und anderen Ostblockstaaten, verlegt. Würden Sie Ihr soziales Engagement auch mit Ideologie umschreiben wollen?

v. d. G.: Wenn ich in diesem Bereich schaffe, aus ihm komme, wenn ich also von der untersten Stufe der sozialen Leiter herkomme, und wenn ich später aus diesem Milieu schreibe, dann wird eine sozialistische Haltung immer bei mir vorhanden sein. Man kann die verschiedenen Arten von Sozialismus nicht in einen Topf werfen – dagegen habe ich mich schon vor zehn Jahren gewehrt –; der Sozialismus in Ägypten, Chile, Kuba ist ein anderer als der in der DDR usw.; und manche Leute verwechseln Sozialismus auch mit Dogmatismus – dies alles muß man auseinanderhalten. Und wenn mich jemand fragt: Was hat denn Fidel Castro auf Kuba schon bewerkstelligt, dann sage ich: Es kann auf dieser Insel jeder lesen und schreiben – da hat er schon ein Lebenswerk geschaffen; und da, wo die Kolonialherren drei Jahrhunderte lang nur Zucker angebaut haben, kann auch ein Fidel Castro nicht über Nacht Kartoffeln anbauen. Von daher ist man immer gezwungen, dies in Schutz zu nehmen.

A.: Die historischen nationalen Entwicklungen sind natürlich in Rußland, Mitteleuropa, China, Südamerika völlig andere, so daß natürlich ein *Schlagwort vom Sozialismus das alles nicht abzudekken vermag, selbstverständlich. Aber ich meine: Würden Sie Ihr soziales Engagement auch in einer bestimmten Weise ideologisch fixieren wollen?*

v. d. G.: Da kommt man natürlich leicht in Bereiche des Taktierens oder des Strategien-Entwickelns.

A.: Strategien gegenüber der Gesellschaft, in der man lebt?

v. d. G.: Ja. Jedenfalls ist es so, daß ich nicht schreiben könnte, wenn ich nicht davon überzeugt wäre, daß die Zukunft der Menschheit im Sozialismus liegt, ja daß die Menschheit überhaupt nur überleben kann im Sozialismus; anders ist es überhaupt nicht mehr möglich, anderes wäre der Untergang der Erde.

A.: Es ist ja auch eine durchaus konsequente Entwicklung über den Feudalismus und die bürgerliche Gesellschaft; die Frage ist nur: Wie sieht dieser Sozialismus aus?

v. d. G.: Da haben wir mittlerweile ja nun internationale Erfahrungen. Sozialismus ist in einem hochentwickelten Industriestaat wie in der Bundesrepublik wohl nur zu erreichen über den Weg der immer mehr durchgesetzten Reformen. Wer auf den Marktplatz geht und schreit: Der Sozialismus ist ausgebrochen, die Revolution ist ausgebrochen – der ist dumm. Die große Tragik der Ostblockländer ist doch die, daß sie nie eine Revolution gehabt haben, sondern daß der Sozialismus aus der UdSSR in diese Länder importiert worden ist. Ein hochindustrialisiertes Land wie die Tschechoslowakei hat plötzlich einen Sozialismus oktroyiert bekommen, der entwickelt wurde für ein reines Agrarland, in dem 98% Analphabeten lebten – von daher kamen dann natürlich die Konflikte. Das geht in einem hochentwickelten Industriestaat, wie auch der Bundesrepublik, nicht, auch nicht in der DDR.

A.: Die DDR gehört immerhin zu Mitteleuropa, gehört zu einer deutschen Nation, die industriell entwickelt war, während die UdSSR, also Rußland, nie eine Zwischenphase zwischen Feudalismus und Sozialismus hatte und ein ganz und gar zurückgebliebenes Land war.

v. d. G.: Die Nachwehen in der DDR halten ja immer noch an. Und ich bin der festen Meinung – auch wenn mich viele als Reaktionär beschimpfen mögen –, daß Sozialismus in der Bundesrepublik nur auf dem Wege der immerwährenden Reformen und Reformen und Reformen zu erreichen ist.

A.: Die Art Ihres sozialen Engagements wäre doch ein Anlaß, sehr intensiv mit den Gewerkschaften zusammenzuarbeiten. Ihre Beziehungen zu den Gewerkschaften sind aber seit langem problematisch, um nicht zu sagen: sehr gestört. Woran liegt das? Wie hat sich das eigentlich entwickelt? Und was werfen Sie den Gewerkschaften vor?

v. d. G.: Was ich den Gewerkschaften vorwerfe, steht auch wieder in meinen Büchern. Wenn mich überhaupt etwas überrascht hat, als ich als Autor anfing: 1. dieser enorme Erfolg; 2. daß ich mit einem Schlag sehr viel Geld hatte; 3. viele Dinge, an die man sich gewöhnen mußte; aber was mich – als 4. – echt erschreckt hat, war die Reaktion der Gewerkschaften. Ich muß zugeben, ich war zuerst hilflos; denn ich hatte doch nichts anderes getan als Arbeitswelt dargestellt, so wie ich, Max von der Grün, sie sah und wie ich sie unmittelbar miterlebt habe. Und ich habe auch die armen Schweine von Betriebsräten gesehen, die jeden Tag lavieren müssen zwischen den Fronten; und ich habe gesehen, daß das taktische Denken bei der Gewerkschaft stärker ausgeprägt ist als der moralische Anspruch, den ich als Autor – und als Mensch – stelle. Ich hatte mir gedacht, über diese beiden ersten Bücher einen sehr engen Kontakt zur Gewerkschaft zu haben, vielleicht hätten auch Gewerkschaftsblätter meine Romane abgedruckt – aber das hat die bürgerliche Presse gemacht. Beim ersten Prozeß gegen einen Vorabdruck aus „Irrlicht und Feuer" vor dem Landgericht war noch ein Vertreter der Gewerkschaft da, als Gutachter; als dann das Buch ganz erschienen war, lief der zweite Prozeß vor dem Oberlandesgericht – da war kein Mann von der Gewerkschaft mehr da. Und dann wurde von der Gewerkschaft aus allen Rohren auf mich geschossen. Da habe ich auch eine Erfahrung gemacht, die mit Schreiben zu tun hat: daß jeder sich gerne so dargestellt sehen möchte, wie er gerne wäre, wenn die Umstände es zuließen. Auch die Reaktionen der Arbeiter waren – auch bei der Verfilmung – dementsprechend: So sind wir nicht! Woraufhin ich dagegenfragte: Wie seid ihr denn? Und die Frage mit der Gewerkschaft, die ich zuerst auf die leichte Schulter genommen habe – ich dachte, man beruhigt sich schon mit der Zeit –, wurde stattdessen immer schlimmer.

A.: Was wurde denn ganz konkret von der Gewerkschaft kritisiert an „Irrlicht und Feuer"? Die allgemeine Tendenz des Romans oder bestimmte Passagen?

v. d. G.: Man argumentierte: Die Gewerkschaft würde sofort eingreifen, wenn so etwas passiert wäre, wie ich es dargestellt habe. Doch tatsächlich *hat* die Gewerkschaft nicht eingegriffen, im Gegenteil, hinter den Kulissen wurde gemauschelt: nur nicht an die große Glocke hängen. Zum Teil ging das so weit, daß sich Gewerkschaften und Unternehmer über etwas einigten, damit nicht die Bergbaupolizei kommt, weil die Gewerkschaft dann auch die Gelackmeierte gewesen wäre. Solche Dinge haben den Gewerkschaften nicht gut getan. Es gab dann ein Gespräch, an dem auch Walter Arendt teilgenommen hat, der damals Vorsitzender der Gewerkschaft war, im Büro von Fritz Hüser, zusammen mit dem Oberbürgermeister von Dortmund; die wollten das nicht zum Eklat kommen lassen und forderten mich zur Aussprache auf. Aber aus dieser

Aussprache wurde nichts, es wurde eine harte Kontroverse, es fielen Worte, die man gar nicht mehr wiedergeben kann.
A.: Worum ging es konkret?
v. d. G.: Es ging konkret um einen Satz. Als der Jürgen Fohrmann sich Gedanken macht über die ganze Entwicklung, steht da in „Irrlicht und Feuer" der Satz: „Mein Gott, was soll nur werden, wenn sich unsere Gewerkschaftsvertreter zu Bonzen ausleben? Dann müssen wir uns mit den Unternehmern verbünden, weil wir selbst zu schwach sind, um diese Bonzen von ihren Stühlen zu werfen."
A.: Ist natürlich auch hart!
v. d. G.: Aber es steht doch die Verzweiflung davor: „Mein Gott, was soll nur werden?" Das hat Arendt aber nicht unterstrichen, sondern nur das, was dann kam, hatte er sich rot unterstrichen.
A.: Diesen Satz sagt ja nicht von der Grün, sondern seine Figur Jürgen Fohrmann.
v. d. G.: Und ich als Autor habe dieses Leiden, diese Unzufriedenheit mit der Gewerkschaft erlebt und gesehen. Ich habe erlebt, wie 560 Vertrauensmänner bei Hoesch, während der wilden Streiks, als der Name des Arbeitsdirektors genannt wurde, das Buhen und Pfeifen angefangen haben – das kommt doch irgendwo her; die Leute machen das doch nicht aus Jux und Dollerei! Da liegen doch Erfahrungen drunter. – Nun muß man das auch einmal anders sehen: Alles, was an Literatur nach 1945 erschienen ist, hat doch stets den Bereich Gewerkschaft total ausgeklammert.
A.: Wie ja auch den Bereich Arbeitswelt.
v. d. G.: Ja. Und zur Darstellung der Arbeitswelt gehört die Gewerkschaft. Also fehlte da die Kritik. Und Martin Walser hat mir mal gesagt: Von der Grün, ich kann die Zeitung aufschlagen wann ich will, ewig hast du Krach mit den Gewerkschaften – ich hab keinen Krach mit den Gewerkschaften. Ich: Ja, du kennst die ja auch nicht, du mußt mal ein Gewerkschaftsbüro kennenlernen.
A.: Er berührt sie ja auch gar nicht mit dem, was er schreibt.
v. d. G.: Weil nun die Gewerkschaften nie in die Kritik hineinkamen – auch die Intellektuellen haben sie mit Kritik verschont aus einem nach meiner Meinung nicht angebrachten Solidaritätsgefühl heraus –, fällt es ihnen nun besonders schwer, sich der Kritik ausgesetzt zu fühlen.

A.: Man muß das nun ja auch mal historisch sehen. In den Fünfziger Jahren waren die Gewerkschaften von der Adenauer-Regierung ständig scharf angefeindet, weil sie angeblich kommunistisch unterwandert seien; gewiß, Agenten gibt's zu jeder Zeit, damals wurde aber, man kennt das gegenüber Brandt, willkürlich diffamiert. Also mußten sich die Gewerkschaften in diesem demokratischen System erst einmal durchsetzen als demokratisch akzeptierte Institutionen. Inzwischen sind sie ja in einer solchen Situation nicht mehr, viele Gewerkschaftsführer sind Minister geworden, die Kampfzeit, die Zeit der Durchsetzung ist vorbei – und dann muß sich eine solche demokratische Institution, ein ganz wichtiger Träger der Demokratie, auch selbst als Objekt der Kritik verstehen lernen.

v. d. G.: Ein konkreter Fall dafür, was ich von den Gewerkschaften fordere: Es war ein wilder Streik bei Hoesch. Dort hat sich die Betriebsleitung nicht anders zu helfen gewußt, als, auf Grund von Verdächtigungen, acht Leute wahllos zu entlassen, um ein Exempel zu statuieren. Daraufhin haben sich die 560 Vertrauensmänner versammelt und beraten, ob wegen dieser acht Leute zu streiken wäre oder nicht. Und jetzt hätte die Gewerkschaft sagen müssen: Was der Unternehmer da macht, ist Willkür; wir rufen unsere Mitglieder zu einer Urabstimmung auf – entweder werden die acht Leute wieder eingestellt, oder wir treten in Streik. Die Gewerkschaft hat verlernt – oder sie hat es noch nie gekonnt –, daß man nicht nur für Lohn und Tarife, was auch ihre Aufgabe ist, sondern auch für Menschen eintreten muß. Alles andere ist nur Gewäsch – und ich kenne die Gewerkschaften genau genug, um das sagen zu können. Hier lag ein konkreter Fall vor, an dem man hätte demonstrieren können, daß man so mit Menschen im 20. Jahrhundert nicht umspringen kann. Hier hätten sie ganz deutlich einen moralischen Anspruch rechtfertigen können; sie aber treten nicht mit einem moralischen Anspruch auf, sondern mit einem taktischen. Ich gebe zu, daß es die Gewerkschaften nicht leicht haben, daß es viele Bereiche gibt und Zeiten, in denen sie lavieren müssen, z.B. in einer Rezession usw. Aber das ist doch das Einfachste, Elementarste: Eine Gewerkschaft hat es mit Menschen zu tun, und sie muß für diese Menschen auch eintreten. Aber sie ist schon so institutionalisiert, daß sie so reagiert wie einer dieser IG-Metall-Vertreter, der auf die Frage, was man denn mit diesen acht fristlos Entlassenen tun werde, antwortete: Wir geben ihnen Rechtshilfe – also die Gewerkschaft stellt ihnen, falls sie vor dem Arbeitsgericht klagen sollten, einen kostenlosen Rechtsanwalt zur Verfügung. Das ist für mich schon Infamie.

A.: Nun ist aber, wie erstmals bei den Tarifverhandlungen in Baden-Württemberg, doch die Gewerkschaft auch darauf gekommen, die Humanisierung am Arbeitsplatz in ihre Forderungen einzubeziehen und eben nicht nur noch Tarif- und Lohnpolitik zu machen; da zeichnen sich doch Fortschritte ab.

v. d. G.: Diese Humanisierung der Arbeitswelt ist auch zu einem Schlagwort geworden, und ich habe davon, und von Lebensqualität, schon vor zehn Jahren in meinen Büchern geschrieben. Das ist ja doch der Raum, in dem ich lebe, und also muß man doch sehen, daß das annehmbar wird. Aber das ist überhaupt nicht zur Kenntnis genommen worden. – Aber auch das andere: Wenn ich jetzt von der Gewerkschaft rede, dann redet sich das so leicht hin. Es gibt ja in den Gewerkschaften auch verschiedene Strömungen, wir haben doch 16 verschiedene Einzelgewerkschaften, die reichen von ziemlich reaktionären wie der IG Bergbau und Energie bis zu einer sehr fortschrittlichen wie der IG Holz – da muß man also Unterscheidungen machen. Und auch ich habe in der Gewerkschaft nicht nur Feinde, ich habe dort auch Freunde, und häufig genug weiß ich das gar nicht und erfahre das erst, wenn ich einen Wink kriege. Z.B. ist Fahrtmann, der Mitbestimmungsexperte der SPD, ein alter Gewerkschafter, ein Freund, der sehr wohl die negativen Seiten in der Entwicklung der Gewerkschaften sieht und der auch immer wieder sagt: Du mußt das Ganze auch mal von einem anderen Punkt her sehen. Und dann sage ich: Moment mal! Ich muß das nicht so sehen. Ich als Autor habe das Recht, es einseitig zu sehen. Ich bin keine Institution wie das Fernsehen, das abgewogen berichten muß, mein Engagement liegt auch darin, daß ich es einseitig sehe. Denn in der Einseitigkeit werden bestimmte Dinge transparenter und gewichtiger. Aber bei uns ist dieses Wort Tendenz schon immer anrüchig gewesen. Und ich meine: Gute Literatur ist niemals tendenzfrei.

A.: Und eben mittels dieser Tendenz vermögen Sie eher bewußtseinsverändernd und -aufschließend zu wirken, als wenn Sie alles ausgewogen darstellen, also aufklärend, was ja ein erster Schritt zur Bewußtseinsveränderung ist. Halten Sie denn demnach die Litera-

tur prinzipiell für zuständig, gesellschaftsverändernd zu wirken, vorausgesetzt, daß Literatur das überhaupt kann? Das ist ja ein ganz subtiler Prozeß, der unmittelbar so gar nicht abzusehen ist. Man kann ja heute auch anders, nämlich unmittelbar über Parteien, Gruppen usw. politisch aufklärend wirken und arbeiten. Hat die Literatur diese Aufgabe dennoch auch zu übernehmen? Halten Sie das für ein prinzipielles Erfordernis von Literatur?

v. d. G.: Das ist die alte Diskussion: Kann Literatur verändern? Und diese Frage beantworte ich mit einem ganz klaren: Ja, mich hat Literatur verändert. Einen, der nicht liest, den kann Literatur natürlich auch nicht verändern; der wird vielleicht durch bestimmte politische Strömungen oder Gruppen beeinflußt oder aufgeklärt. Mich jedenfalls hat Literatur verändert.

A.: Aber nicht die Literatur, die Sie geschrieben haben, sondern jene, die Sie gelesen haben. Könnte man nun weiter sagen, daß die Literatur, die Sie schreiben, auch andere verändert? Man wird mit Sicherheit sagen können, daß die nonkonformistische Literatur der Fünfziger und Sechziger Jahre mit daran beteiligt war, einen politischen Sensibilisierungsprozeß und einen Klimawechsel in Gang zu setzen. Glauben Sie, daß das, was ich einmal unter dem Schlagwort Arbeiterliteratur der Sechziger und beginnenden Siebziger Jahre zusammenfassen will, auch einen Klimawechsel, eine Bewußtseinserweiterung bzw. -veränderung einleiten könnte? Es ist ja sehr schwierig, Wirkungen von Literatur unmittelbar in der Gegenwart abzulesen. Sie halten selbst viele Lesungen ab. Wer sind nach Ihren Erfahrungen Ihre Leser, und welche sichtbaren Wirkungen erreichen Sie als Autor bei diesen Lesern, die Sie ja vor sich sehen und mit denen Sie diskutieren?

v. d. G.: Literatur und Wirkung – das ist ein ungeheures Thema, kaum in den Griff zu bekommen. Ich sagte: Literatur hat mich verändert; aber es war nicht abzulesen, wie sie mich verändert hat. Erst in dem Moment, in dem ich selbst zu schreiben anfing, ist es ablesbar gewesen, daß Literatur mich verändert hat. Ich wäre nicht zum Schreiben gekommen, wenn ich mich nicht mit Literatur beschäftigt hätte. Da sitzt also ein Mensch und liest – ein Leser; welche Wirkungen bewirkt nun, was er liest, bei ihm. Als „Stellenweise Glatteis" herauskam, bekam ich eine Unmenge von Briefen. Ich will mal zwei Extreme herausnehmen: Der eine schreibt: Als ich Ihr

Buch gelesen hatte, war für mich eines klar, ich trete aus der Gewerkschaft aus und habe das auch getan. Und ein anderer schreibt mir: Ich bin 20 Jahre lang nicht in der Gewerkschaft gewesen, als ich Ihr Buch gelesen habe, bin ich jetzt eingetreten, denn da muß man etwas tun. Hier würde ein Dogmatiker oder ein guter Linker – wie die sich so verstehen – gesagt haben: Von der Grün, etwas in diesem Buch stimmt nicht, denn einer ist ja aus der Gewerkschaft ausgetreten. Das zur Reaktion.

A.: Das sind ja verschiedene Subjekte, auf die das trifft, mit verschiedenen Erfahrungsbereichen und -zeiten.

v. d. G.: Und durch ein Buch wurde ihnen eine Erfahrungswelt offenbart, an der sie zwar teilnahmen, die sie aber nie in diesem Sinne, wie das Buch es ihnen nahebrachte, ermessen haben. Es hat auch etwas mit dem Alter zu tun. Als ich mit 17 Jahren den „Werther" las, dachte ich: ein köstliches verlogenes Buch; und als ich es mit 35 Jahren wiedergelesen habe, da lief es mir kalt den Rücken runter. Ich habe also später eine Erfahrung gemacht, die ich mit 17 Jahren noch nicht haben konnte. Nun mal zu Lesungen, die Sie angesprochen haben – überhaupt ist die Wirkung meiner Bücher ja nicht auf den deutschen Raum beschränkt, sondern international: ich bekomme Briefe aus der Sowjetunion, aus Italien, Frankreich, aus Indien usw., und man merkt plötzlich, daß man als Autor international bekannt geworden ist, ich habe auch viele Lesungen im Ausland –: Das Erfreuliche bei meinen Lesungen war, und ich betrachte das mit Genugtuung, daß dort nie über Literatur gesprochen worden ist, sondern daß immer ganz hart gesellschaftspolitisch diskutiert worden ist. Und daß ein ganz eigenes Publikum zu meinen Lesungen kommt, das sich von dem anderer Lesungen weitgehend unterscheidet. Etwas anderes kommt auch hinzu, und Günter Wallraff kann das zum Teil bestätigen: Ich weiß nicht, ob mehr Bücher gekauft werden, ob mehr Bücher gelesen werden; aber eines weiß ich aus meiner eigenen Erfahrung: daß sich der Kreis jener, die Bücher lesen, verschoben hat.

A.: Kann es nicht auch sein, daß Ihre Leser andere sind als jene, die z.B. Böll oder Grass lesen? Daß Sie eine neue Schicht von Lesern ansprechen?

v. d. G.: Mag sein. Jedenfalls werden meine Bücher am ehesten als Taschenbücher gekauft und viel von jungen Leuten. „Irrlicht und

Feuer“ zum Beispiel dringt mehr und mehr in das Bewußtsein der Leute ein, junger Leute – ich sehe das ja an den Verkaufsziffern. Und mein Buchhändler in Dortmund sagte mir: Wer „Irrlicht und Feuer“ kauft, das sind zu 90% junge Leute. Wenn ich sie frage, ob sie etwas anderes haben wollen, sagen sie: Nein, wir wollen das Taschenbuch; und sie fragen, ob es „Stellenweise Glatteis“ schon als Taschenbuch gibt. Da muß also eine Verschiebung stattgefunden haben.

A.: Sie haben aber damit genau den Leserkreis, den Sie wollen.

v. d. G.: Ich weiß aber nicht, wie sich der sozial zusammensetzt. Bei Sammelbestellungen wird das sichtbar: Drucker der „Frankfurter Rundschau“, Angestellte der Bank für Gemeinwirtschaft, der Betriebsrat der Messer/Griesheim-Werke, da konnte ich das sehen. Aber nicht bei den anderen Lesern. Ich weiß also nicht, zu welchen sozialen Schichten meine Leser gehören – doch möchte ich annehmen, daß sie bei der jüngeren Arbeiterschaft und bei Angestellten zu suchen sind.

A.: Oft fragt man ja: Wenn ein Arbeiter acht Stunden am Tage malocht hat und abends müde nach Hause kommt – soll der nun noch ein Buch lesen, in dem er seine Probleme, so wie er sie acht Stunden lang gehabt hat, auch wenn er sie so nicht erkannt hat, noch einmal aufbereitet findet?

v. d. G.: Wenn die Probleme so dargestellt sind, wie das Brecht einmal gefordert hat: Wenn ich erziehen und belehren und aufklären will, dann muß ich auch unterhalten. D.h. ich muß in der Lage sein, eine Geschichte spannend und unterhaltsam zu erzählen, das ist eine wichtige Vorbedingung. Mir hat man ja bei „Stellenweise Glatteis“ den Vorwurf gemacht, ich hätte keinen kritischen Roman geschrieben, sondern einen Krimi.

A.: Also die spannende Darstellung als Anreiz, etwas auf- und wahrzunehmen, was man, auf trockene Weise serviert, am liebsten überhören möchte. Ein Plädoyer also für die Sinnlichkeit in der Literatur?

v. d. G.: Wir kommen hier auf ein Grundproblem der Literatur, die wir hier verständnishalber mit Literatur der Arbeitswelt bezeichnen. Diese Literatur wird nie ein Massenpublikum erreichen, wenn diese Literatur so entsinnlicht bleibt wie sie ist. Für mich muß Literatur auch sinnlich sein, es müssen Menschen darin sein, mit denen ich lachen, mit denen ich mich freuen kann. Diese trockene Literatur, die wie eine soziologische Abhandlung geschrieben ist, wird nie ein großes Publikum erreichen und damit auch ihre aufklärerische Wirkung verfehlen. Oskar Negt hat bei einer Diskussion einmal gesagt: Das Fehlen jeglicher Sinnlichkeit ist der Tod von Literatur. Diesen Satz unterschreibe ich sofort.

A.: Wir haben vorhin von Ihrem sozialen Engagement, von Ihrem sozialen Selbstverständnis gesprochen. Ich möchte zum Schluß noch einmal auf Ihr heutiges politisches Selbstverständnis kommen. Sie haben festgestellt, daß Sie im Grunde ein bürgerlicher Autor sind. Sind Sie auch Intellektueller? Wollen Sie eher Vorurteile abbauen als eigene politische Vorstellungen, Systemveränderungen z.B., vorantreiben?

v. d. G.: Das eine bedingt doch das andere. Ich kann doch nicht bestimmte politische Dinge vorantreiben, wenn ich vorher nicht Vorurteile oder Denkkorsetts abgebaut habe. Nur weiß ich heute – ich bin ja kein junger Luftikus mehr –, daß bestimmte Dinge auf bestimmten Wegen nicht machbar sind. Man muß sich etwas einfallen lassen, und man muß vor allem differenzieren.

A.: Also z.B. nicht Revolution, sondern Reform.

v.d.G.: Das sagte ich ja auch schon. Das große Revolutionsgeschrei war mir schon in der großen Zeit der Studentenbewegung unbehaglich. Das hat sich aber beruhigt, als Willy Brandt die Regierung übernahm. Ich bin der Meinung, daß ich als Autor nicht immer einer sein kann, der, wie es im „Faust" von Mephisto heißt, stets verneint. Ich muß in einer Gesellschaft auch einmal zu etwas Ja sagen können. Ich habe damals Ja zu Willy Brandt gesagt, ich habe Ja zu dieser Regierung gesagt. Und es resultiert aus diesem alten Antikommunismus, daß man es den Autoren vorwirft, wenn sie Ja sagen; Christa Wolf hat einmal zu einer Entwicklung Ja gesagt, Hermann Kant hat zu einer Entwicklung Ja gesagt, sogar der bei uns so hochgelobte und drüben so geschmähte Biermann hat Ja gesagt zu einer Entwicklung. Autoren können nicht immer nur Nein zu ihrer Gesellschaft sagen, hier wie dort. Ich muß zu bestimmten Dingen auch Ja sagen. Ich mußte viele Urteile und Vorurteile, die sich in mir festgesetzt haben, abbauen.

A.: Wo sehen Sie denn heute in der Bundesrepublik die politischen

Gruppen und Parteien, von denen Sie sich die nachhaltigsten politischen Veränderungen zum Guten, Besseren hin versprechen?

v. d. G.: Wenn man danach fragt, was man sich verspricht, dann muß man erst einmal die verschiedenen Entwicklungen, die stattgefunden haben, zur Kenntnis nehmen. In der SPD hat eine Entwicklung eingesetzt, in der mittlerweile abwertend gesagt wird: Diese Theoretiker, diese Theoretiker. Ich würde aber niemandem, der, weil er noch nicht ausgegoren ist, theoretisiert, den Mund verbieten. Man muß einfach reden. Viele Leute machen es sich einfach zu leicht, indem sie nicht reden. Ich rede bei Lesungen dauernd: eine Stunde Vorlesen und drei Stunden Diskussion.

A.: Gerade die offene Diskussion ist ja von den Jusos in die SPD hineingetragen worden, und geredet wurde auch von Dingen, die in dieser Radikalität, mit der darüber geredet wurde, nicht realisierbar sind.

v. d. G.: Aber einsehen, daß sie nicht realisierbar sind, kann man doch überhaupt erst, wenn diese Diskussion in Gang gesetzt ist. Das heißt, um es mal auf meine Person als Schriftsteller zu übertragen: Wenn ich nicht jeden Tag an meinem Schreibtisch ausprobiere, wo eigentlich die Grenzen der mir zugebilligten Freiheit sind, dann kann ich doch überhaupt nicht ermessen, was Freiheit ist. Man kann also wohl sagen, daß diese linken Gruppen in der SPD auf längere Sicht hin nicht nur diskutieren, sondern daß sie auch eine gute politische Arbeit im Sinne einer Politik der Sozialisierung machen, ohne daß man jeden Tag das Wort Revolution auf den Lippen führt. Und daß da auch eine Generation heranwächst, die beweist, daß – Willy Brandt ist daran gescheitert – sich Politik ohne weiteres mit moralischen Grundsätzen verbinden läßt. Ich glaube nicht, daß die DKP, wenn sie sich weiterhin so darstellt wie jetzt, einen großen Zulauf haben wird. Die Tragik dieser kommunistischen Partei ist, daß sie immer an der SED ausgemessen wird, daß sie deren Anhängsel ist – da haben es die Kommunisten in Italien und Frankreich einfach leichter.

A.: Sie vertreten also, wenn ich das Fazit dieses Gesprächs einmal ziehen darf, eine neue Art jener nonkonformistischen Literatur, wie sie in den Fünfziger Jahren bis in die Sechziger Jahre hinein von Schriftstellern wie Martin Walser, Heinrich Böll, Günter Grass, Hans Magnus Enzensberger geschrieben worden ist, zu einer an-

deren Zeit auf einer anderen Stufe, vielleicht mit einer neuen Dimension, einer weiterreichenden Dimension: dem gesamten Arbeitsbereich der Gesellschaft, der Arbeitswelt, die von Ihnen, aus der eigenen Erfahrung kommend, in Ihren Büchern thematisiert wird.

v. d. G.: Sie haben das Stichwort gegeben: Wenn mich vielleicht einer fragt, was ich für die Literatur und damit auch für die Gesellschaft getan habe, dann würde ich bis heute jedenfalls sagen, daß ich – mit anderen – eine neue gesellschaftliche Dimension in die Literatur hineingetragen habe.

Gespräch mit Günter Wallraff

Arnold: Herr Wallraff, Sie haben in den Sechziger Jahren zu schreiben begonnen: Gedichte – politische Gedichte –, sodann Reportagen aus der Arbeitswelt, die in der Gewerkschaftspresse unter dem Pseudonym Günter Wallmann erschienen sind. Vorher haben Sie, nach einer Buchhandelslehre, in Betrieben gearbeitet. Wie sah Ihre Entwicklung bis dahin aus? Gibt es Erlebnisse, Eindrücke, Förderungen oder Behinderungen in Ihrer Jugend, die Sie zur Literatur und zu Ihrem sozialen Engagement nachdrücklich motiviert haben?

Wallraff: Diese Frage stellt man sich auch selbst immer wieder, und man ist natürlich zu befangen, um das wirklich genau nachweisen zu können; man könnte das vermutlich nur auf dem Umweg einer großen Analyse machen, und wenn man die hinter sich gebracht hätte, könnte man möglicherweise gar nicht mehr schreiben, jedenfalls nicht mehr so schreiben. – Es gibt da sicherlich sehr frühe Weichenstellungen, die diese Arbeit in dieser Weise initiiert haben. Es war ein Elternhaus, in dem sich zwei Welten brachen: mütterlicherseits eine Klavierfabrik mit Geschäft, eine Welt, in der man ‚zur Gesellschaft' gehörte – interessant ist, daß man hier erst dann davon spricht, daß man ‚zur Gesellschaft' gehört, wenn man über einem bestimmten Einkommen liegt; das andere zählt nicht –; mein Vater dagegen war unehelich geboren, war von daheim verstoßen; er war Fließbandarbeiter bei Ford und erlebte die Welt von unten; gesundheitlich war er schwer angeschlagen durch diese Arbeit, er hat zum Teil im Lackofen – Lackhölle genannt – gearbeitet und schwere Nierenschädigungen mitbekommen. Hier also brach sich etwas im Elternhaus; meine Mutter versuchte, meinen Vater dauernd zum Hochklettern, zum Aufsteigen zu animieren, doch er sperrte sich dagegen; er ging auch nicht darauf ein, irgendwelche Aufstiegswege durch sogenannte gute Kontakte zu gehen. Da merkte man plötzlich, was in der Gesellschaft los war – mein Vater erzählte sehr viel über seine Erfahrungen. Wir lebten in einem Vorort, wo sehr viele kleine Leute wohnten, hier in Köln, Arbeiter und kleine Angestellte, ‚ein bißchen draußen vor', wie der Norddeutsche sagt. Ich glaube, da habe ich sehr viele Impulse mitbekommen. Bis zu Eindrücken auf der Straße, als man dort spürte, daß sich das Stärkere durchsetzte, sich Gruppen bildeten, die Schwächere unterdrückten und tyrannisierten – die Gesellschaft spiegelt sich bis in ihren kleinsten Bereich wider, das geht bis auf den Spielplatz und in die privateste Sphäre hinein, bis in die Sexualität; alles ist jederzeit präsent, man muß nicht immer die ganz großen Dinge untersuchen, man kann diese Bedingungen überall nachweisen. Und hier spürte man, daß sich die Stärkeren das Recht herausnahmen, die anderen in ihrem Sinne zu unterdrücken und zusammenzuschlagen – Rocker von heute in einem kindlicheren Stadium. Ich kann mich da an Situationen erinnern, daß ich mich in sinnloser Wut als Einzelner diesen mächtigeren Cliquen entgegenschmiß, entgegenstemmte, mit den Fäusten drauflos ging, dann allerdings immer wieder einen in die Fresse bekam, mich aber damit nicht abfand. Da gab es, aus der Wut heraus, es nicht zu schaffen und den Kürzeren zu ziehen, den Drang, nicht aufzugeben. Ich habe in meiner Arbeit ja auch ein bißchen dieses Einzelkämpfertum, das sich nicht damit abfindet, was es sieht, sondern immer wieder den Finger auf den wunden Punkt legt...

A.: Und nicht nur schreibt, sondern durch das Schreiben handelt.

W.: Und durch das Handeln betroffen und engagiert wird. Es ist vielleicht eine Form, die mir speziell liegt. Ich bin von Natur aus eher ein bißchen faul, von Trägheitsgesetzen abhängig; ich bin von Anfang an auch kein politischer Agitator, kein Rhetoriker gewesen; hinzu kommt eine gewisse Identitätsschwäche, die ich überwinde, indem ich mich einer Sache ganz aussetze. Manchmal habe ich den Eindruck, mich gibt es gar nicht; durch die Reibungsflächen, die ich immer wieder suche, immer wieder herstelle, komme ich überhaupt erst zu einer Identität, zu einem Selbstbewußtsein. Ich habe jetzt in einer frühen Tagebuchaufzeichnung den Satz gelesen, den ich mit sechzehn geschrieben habe – und es war seltsam, fast eine Vorwegnahme dieser Rollenreportagen, obgleich ich den Satz längst vergessen hatte –: „Ich bin mein eigener heimlicher Maskenbildner, setze mir ständig neue Masken auf, um mich zu suchen und mich vor mir zu verbergen, wenn ich mich gefunden habe …" Ich wollte mich also schon über andere verwirklichen – das ist noch nicht abgeschlossen. Die Frage war aber auch: Wie kam es zu dieser speziellen Form der Arbeit? Es gab noch zwei für mich sehr wichtige Weichen, die da gestellt wurden: Da war ein Studienrat auf dem Gymnasium, ein Deutschlehrer, Protzer, der hatte noch die Erlebnisse als Freiwilliger im letzten Krieg so in den Knochen, daß er als Pazifist zurückgekehrt war; der hat uns Literatur nicht in üblicher Weise vermittelt, sondern deren politische Implikationen aufgedröselt; der hat uns Borchert und den frühen Böll vermittelt. Ich weiß noch, wie sehr Borchert mir unter die Haut ging, wie ich ihn auswendig konnte; ich lebte mit diesem Stück Trümmerliteratur. Das hat mich nachher dazu gebracht, den Kriegsdienst zu verweigern.

A.: War Borchert die erste einschneidende Lektüre?

W.: Ja. Ich schrieb meine Schulaufsätze damals im Stil von Borchert. Man sieht an diesem Beispiel, wie Literatur durchaus zu politischem Handeln führen kann, was in der bürgerlichen Literaturkritik immer bestritten wird, daß Literatur direkt verändernd wirken kann. Mich hat diese intensive Auseinandersetzung mit Borchert später zum Querstellen innerhalb der Bundeswehr gebracht; und das wiederum brachte mich auch zum Schreiben.

A.: Haben Sie sich früh auch schon mit politischen Theorien beschäftigt?

W.: Am Anfang nicht, und lange Zeit auch nicht, und später auch nur flankierend. Man hat mir am Anfang vorgeworfen, daß gerade bei meinen frühen Arbeiten keine marxistische Ideologie drin sei, daß ein Marxist das anders aufgezogen hätte, daß ich vieles zu naiv gesehen hätte. Andere wiederum meinten, das sei die Stärke dieser Arbeiten, daß dadurch vieles unmittelbarer, neuer gesehen wurde, daß der Blick auf etwas freigesetzt wurde, was außerhalb der üblichen Kategorien lag.

A.: Unbefangener auch, und konkreter.

W.: Genau: konkret. Und es hat auch diejenigen erreicht, die keine Ideologie hatten, die sogar ideologiefeindlich waren und die, wenn man ihnen mit marxistischer Ideologie gekommen wäre, verschreckt worden wären; die aber waren hier bereit, die Fakten auf sich wirken zu lassen, egal, ob einer konservativ war oder links. Ich versuche bis heute, mich nicht einer Ideologie zu verschreiben, weil ich dann nur noch Abwandlungen und Übersetzungen zu einer jeweiligen Ideologie liefere. Ich glaube, für einen Autor ist es auch wichtig, sich jenseits einer Ideologie immer wieder neu der Wirklichkeit zu stellen und auszusetzen. Die Gesellschaft verändert sich ja rasend schnell, und die jeweiligen Ideologien können nur ein Gerüst geben, können aber nicht bis ins letzte hinein alles erklären. Dann wäre es auch nicht mehr interessant zu schreiben.

A.: Ideologien verändern mit der Zeit ja auch ihre Wertigkeiten, obgleich sie unbeweglicher sind als die Wirklichkeit.

W.: Sie transformieren sich, bekommen andere Gewichtigkeiten.

A.: Mit welchen Theoretikern haben Sie sich beschäftigt?

W.: An Marx kommt man schließlich nicht vorbei.

A.: Selbstverständlich, aber darüber hinaus?

W.: Mit sehr vielen, und aus verschiedenen Lagern. Ich habe mich nie nur einseitig informiert und nie auf etwas geschworen – ich würde das als Personenkult empfinden oder als neue Religiosität. Und man kann auch aus den Konservativen lernen, wenn man sie mit Abstand liest.

A.: Schelsky?

W.: Habe ich früher gelesen. Auch die Soziologen wie Weber, Dircks, frühen Horkheimer, eben Schelsky. Aber das kam erst, nachdem ich meine Arbeit schon drei Jahre betrieben hatte; erst da fing ich an, mich umzusehen, was von Berufenen noch zur Sache gesagt worden war.

A.: Sie sprachen von der Wirkung Borcherts auf Sie – da hat also so etwas wie Bewußtseinsveränderung stattgefunden. In welchem Bewußtsein nun haben Sie in den frühen Sechziger Jahren die Diskussion um eine engagierte Literatur erlebt und aufgenommen? Oder hat Sie die Frage nach dieser Art des Engagements damals gar nicht sonderlich interessiert?

W.: Ich war ja, wenn man das vom Literaturparkett her sieht, immer eine Außenseiter- und Randfigur, ich war ja nie ‚in', wie man sagt; und obwohl das jetzt so scheinen mag, halte ich mich da raus. Ich habe im Anfang alles andere im Sinn gehabt als Literatur machen zu wollen.

A.: Aber Sie haben mit Gedichten angefangen.

W.: Da war dann ein Bruch. Ich habe die liegen gelassen, mich davon distanziert. Das ist ein abgeschlossenes Kapitel. Ich würde in der Form keine Literatur mehr machen – das waren Sachen für einen kleinen Zirkel, Literatenliteratur.

A.: Aber doch politische Gedichte!

W.: Aber sehr allgemein, sehr vage. Der Blick war nach innen gerichtet. Es gab keine Konfrontation mit dem unmittelbaren Erleben der Wirklichkeit.

A.: Es gab noch nicht die Konfrontation mit der Realität des Betriebs?

W.: Nein. Das kam dann, als mir ein Freund diese Thematik vorschlug und meinte, ich solle mich da einmal hineinbegeben. Natürlich mußte ich auch leben, mußte mit dem Lohn, den ich als Arbeiter bekam, auskommen. Ich hätte natürlich weiter in die Buchhandlung gehen können – hatte ja Buchhändler gelernt –; aber das schien mir nach meinem Schockerlebnis bei der Bundeswehr dermaßen unwirklich, daß ich mir diesen neuen Bereich des Betriebs ausgesucht habe. Was die Diskussion um die engagierte Literatur angeht, so erinnere ich mich noch, daß die Studenten, als sie seinerzeit bei der Tagung der Gruppe 47 in der Pulvermühle demonstrierten, sich auf mich beriefen, mit Plakaten und provokativen Parolen, auf denen stand, der Preis der Gruppe 47 solle an mich gehen. Da war ich sehr verwundert, daß plötzlich von einer Studentenbewegung her ein feed-back stattfand. Und auch daß man sich den Problemen des Betriebs, also der Arbeiterbewegung zuwandte, war ja für die Studentenbewegung hier etwas Neues: der Versuch der Studenten, von ihrem elitären Verhalten abzukommen und zum Teil sich breitesten Schichten in Dienst zu stellen – so schlecht das auch gelungen ist. Ich glaube, dazu hat meine Arbeit auch etwas beigetragen.

A.: Man erkannte natürlich die unmittelbare, konkrete Beziehung Ihrer Arbeit zur Wirklichkeit der Massenverhältnisse in der Bundesrepublik, während das, was in der Gruppe 47 an Literatur produziert wurde, zwar auch zu tun hatte mit der Wirklichkeit Bundesrepublik, aber doch auf eine subtilere, vermitteltere Weise, also eher abstrakt exemplarisch als konkret. Und nach der Restauration und während der Großen Koalition, also nach Konstellationen der Unbeweglichkeit, drängte man, wenn auch auf Anhieb allzu spontan, nach Handlung, Veränderung, Aktionismus. Dafür lieferte Wallraff ein geeignetes Schlagwort. – Doch ich meinte den Begriff ‚engagierte Literatur', der eben unter der Restauration von nonkonformisti-

schen Schriftstellern besetzt wurde. Handke hat diesen Begriff verurteilt und gesagt, es gebe keine engagierte Literatur; Literatur sei immer Kunst – wo sie ernstzunehmen sei –, es gebe nur engagierte Schriftsteller, engagierte Menschen. Immerhin hat das Wort einen Bedeutungswandel durchgemacht – welchen Wert würden Sie ihm noch heute beimessen?

W.: Es war damals ein riesiger Nachholbedarf vorhanden. Die Literatur hatte sich allzu lange allzu abstinent zu der Wirklichkeit der Mehrheit der Menschen hierzulande verhalten, so daß, allzu oft mit vordergründiger Bedeutung, viele parolenhaft Bekenntnisse ablegten und deren Inhalte nicht präzise, subtil und konkret realisierten. Aber ich glaube schon, daß das, was damals z.B. als Dokumentartheater kam, was an Protokollen kam, von großer Bedeutung war; es war ja doch eine Sensation, als Erika Runge damals Arbeiter im Film über anderthalb Stunden zu Wort kommen ließ – das kann man nicht wiederholen, dann wird es zur Masche; es war insofern eine Sensation, weil hier Leute sich artikulierten, die im Grunde sehr viel zu sagen hatten, die aber in Wirklichkeit nichts zu sagen haben innerhalb dieser Gesellschaft; und die kamen hier zu Wort, indem sich ein Autor zu ihrem Sprachrohr machte. Und man hörte hin, man ließ sie ausreden – wo gab es das bis dahin im Fernsehen?

A.: Würden Sie denn meinen, daß die authentische Vorführung von Arbeitern, die sich artikulieren, Literatur, die von der Arbeiterklasse erobert werden soll, ersetzen kann? Oder glauben Sie, daß Literatur überhaupt nicht so wichtig ist, daß sie ersetzbar ist durch das Authentische?

W.: Man kann hier keine Doktrin aufstellen. Immer, wenn etwas schon als Gesetz, als Doktrin gefordert wird, ist schon das Ende der Literatur da. Es kommt darauf an, zu welchem Zeitpunkt was wie gesagt wird. Und da kann ein Überraschungsmoment eine noch so gelungene Form in den Schatten stellen. Überhaupt, wenn etwas in Bewegung gerät, in Bewegung gesetzt wird, wenn etwas an verkrusteten, verkleisterten Strukturen aufgebrochen wird, kann Literatur wie Sprengstoff wirken. Ein paar Jahre später, wenn die Gesellschaft sich verändert hat, vielleicht ein Stück weiter ist und all dies Neue schon innerhalb der Gesellschaft diskutiert wird und damit akzeptiert ist, wird diese Form unter Umständen nur noch reiner

Selbstzweck; dann kann man sie nicht mehr verwenden und muß nach neuen Formen suchen.

A.: Oder auch alte Formen reaktivieren?

W.: Ja, auch alte Formen wieder reaktivieren. Ich kann mir gut vorstellen, daß Formen, die man völlig vernachlässigt hat, die man als traditionell liegen gelassen hat, meinetwegen sogar Ballade und Sonett usw., wieder brauchbar werden.

A.: Sie würden also nicht sagen, daß der Formaspekt so entscheidend und absolut ist, daß Formen, die in früheren Zeiten gewachsen sind, nun überhaupt nicht mehr benutzbar seien, weil sie die alten, überwundenen Ideologien mit sich herumtragen? Sie haben ja einmal in einer frühen Rede vor dem Werkkreis Literatur der Arbeitswelt gesagt: Man solle die Hände von den alten Formen lassen, solle sie auch nicht reaktivieren, sondern neue und angemessenere suchen – zielte diese Rede also auf die damalige historische Situation und nicht prinzipiell gegen die Benutzung der alten Formen?

W.: Das zielte genau auf diese Anfangsphase der Werkstätten und hatte damals auch eine wichtige Funktion; deshalb habe ich das auch so überdeutlich formuliert. Noch heute versuchen mich verschiedene Kritiker auf diese Rede festzulegen, wenn sie behaupten, ich sei ein Bilderstürmer, ein Literaturfeind. Ich würde das heute, da die Werkstätten über die Anfangsschwierigkeiten hinaus sind und auch bemerkenswerte formale Ansätze erarbeitet haben, ganz anders formulieren. Das war damals zu einem Zeitpunkt, als es nichts gab; als die Arbeiter kamen, Manuskripte schickten – Sie wissen selbst, wie das in der Gruppe 61 war –, die in einem epigonalen Goethe- und Schiller-‚Stil' geschrieben waren, die zeigten, wie ihre ureigensten Artikulationen verstopft waren von den Bildungsgütern, die sie in der Schule unkritisch mitbekommen hatten; und sie meinten, wenn sie überhaupt ernst genommen werden wollten, müßten sie diesen ‚hohen Ansprüchen' gerecht werden. Und das war Krampf. Und von daher war zu fordern: Redet erst einmal, wie euch der Schnabel gewachsen ist, seid euch selbst am nächsten, artikuliert euch, auch wenn es holprig wird, unmittelbar, redet zur Sache, vergeßt euren Bildungskomplex. Von daher kamen die Formen wie Reportage, Protokoll, Bericht zustande, auch die kurzen agitatorischen Verse, die fast Flugblattcharakter hatten. Inzwischen wachsen Talente heran, die viel weiter ausholen, die aus einem riesigen

Erfahrungsschatz heraus formulieren und durchaus auch größere Formen – etwa den Roman – schaffen. Es ist sehr wichtig, daß das so kommt; und wenn das anders propagiert würde, wenn wir eine Gesellschaft wären, wo diese Schichten auch ihre Sprachrohre und Medien hätten, dann wären das die Bestseller unserer Zeit; da sind Sachverhalte drin, die viele Autoren, die hier im Gespräch sind, gar nicht bringen können, weil sie gar nicht diese Erlebensintensität haben. Der Kollege Martin Walser selbst hat das mal sehr gut ausgedrückt, als er sagte, daß es sich hier um die eigentliche Avantgarde handele.

A.: Um eine unausgeschöpfte Avantgarde von großem, unabsehbarem Potential.

W.: Ja.

A.: Also würden Sie auch sagen, daß die sogenannte engagierte Literatur der Fünfziger und Sechziger Jahre historisch durchaus am Platze war und nicht wegdiskutiert werden kann mit dem heute oft gehörten Hinweis: diese Literatur sei ja nur moralistisch gewesen. Sie hatte doch mit ihrem Moralismus auch ihren politischen Standort innerhalb der Restauration.

W.: Die spätere Entwicklung hat auch dieser Literatur einen neuen Stellenwert gegeben. Und es steigen jetzt auch immer mehr Autoren vom hohen Sockel herab und wenden sich neuen Gesellschaftsschichten zu; sie beginnen sich zu informieren, sich Themen zu stellen, die sie vorher völlig vernachlässigt hatten, und sie bringen ihr Handwerkszeug, ihre Sehweisen mit ein; sie versuchen, sich in diese Schichten hineinzuversetzen, von denen sie früher keine Ahnung hatten. Es kommt natürlich darauf an, wieviel Einfühlungsvermögen jemand hat, daß das nicht aufgesetzt wirkt. Das Normale wäre aber, daß die, die in diesen Schichten und den ihnen zugeordneten Arbeitsbereichen stecken, auch schreiben, daß sie ermutigt werden – und das versuchen die Werkstätten auf vielen Umwegen zu erreichen. Von nichts kommt nichts. Warum z.B. lebten in Holland für lange Zeit die größten Maler? Doch nur deshalb, weil in jeder Familie gemalt wurde. Und so müßte auch das Schreiben ein ständiges begleitendes Tun sein, eine Rechenschaft über das Tun, das Sein. Einem Arbeiter im Betrieb, der nie gefragt wird, der nie Entscheidungen mitbestimmt, über den nur verfügt wird, über den hinwegbestimmt wird, kommt irgendwann die Sprache abhanden. Reden hat Sinn doch nur, wenn Reden etwas zu erreichen vermag, wenn er also ein Gegenüber hat und Gehör findet. Da hat es also durchaus eine politische Bedeutung, daß jemand zur Sprache findet, um sich damit in seiner Situation behaupten zu können.

A.: Manche Intellektuelle haben, als in den Sechziger Jahren die Studentenbewegung einsetzte, die bis dahin praktizierte Literatur Literatur sein lassen, weil sie von deren scheinbarer Wirkungslosigkeit enttäuscht waren, weil sie zu sehen glaubten, daß die Studentenbewegung innerhalb weniger Monate mehr bewirkte als ganze Literaturprogramme fortschrittlichen Zuschnitts in zwanzig Jahren. Können Sie diese Enttäuschung verstehen, halten Sie sie für richtig? Oder glauben Sie, daß gerade Ihre Literatur nachweisbarer, unmittelbarer zu wirken vermag als die überkommene nonkonformistische Literatur?

W.: Es kommt auf die historische Phase an. Es gibt Zeiten des Kampfes und der gesellschaftlichen Umwälzung, wo Literatur im sensibilisierten Sinne in den Hintergrund tritt, wo die Literatur eine sehr direkte, aktive, agitatorische Funktion hat, und diese Zeit war mit der Studentenbewegung da. Ich glaube, daß wir jetzt eine Zeit haben, in der durchaus auch Formen gefunden werden müssen, um komplexere Bereiche zu durchdringen.

A.: Also differenzierteres Schreiben?

W.: Zum Beispiel eine Literatur, in der man sich als Schreiber wieder mit einbezieht. Auch ich bin an einem solchen Punkt angelangt, wo ich versuche, mich wieder mit hineinzubringen in das, was ich mache, zu sehen, was mit mir selbst passiert – ich habe das sehr lange vernachlässigt, habe mich selbst wie eine Kamera in diese Bereiche hineingehalten, habe alles auf mich einwirken lassen und mich selbst ganz zurückgenommen, und habe schließlich alles nur organisiert. Es ist aber auch sehr wichtig, dies alles von einer subjektiven Wirkung her zu beschreiben. Auch der Leser kann sich damit stärker identifizieren. Ich meine damit nicht Psychologisierung oder ein sich selbst in den Vordergrund Schieben, sondern einfach eine subjektivere Sehweise.

A.: Aber Sie haben sich doch bei all Ihren Arbeiten auch immer als Person eingesetzt, als Person riskiert. Sie haben Ihre Reportagen zwar immer sehr authentisch und dokumentarisch angelegt, aber Sie haben auch Ich gesagt und Sie haben Ihre Reportagen auch arran-

giert, also durchaus das Subjekt sprechen, zumindest wirken lassen.

W.: Aber vielleicht doch noch zu wenig. Innerhalb der Akkordsysteme, der Großbetriebe, Fließbandsysteme, innerhalb dieser Knochenmühlen gibt es doch kaum noch Individuen, die sich da verwirklichen, wie es früher bei den Typen der großen Romane noch der Fall war – da gab es immer noch besondere Menschen, die man individuell beschrieb. Hier aber gibt es eine wirkliche Massengesellschaft in diesen Bereichen, und deshalb habe ich auch nie einzelne Menschen herausgestellt; obgleich ich nun an einem Punkt bin, da ich glaube, man müsse stärker in das Freizeitverhalten der Menschen hineingehen, man muß die Familie einbeziehen; man kann das Leben dieser Menschen nicht nur von den Produktionsstätten her in den Griff bekommen.

A.: Also auch mehr Phantasie entwickeln, mehr Sinnlichkeit, ohne ins Trivialistische abzugleiten.

W.: Ja, mehr Sinnlichkeit entwickeln.

A.: Das ist auch etwas, was den Werkkreisarbeiten sehr fehlt: die Sinnlichkeit in der Darstellung. Sie vermitteln das, was sie wollen, nur sehr, sehr schwerfällig und zäh.

W.: Nun gibt es Ansätze. Diese Autoren sind auch behindert. Sie haben ja doch ihren Hauptberuf – da hätte der Staat eigentlich die Aufgabe, Förderungspreise zu vergeben, damit jemand einmal ein Jahr sich aus diesem Bereich entfernen könnte, um ein Jahr lang nur noch zu reflektieren.

A.: Das wären aber neue Ausgewählte.

W.: Ja – aber warum soll man nicht immer wieder stellvertretend Einzelne auswählen und ihnen diese Zeit geben, nachdenken zu können und die eigenen Erfahrungen zu durchdringen. Aber das ist nur eine Möglichkeit, damit ist nichts Grundsätzliches zu lösen.

A.: Das Problem der traditionellen Belletristik – um diese Literatur einmal abzugrenzen von der sogenannten ‚Arbeiterliteratur' – ist doch, daß sie offenbar in ihrer Wirkung immer bedeutungsloser wurde. Man hatte und hat doch das Gefühl, daß sie alles zu artikulieren vermag, aber wirkungslos bleibt, daß also die Literaten wie gegen Gummiwände anschreiben; daß man sich formal zwar verbreiten kann, initiativ aber in einem Reservat aufgehoben ist. Dann kam die Gründung der Gruppe 61, dann nahm die Arbeiterliteratur an Bedeutung zu, 1970 wurde der Werkkreis Literatur der Arbeitswelt gegründet, es kamen Arbeitsweltthemen im Fernsehen, und damit stellte sich plötzlich eine ganz andere, neue Öffentlichkeit für Literatur her. Gerade Sie müßten das doch mit dem, was Sie geschrieben haben, besonders deutlich, und auch als Befriedigung, empfunden haben.

W.: Ich kann das genau ablesen an der Korrespondenz. Am Anfang waren es nur Intellektuelle, Soziologen, Studenten, Lehrer, fortschrittliche Pfarrer, die meine Sachen gelesen haben, die damit gearbeitet haben. Das war um 1964/65. Das hat sich dann zunehmend umgeschichtet. Inzwischen sind es 60 bis 70% Arbeiter und Angestellte, die mir schreiben, für die eines meiner Bücher oft das erste Buch war, das sie überhaupt gelesen haben, die durch irgendeine Notiz in der Presse oder durch eine Mund-zu-Mund-Empfehlung spürten: Da ist etwas, was uns angeht, was uns unmittelbar betrifft, was über unsere Probleme aus unserem Blickwinkel geschrieben ist; und die auf Grund ihrer Lektüre kritischer mit ihrer Umgebung umgehen – das geht bis zu neuem politischen Verhalten, bis zum Gewerkschaftseintritt. Da wurden also Bewußtseinsveränderungen in Gang gesetzt. Das ist ganz interessant: Diese Leute schreiben viel unbefangener in ihren Briefen als etwa Schüler, die gerade eine Abschlußarbeit schreiben über mich, oder als so manche bürgerliche Intellektuelle. Die verhalten sich auch durchaus kritisch dem Autor gegenüber. Für sie ist das eine Art Gebrauchsliteratur. Sie schreiben z.B.: Das und das siehst du richtig, das und das siehst du gut und damit können wir arbeiten; aber hier solltest du doch einmal das und das berücksichtigen, hier solltest du einmal länger hingehen und geh doch auch einmal da hin usw. Und es kommt in letzter Zeit mehr und mehr vor, daß Arbeiter aus Betrieben zu mir kommen und sagen: Brauchst du nicht nochmal neue Papiere, um irgendwo unerkannt zu arbeiten, du kannst meine haben, ich melde sie als verloren. Daran sehe ich, daß diese Arbeit gebraucht wird, daß man sie nicht ästhetisch konsumiert, sondern daß man ihr einen Gebrauchswert zuschreibt.

A.: Ist das die wesentliche Wirkung, die Sie gern haben möchten, oder hätten Sie auch gern in bürgerliche Kreise hineingewirkt? Haben Sie hinsichtlich Ihres Lesepublikums bestimmte Zielvorstellungen?

W.: Meine Zielgruppe war von Anfang an und ist immer mehr die Schicht, die bisher von der Literatur nicht erreicht wurde, also alle, die draußen waren, die nicht gelesen haben – zwei Drittel der Bevölkerung liest sonst kein Buch, ist so abgehängt, daß immer noch nur 7% der Studierenden aus Arbeiterfamilien kommen. Diese Schichten versuche ich zu erreichen: über die Gewerkschaftspresse, über Sonderausgaben meiner Bücher – wenn die IG Metall zum Beispiel 20000 Bücher von „Ihr da oben – wir da unten" für 8 Mark als Sonderdruck kauft und sie an Vertrauensleute, an Jugendfunktionäre in die Betriebe hineingibt. Und da werden die Sachen gelesen und da findet Wirkung statt.

A.: Also Zielgruppe Arbeiterschaft.

W.: Kann man generell sagen, obgleich es auch andere Multiplikatoren gibt: fortschrittliche Lehrer oder jene Intellektuellen, die sich als Dienstleistende für die Mehrheit der Bevölkerung verstehen, die von ihrem elitären Verhalten wegwollen. Wenn ich in einer großbürgerlichen Kritik als Arbeiterschriftsteller bezeichnet werde – das kommt hin und wieder vor –, dann empfinde ich das als Geste von oben herab, als Schulterklopfen, hegerisch, pflegerisch, karitativ, von der Art: Das dulden wir ja auch noch am Rande, obgleich es eine zweit- oder drittklassige Literatur ist, aber das lassen wir noch zu; – das empfinde ich als hochmütig. Wenn aber ein Arbeiter mir diese Bezeichnung gibt, wenn also einfach Briefe kommen an den „Arbeiterschriftsteller Günter Wallraff, Köln", weil die Arbeiter die Adresse nicht wissen, dann empfinde ich das als höchstes Lob und als Kompliment und sehe, daß es so verstanden wird, wie ich es möchte.

A.: Das, was von der Kritik mit ‚Arbeiterliteratur' einmal sehr negativ und von oben herab bezeichnet worden ist, lag aber wohl eher in den Sechziger Jahren. Inzwischen hat die Arbeiterliteratur doch eine gewisse Hochkonjunktur gehabt und einen bestimmten Stellenwert, auch vor allem an den Universitäten, errungen. Da setzte doch ein großer Umschwung mit der Wende von den Sechziger zu den Siebziger Jahren ein. Insofern wird auch von Intellektuellen das Wort ‚Arbeiterschriftsteller' schon wieder positiv verwendet.

W.: Das stimmt, das ist richtig – aber im wesentlichen von fortschrittlichen Studenten, nicht unbedingt von Kritikern der FAZ oder anderer bürgerlicher Feuilletons.

A.: Da wird es sicherlich als ein Blümchen am Rande des Weges der Literatur gesehen – das mag wohl auch sein. Wie weit kann denn die Aktivität des Schriftstellers in politischen Fragen überhaupt gehen? Soll das Werk des Schriftstellers unbedingt für politische Aufgaben eingesetzt werden oder können, sich vielleicht sogar gegenseitig befruchtend, politisches Engagement und Kunstproduktion nebeneinander herlaufen? Oder wäre es, wenn man als Schriftsteller politisch wirken will, nicht konsequent, man ginge in eine Partei und arbeitete dort unmittelbar politisch?

W.: Ich finde, das wäre ein zu vordergründiges Selbstverständnis. Das könnte sogar sehr schädlich sein für die Arbeit des Schriftstellers – könnte, wie gesagt, sehr schädlich sein, muß es aber nicht. Für mich wäre es jedenfalls schädlich. Da bei uns die Parteien sehr entschieden mit Abgrenzungen arbeiten – Radikalenerlaß usw. –, kommt man allzu schnell in die Gefahr zu taktieren, den Blick nur noch auf das zu richten, was innerhalb der Partei gerade noch opportun ist, tagesopportun ist, und man würde allzu schnell in die Gefahr kommen, sich den Mund verbieten zu lassen und sich zu vordergründig in den Dienst einer Partei stellen zu lassen. Damit meine ich nicht, daß man nicht parteilich sein müßte mit dem, was man schreibt, aber eben nicht im engeren Sinne einer Parteidoktrin.

A.: Also auch nicht in dem Sinne, wie die SED in ihrer Literaturprogrammatik parteiliches Schreiben fordert?

W.: Ich stehe zu wenig in dieser Diskussion – es ist etwas Wahres daran, nur, wie es umgesetzt wird, ist es oft wieder mit sehr viel Rücksichtnahmen, Absicherungen und mit der jeweiligen Tageslosung verbunden. Ich glaube, man muß anecken, man muß stören, man muß z.B. auch innerhalb der SPD und innerhalb der Gewerkschaften den kritischen Hebel ansetzen, um das, was dort an Bürokratie und an Entfremdungen vorhanden ist, aufzubrechen; man muß ganz nahe an die Bereiche herangehen. Und das wird problematisch, wenn man in einer Partei ist. Man kann sich anläßlich einer Wahl durchaus für eine Partei engagieren, aber man sollte sich da nicht absorbieren lassen, wie es meiner Meinung nach einem Kollegen wie Günter Grass ergangen ist. Seitdem er sich für die SPD als Wahltrommler engagiert hat – und seine Entschiedenheit ist sehr verdienstvoll –, ist er in seiner Literatur sehr viel schlechter und dürrer, saft- und kraftloser geworden.

A.: Woran liegt das denn nach Ihrer Meinung?

W.: Die Umgebung färbt ab. Wenn Sie irgendwann nur noch mit Offiziellen verkehren, den Schiller als Taufpaten haben, mit Willy Brandt Bier trinken, dann färben sich Gesten und Verhaltensweisen ein; dann ist man einfach nicht mehr so nah an den meisten Leuten dran, man ist entfremdet, man bewegt sich in einer abgedichteten, privilegierten Gesellschaft.

A.: Man kommt also von der offenen Bereitschaft, Erfahrungen zu machen, immer mehr zur geschlossenen, statementhaften Äußerung und Überzeugung?

W.: Ja. Man kommt zur Thesenliteratur.

A.: Sie würden vom Schriftsteller also nicht fordern, daß sein Werk – nun mal im vordergründigen Sinne – politisch sein muß; also nicht politisierend?

W.: Muß auf gar keinen Fall. Er sollte versuchen, sich in den Dienst von unterdrückten Mehrheiten, von Schichten zu stellen, die sonst nicht zu Wort kommen, die sonst nicht repräsentiert sind.

A.: Also für die sprechen, die sich selbst nicht artikulieren können.

W.: Wenn er es schafft. Aber er soll dabei ehrlich sein, also nichts aufsetzen, sondern nur dann, wenn er auch mit den gleichen Verhaltensweisen, Ausgangspunkten dort zu Hause ist; wenn er versucht, sich eine Sprache aufzuzwingen, die ihm nicht liegt, dann ist es Krampf. Dann sollte er lieber ehrlich sein, wie Martin Walser, der offen sagt: Ich bin ein bürgerlicher Schriftsteller, ich habe diese Herkunft und also diesen Ausgangspunkt, ich schreibe aus diesem Blickwinkel und bringe diesen Bereich sehr genau zur Sprache – und darüber hinaus versuche ich dann, theoretisch und literaturtheoretisch oder innerhalb von Reden und Programmen das andere zu fördern. Das halte ich für ein sehr gutes Konzept.

A.: Also Handke: Es gibt engagierte Schriftsteller, aber keine engagierte Literatur.

W.: Das kommt auf den Typus an. Es gibt auch andere Schriftsteller, die kommen auch aus anderen Verhältnissen, sind aber jünger und können sich noch steuern, können sich noch in andere Bereiche integrieren. Die Gefahr ist doch, daß jemand, der prominent wird, seiner Ausgangslage sehr schnell entfremdet wird; er wächst sehr bald in eine Zwischenschicht hinein, wo es ihm schon einen Deut besser geht und er milder gestimmt wird.

A.: Würden Sie das als Kollege aus der Gruppe 61 auch von Max von der Grün sagen: daß er Distanz gewonnen hat zu seiner Vergangenheit als Arbeiter und zu seiner Arbeitssituation von 1950 bis 1963?

W.: Das ist schwierig. Der Max ist einer der wenigen, die sehr lange Zeit – er immerhin 13 Jahre – unter Tage gearbeitet haben, und das geht nicht raus, das ist ein Fundament, davon kann er ein Leben lang zehren. Camus hat ja sogar einmal gesagt, es genüge ein Tag, um ein Leben lang darüber schreiben zu können. Jemand, der 13 Jahre in dieser direkten Auseinandersetzung vor Ort war, der kann es sich schon leisten, dann auch in die Einzelheiten zu gehen. Das ist nicht mein Weg, ich bin ja immer nur kürzer im Betrieb gewesen. Ich würde Max eher als positives Beispiel sehen. Er war auch der erste, der unbeirrt zur Sache geredet hat, als alle noch über ihn hergefallen sind, als die ganze bürgerliche Kritik ihn zur Sau gemacht hat, als man ihn wie Dreck behandelt hat. Vielleicht hat er zu einer bestimmten Zeit Kriterien der großbürgerlichen Kritik zu sehr berücksichtigt. Ich finde die Sachen, wo er noch aggressiv und cholerisch, also noch am stärksten er selbst ist, am überzeugendsten. Wo er anfängt, sehr subtil, sehr abwägend, sehr literarisierend zu werden, bekommt er zwar mehr Applaus von der Kritik, kommt bei den Kumpels aber nicht mehr so an.

A.: Welchen Einfluß auf Ihr Schreiben, auf Ihre Entwicklung hat die Studentenbewegung gehabt?

W.: Ich habe meine Arbeit angefangen, als es die Studentenbewegung in diesem Sinne noch nicht gab. Und als sich diese Studenten vor der Pulvermühle auf mich beriefen, da waren das noch nicht die Studenten von heute, da hatten die noch kurze Haare und unterschieden sich rein äußerlich noch gar nicht von den Konservativen. Da fand eigentlich, auch innerhalb meiner Arbeit, eine Überschneidung statt. Es sind ja viele Aktionisten, auch Autoren, mit dem Abebben der Studentenbewegung auf der Strecke geblieben. Das hat auf mich keinen Einfluß gehabt, ich habe mein Selbstverständnis auch unabhängig von dieser Bewegung immer gehabt und habe es auch jetzt noch. Es gab da Berührungspunkte, gegenseitige Inspirationen, Wechselwirkungen, aber nicht in dem Maße, wie es rechte Kritiker – z.B. Hans Habe – versucht haben, die mich versuchten zum Apo-Dichter abzustempeln. Das war eigentlich nie der Fall.

A.: Glauben Sie, daß die Studenten während dieser Jahre 1967 bis 1971 – wenn man das einmal so eingrenzen darf – die Arbeiter erreicht haben? Oder blieben sie mit ihren Ideen nicht vielmehr und zu sehr in einem isolierenden Vokabular und einem isolierten elitären theoretischen Denken befangen, haben sie damit nicht eine Massensolidarisierung geradezu verhindert?

W.: Ganz klar. Sie kamen oft nach dem Motto: Hoppla, da sind wir! und wollten als große Überzeuger missionarisch belehrend Revolution machen, und die Arbeiter, die lebenslang in dem Arbeitsprozeß drin stecken, waren von Natur aus und mit Recht mißtrauisch und sagten: Erst mal abwarten, das sind später irgendwann mal unsere Vorgesetzten, die haben gut reden und können uns allerhand weismachen und sind letzten Endes durch ihre Bildungsprivilegien doch in einer ganz anderen Situation. Die Studenten hätten erst einmal eine ganz andere Fremdsprache dazulernen müssen: die Sprache des Arbeiters. Aber daß überhaupt das Bemühen da war, sich hier zu vermitteln, war gut; und viele Studentengruppen haben daraus gelernt und sind heute längst nicht mehr so missionarisch-vollmundig tätig, sondern gehen erst mal, fast partisanenartig, in die Arbeiterschaft hinein, akklimatisieren sich und werden zu Arbeitern. Man macht heute gar nicht mehr so viel Aufhebens davon, man hört gar nicht mehr soviel darüber; sie sind zum Teil integriert. Und sie haben auch eine ganz wichtige Funktion für die Arbeiterbewegung. Die Arbeiter haben aus den Studentendemonstrationen gelernt, sie haben gelernt, daß man mit neuer List und neuer Phantasie sich Rechte erkämpfen kann. Die Arbeiter fingen auch an, sich respektloser zu verhalten, sich kritischer umzusehen. Es hat da also durchaus Befruchtendes gewirkt. Und das ist auch noch nicht abgeschlossen, das gärt noch.

A.: Früher, als noch unbekannter Schriftsteller, der unter dem Pseudonym Günter Wallmann schrieb, konnten Sie auch viel in Gewerkschaftsblättern schreiben, z.B. in der „IG Metall" mit einer Auflage von über 2 Millionen. Dann kam gegen Ende der Sechziger Jahre ein Publikationsstop dort, man brachte in Gewerkschaftsblättern nichts mehr von Ihnen. Wie kam das? Es hat sich inzwischen ja wohl geändert.

W.: Zu Anfang wurden meine Arbeiten gerade durch die „IG Metall" gefördert, ich hatte dort die ersten Veröffentlichungsmöglichkeiten durch einen sehr engagierten Chefredakteur, Jakob Moneta, dem ich sehr viel zu verdanken habe. Später wurde von Industrieseite aus versucht, über Aufsichtsräte Einfluß zu nehmen, über Aufsichtsräte, in denen auch Arbeitsdirektoren sitzen. Dann konnten meine Arbeiten nur noch ohne Namensnennung der betroffenen Firmen und Betriebe erscheinen. Ich erinnere mich noch an den Fall Blohm & Voß in Hamburg, nachdem ich auf der Werft längere Zeit gearbeitet hatte. Damals war der Bezirksbevollmächtigte der IG Metall der spätere Vorsitzende der Innenministerkonferenz Heinz Ruhnau, ein Mann, der seinem Ausgangspunkt sehr entfremdet war, nicht nur durch seinen Mercedes, der ein paar Nummern zu groß war für seinen damaligen Job, sondern auch durch seinen Umgang, das war z.B. sein Freund Schliecker, also Industrielle. Der versuchte plötzlich mit allen Mitteln zu verhindern, daß diese Reportage in der Form durchkam. Da mußte der Chefredakteur wegen dieser Reportage dreimal nach Hamburg fliegen, um mit ihm auszuhandeln, daß überhaupt noch etwas erscheinen konnte. Das war dann so verstümmelt, daß sich eine andere Werft angesprochen fühlte und protestierte. Ein anderes Beispiel: Längerer Bericht über Siemens – da versuchte sich plötzlich die örtliche Gewerkschaft querzulegen, die einen Scheinfrieden, eine Art Burgfrieden mit der örtlichen Werksleitung ausgehandelt hatte; da kann auch ein Hauptvorstand nichts machen. Zudem wurden unmittelbar von Industrieseite Kampagnen gestartet, z.B. über die Aufsichtsgremien in den Rundfunkanstalten; es wurden Dossiers hinter den Kulissen verbreitet, es gab Steckbriefe über mich, die in den Betrieben auslagen – davon habe ich mich ja noch abhalten lassen, in Betrieben zu arbeiten, später habe ich dann mein Aussehen verändert und mir andere Papiere ausgeliehen, man wird da ja erfinderisch, um sich das als Recht herauszunehmen, was für die Mehrheit tagtägliche Pflicht ist. Zuletzt kam vom Institut der deutschen Wirtschaft, angeschlossen der Bundesvereinigung deutscher Arbeitgeberverbände, eine Studie „Dichtung als Waffe im Klassenkampf am Beispiel Günter Wallraff", die wurde in zig-tausend Exemplaren verbreitet und enthielt aus dem Zusammenhang gerissene Zitate von mir. Z.B. regte man sich darüber auf, ich hätte während meines Aufenthalts in der UdSSR nicht deutlich genug für die Dissidenten Partei ergriffen, verschwieg aber, daß ich gerade hier nach meiner Rückkehr Interviews gegeben habe, in denen ich diese Verfolgungen angegriffen habe – das wird alles unter den Tisch geredet.

A.: Ich erinnere mich da an Ihr großes Interview in der „Frankfurter Rundschau", in dem auf wohl differenzierteste Weise in der gesamten westdeutschen Presse die Position der Dissidenten in der UdSSR dargestellt wurde – ähnlich exakt, wie Günter Grass sich dann zur Zeitschrift „Kontinent" innerhalb des Springer-Imperiums geäußert hat; aber mit differenzierten Meinungsäußerungen ist das hier so eine Sache: Man holt sich gern nur das gerade Passende heraus.

W.: Genau. In diesem Interview habe ich natürlich auch gesagt, daß ich, nachdem ich Kontakt mit manchen Dissidenten aufgenommen hatte, bemerkte, daß sie ihre geistige Heimat eher bei Franz Josef Strauß haben als bei einer gemäßigten Sozialdemokratie.

A.: Das hat sich ja auch etwa bei Solschenizyn gezeigt in seinem Brief an die Regierung der UdSSR. Immerhin bleibt die Beurteilung solcher Positionen auch von der Gesellschaft abhängig, in der sie eingenommen werden.

W.: Ich habe jedenfalls in diesem Interview ganz entschieden und an erster Stelle diese Verfolgungen und alle Versuche, kritische Äußerungen, gleich aus welcher politischen Richtung, mundtot zu machen, scharf verurteilt. Ich lege auch in meiner Arbeit immer großen Wert darauf, daß ich nicht vordergründig mich einem ideologischen Block verschreibe; von daher lasse ich mich auch nie vereinnahmen. Meine Arbeit wirkt ja auch ganz anders, als sich das Kulturfunktionäre in Ostblockstaaten vorstellen. Wenn meine Sachen dort gedruckt werden, dann hat das dort oft eine gegenläufige Wirkung. Zum Beispiel sind meine Sachen in Ungarn zwischen 1968 und 1970 erschienen. Daraufhin hat ein Autor, Mikós Haraszti, angeregt durch diese Bücher, die gleiche Probe aufs Exempel gemacht in sozialistischen Betrieben, hat sich dort als Arbeiter verdingt und hat sehr große Widersprüche herausgearbeitet. Ich muß sagen, das war nicht ganz von dieser Kraßheit wie hier, aber gemessen an sozialistischen Maßstäben war es schlimm genug. Er hat versucht, diese Arbeiten in der Zeitschrift „Szociologia" zu veröffentlichen, die ihm das auch angeboten hatte, das fiel aber unter die Zensur; dann hat er das hektographiert und vertrieben, daraufhin wurde er verhaftet und zu acht Monaten mit Bewährung verurteilt. Oder ein anderes Beispiel: Ich bekam gerade einen Brief von einem anderen Übersetzer aus einem anderen Ostblockstaat. Der schreibt – die letzten drei Sätze –: „Weißt du übrigens, warum ich deine Sachen bei uns hier übersetze? Weil es so etwas bei uns nicht gibt (ich meine solche Bücher)!" Das war geschickt, so etwas kommt durch die grobschlächtige Zensur durch, er gibt mir zu verstehen: Die Methode ist bei uns als Kontrollmechanismus genauso angebracht und wichtig. Hier aber wird das ganz vordergründig gesehen, es heißt dann: Geh doch nach drüben! Das sind dann immer die Kreise, die nur mit Verweisen auf angeblich Schlimmeres in Ostblockstaaten das eigene Unrecht bestehen lassen oder nicht wahrhaben wollen. – Aber wir sind abgekommen. Es ging um die Schwierigkeiten, hier in der Gewerkschaftspresse noch etwas unterzubringen. Es gab da einmal einen Versuch von Arbeitgeberseite; es war ein Mann, der für Kulturkontakte zuständig war, ein Fabrikant, der vorher versucht hatte, seinen Einfluß in Rundfunkanstalten usw. geltend zu machen und die Veröffentlichung solcher Dinge dort zu verhindern; der hatte damals z.B. gerade ein Manuskript von Max von der Grün aus dem Luchterhand-Verlag auf dem Tisch, zu einem Zeitpunkt, als das Buch noch gar nicht in Satz war, um es auf den Grad seiner Gefährlichkeit zu untersuchen.

A.: Wer hat ihm das besorgt – der Luchterhand-Verlag doch wohl nicht?

W.: Nein, der hatte irgendeinen inoffiziellen Kontakt, ich glaube, es war eine Sekretärin; diese Leute haben übrigens einen recht guten Apparat, um sich auf dem Laufenden zu halten. Dieser Mann versuchte über Gespräche, Kontakte, mir ein Angebot zu machen – zu einem Zeitpunkt, als ich in der Gewerkschaftspresse nicht mehr veröffentlichen konnte –, es kam plötzlich bei einer Einladung zum Essen zwischen dem vierten und fünften Gang: Sie ziehen doch gerade um von Frankfurt nach Köln, haben Sie schon eine Wohnung? Hören Sie mal, wir haben da doch ein paar Dutzend Häuser an der Hand, da läßt sich doch etwas machen. Und wenn Sie veröffentlichen wollen: Sie können bei uns jederzeit unter Pseudonym schreiben, wir zahlen das und das an Honorar – es war das Zehnfache, was die Gewerkschaftspresse zahlt –, Sie können sich auch kritisch äußern, wir brauchen ja auch schon mal Gegenmeinungen. Als ich daraufhin empört reagierte, ignorierte er alles und ging zu einem ganz anderen Gesprächsthema über. Das ist ein Mechanismus, den ich von anderen Kollegen bestätigt bekam, die aus derselben Ecke ganz ähnliche Angebote bekommen haben. Diese Leute versuchten, die existenzielle Bedrohung auszunutzen und Leute auf ihre Seite zu ziehen. Nun aber was die Gewerkschaftsveröffentlichungen angeht: Das hat sich inzwischen geändert. Durch den äußeren Erfolg, daß meine Bücher z.B. auf der Bestsellerliste standen, gibt es jetzt wieder verstärkt auch Angebote von Gewerkschaftsseite, die Sachen zu drucken; es gibt Angebote über Bildungsschulen der Gewerkschaften, über Veranstaltungen zusammen mit der Gewerkschaft, die ich auch wahrnehme, weil ich da eine sehr wichtige Aufgabe sehe.

A.: Max von der Grün ist wegen seiner Kritik an den Gewerkschaften von den Werkkreisleuten – und natürlich von den Gewerkschaften selbst – kritisiert worden. Der Werkkreis bemüht sich sehr um ein Zusammengehen mit den Gewerkschaften – in der Gewerkschaftspresse aber kann auch er kaum publizieren. Würden Sie die Meinung teilen, daß auch die Gewerkschaften als demokratische Institutionen der Öffentlichkeit ebenso kritikwürdig sind wie die Gegenseite: die Unternehmer?

W.: Ich würde von der Grün grundsätzlich zustimmen, daß hier Kritik angebracht und unbedingt erforderlich ist; nur würde ich bei einigen Schlußfolgerungen und beim Ton, der bekanntlich die Musik macht, anders urteilen und würde nicht diese frontale, massive Kritik anbringen. Es ist halt so, daß er vorsichtig sein muß, damit er nicht den Beifall von der falschen Seite bekommt, daß er nicht in die Gefahr gerät, in eine antigewerkschaftliche Position zu geraten. Aber an sich ist seine Kritik, gerade auf Grund der Erfahrungen, die er selbst gemacht hat, berechtigt. Warum soll nicht hier ein Autor mal übers Ziel hinausschießen, wenn das kritische Feld sonst völlig brach liegt und diese Institutionen der öffentlichen Kontrolle entzogen sind.

A.: Schriftsteller schießen ja oft mit Absicht übers Ziel hinaus, um an der Verschärfung von Konflikten und Problemen eine mögliche Gefährdung in der Zukunft zu zeigen – Antizipation ist ein ganz legitimes Mittel der Literatur.

W.: Ja. Oder wie Tucholsky sagt: Man muß in dieser lauten Zeit manches dreimal so laut sagen, um überhaupt gehört zu werden.

A.: Also hat Zensurierung durch die Gewerkschaften in Ihrem Falle durchaus stattgefunden.

Hatten Sie – und haben Sie – auch Probleme mit den Massenmedien? Gibt es da Zensur?

W.: Nicht nur Zensur, sondern ein totales Ignorieren, ein totales Draußenlassen und Übergehen.

A.: Aber Sie haben doch im Fernsehen auch schon einige Sendungen gemacht.

W.: Im Fernsehen, ja. Da gab es immer einzelne Ansätze, und dann gab es riesige Komplikationen, so daß in der Regel in derselben Anstalt keine zweite Sendung mehr möglich war. Wenn ich das nachrechne, so habe ich bisher mehr Arbeit gehabt mit gescheiterten Projekten als mit den Sachen, die ich dann untergebracht habe. Und das frustriert auf die Dauer.

A.: Was heißt scheitern? In welchem Stadium der Produktion sind diese Projekte gescheitert?

W.: Zwei Fälle z.B., die ganz eindeutige Auftragsarbeiten waren, Drehbuchaufträge fürs ZDF, nachdem durch mehrheitlichen Beschluß die verantwortlichen Redakteure diese Aufträge vergeben haben. Im einen Falle war die Produktion schon im Gang, Schauspieler und Regisseur waren unter Vertrag, die Motivsuche lief, als ein Draht kurzgeschlossen wurde zum damaligen Programmdirektor Viehöfer, einem Mann der Industrie, der selbst Geld in Radio Luxemburg investiert hatte, und die Sache wurde plötzlich abgeblasen; alle Beteiligten wurden voll honoriert, aber dieses Projekt wurde nicht produziert. Oder es kommen dann manchmal neue ZDF-Redakteure zu mir nach Hause, also Redakteure, die neu verpflichtet worden sind, die guter Dinge und guten Mutes sind und meinen, nun könnte man endlich mal etwas Neues machen mit mir; da kam so ein Redakteur der Abteilung Dokumentarspiel – die Redaktion hatte den Auftrag, sich etwas Neues einfallen zu lassen, weil das alte Konzept von Jürgen Neven DuMont wohl so steril und langweilig war, daß man es ablösen wollte –; dieser Redakteur wollte am liebsten gleich zwei Projekte mit mir unter Dach und Fach bringen, und ich habe ihn in seinem Enthusiasmus und in seiner Euphorie schon etwas gebremst und gesagt: „Warten Sie mal ab, ob das überhaupt zu realisieren ist und ob es nicht vielleicht von oben wieder abgeblockt wird." Ein Projekt, das er mit mir machen wollte, war der Plan, daß ich mich als ausländischer Arbeiter bei entsprechendem Aussehen und mit entsprechender Sprache in einen Arbeitsprozeß hier eingliedern sollte, und mit einer kleinen Kamera wollte ein Freund, mit dem ich das schon öfter praktiziert habe, hin und wieder bestimmte Momente filmisch festhalten: also Innenaufnahmen von der Baracke, in der ich dann gewohnt hätte, man hätte das als Folklore tarnen können und dabei sicherlich Wirklichkeit einfangen können. Dieses Projekt ist gescheitert – ich habe dennoch vor, es noch zu realisieren. Das zweite Projekt war die Glashütte Süsmuth, in der die Arbeiter ja den Betrieb übernommen haben; ich hatte bereits Absprachen getroffen, zwei Monate dort zu arbeiten und diesen Film von innen her, mit Wissen der Kollegen und mit ihnen, zu drehen. Wir wollten mit drei Kameras arbeiten, die jeden Tag dort gewesen wären und eine kontinuierliche Bestandsaufnahme ermöglicht hätten. Das wäre eine ganz neue Form des Dokumentarspiels geworden. Es kam dann sehr bald der Anruf: Das Süsmuth-Projekt sei im Hause sehr schnell auf Entsetzen gestoßen, ob ich bereit wäre, da die Sache ja gut sei, das Projekt an einen Mann im Hause abzugeben? Mit meiner Person sei das unmöglich. Ich habe gesagt, ich habe keine Urheberrechte an diesem Projekt, doch wenn es gemacht worden wäre, dann hätte das jemand auf ganz loyalistische Weise produziert, hätte möglicherweise noch Herrn Schleyer vom Arbeitgeberverband seinen Senf dazu abgeben lassen. Es wäre dann nicht mehr das Modell gewesen, das uns vorschwebte. Es ist dann auch ganz gestorben. Mit mir jedenfalls war es nicht möglich. Auch das Projekt mit den Gastarbeitern wurde mit dieser Begründung abgeblasen. Der Mann, der es mit mir besprochen hatte, rief ganz zerknirscht an: Mein Name sei im ZDF ein solches Reizwort, daß auch dieses Projekt nicht mit mir zu verwirklichen sei. Bei Nennung meines Namens sei Prager, der neue verantwortliche Programmdirektor, ein rechter SPD-Mann, geradezu in Formalbeleidigungen verfallen. Das war nach der Griechenlandaktion, als der Drehbuchauftrag für die Reihe ‚Das kleine Fernsehspiel' schon vorlag – ich habe das zusammen mit Klaus Antes geschrieben –, und dann wurde es sehr schnell auf Eis gelegt und es hieß: Gut, es wird zwar bezahlt, aber wir können es nicht produzieren. Prager hätte geradezu Wutausbrüche bekommen und nahm sogar noch die Griechenlandaktion zum Anlaß, indem er sagte: Da können wir uns unmöglich drauf einlassen, wenn der hierher kommt und sich an einen Lichtmast vor dem ZDF bindet usw., – auf solch einem Niveau wurde versucht, mir persönlich etwas anzuhängen.

A.: Warum ist der Name Wallraff denn eigentlich solch ein Reizwort für die Medien? Der Name von der Grün ist es doch nicht?

W.: Weil ich mich auf gewisse Spielregeln nicht einlasse, weil ich mit Absicht störe und immer wieder anecke. Ich suche ja auch die Provokation. Ich finde nichts schlimmer, als daß man irgendwann vereinnahmt wird, etabliert wird und plötzlich eine Alibifunktion bekommt; daß man schließlich von jenen den Applaus kriegt, die man entlarven will. Ich brauche diese kritische Funktion von außen auch, um nicht irgendwann absorbiert zu werden. Ich lege es nicht darauf an, ich mache nur sehr unbeirrt diese Untersuchungen; und solange ich damit diese Reaktionen auslöse, merke ich auch, daß ich noch richtig liege.

A.: Das ist natürlich eine zweischneidige Sache. Wenn Sie die Behinderung Ihrer Äußerungen als Beweis Ihres Erfolges ansehen, wird diese Art von Rückkoppelung problematisch.

W.: Das wäre zu vordergründig gesehen. Das an sich ist noch kein Erfolg. Nur das Umgekehrte wäre das Zeichen eines Mißverständnisses.

A.: Der Unterschied zwischen von der Grün und Ihnen liegt ja auch in der Art der Produktionen. Von der Grün überträgt, er exemplifiziert, er typisiert und literarisiert, er nennt keine konkreten Fakten, obgleich auch er von authentischen Vorgängen ausgeht, er stellt Zusammenhänge dar, ohne Namen zu nennen, die auch in der Wirklichkeit vorkommen. Sie hingegen nennen Namen und Fakten – und das sieht man nicht gern, vor allem nicht gern in den Massenmedien, die mit ihrer Proporzpolitik ohnehin schon die Wahrheit zu ersticken drohen.

W.: Brecht hat einmal gesagt: Das Verbrechen hat Namen, Anschrift und Gestalt. Das heißt, wenn Sie etwas als Wirklichkeit ausgeben, Personen beim Namen nennen, Ort und Zeit bringen, dann verlassen Sie die Schutzzone des genehmigten literarisch-künstlerischen Bereichs. Allzulang hat Literatur bei uns ein Reservat, einen Schonbereich eingenommen, es gab da eine Spielwiese, wo sich alle Interessierten austoben konnten. Ich habe mit meiner Arbeit zu einer Zeit begonnen, als ich an diese Vorhaben nicht mit der Schutzfirmierung Künstler herangegangen bin, und das war auch die Stärke dieser Sachen; keiner kann dran vorbei, jeder wurde gezwungen, sich damit auseinanderzusetzen und festzustellen: Das ist Realität, das ist nicht irgendwie zusammengebastelte Fiktion, nichts, das sich einer aus den Fingern saugt. Zudem ist inzwischen dieser Schonbereich Kunst und Literatur längst nicht mehr das, was er einmal war, weil sehr viele Autoren sehr geschickt und sehr richtig ihre Arbeit benutzt haben, um hier politische Wirklichkeit zu vermitteln. Und deshalb ist es heute auch schon im entfernten Bereich Fernsehspiel wesentlich schwieriger, etwas Politisches und ganz Konkretes zu machen. Es gab noch ein anderes Projekt – um das abzuschließen –, das mich sehr gereizt hätte. Es war hier ein Produzent, der hatte den Auftrag, gleichsam Zangenberichte aus den Gesellschaftsbereichen DDR-BRD herstellen zu lassen: Ein DDR-Autor sollte einen Bereich in der Bundesrepublik untersuchen, und gleichzeitig ein bundesrepublikanischer Autor den gleichen Bereich in der DDR. Dieser Produzent hatte mich aufgefordert, die Lehrlingsausbildung in der DDR zu untersuchen. Ich fand das sehr interessant, denn ich hatte immer einmal vor, in der DDR das Gleiche zu machen, aus Interesse und Neugier: Was ist da wirklich anders, was läuft da eventuell besser und wo liegt es da noch mehr im Argen. Ich wäre da sehr unvoreingenommen hingefahren und hätte auch kein Blatt vor den Mund genommen. Auch da kam wieder das ZDF mit dem Vetorecht, ich glaube des Intendanten selbst: auf keinen Fall mit Wallraff. Und das geht so weiter, und es frustriert irgendwann. Man möchte nicht nur über Bücher wirken.

A.: Gerade im Zeitalter der Massenmedien sind Film und Fernsehen auch wichtige Medien des Schriftstellers – worauf sich ältere Kollegen nur sehr schwer – auch behindert von der Technik – einzustellen vermögen.

W.: Darum auch der Versuch, im Zeitalter der visuellen Medien hier und da, im Alleingang, etwas Filmisches mit einzubeziehen und damit doch noch einiges sichtbar zu machen. Zum Beispiel die Griechenland-Aktion. Da hat man mir vorgeworfen: Der hat sich da gleich einen Kameramann mitgebracht – was ist das denn für eine Show?! Daß das aber die einzige Möglichkeit war, hier ganz konkret Faschismus zu vermitteln, hat kaum jemand offiziell gesagt. Immerhin wäre ich da fast totgeschlagen worden. Man sah filmisch, wie das ablief. Zuschauer wurden gezwungen, kamen nicht daran vorbei, faschistische Gewalt zu erleben – das wird hier ja sonst nie gezeigt. Wenn ich das in trockenen Fakten mitgeteilt hätte, hätte man mir das womöglich gar nicht geglaubt. Aber hier kam dann der Vorwurf: Erstens Showgeschäft, zweitens Demonstrationsjournalismus und Agitationsjournalismus, das waren Zitate vom Intendanten des Südwestfunks, Hammerschmidt, der, als ‚Panorama' dies Dokument sendete, protestierte. Der das aufgenommen hat, war ein Freund von mir, man sieht noch, wieviel Angst der hatte, die Bilder sind sehr verwackelt, er zitterte, als er das aufnahm, und er mußte auch eine bestimmte Distanz halten, weil er damit rechnen mußte, auch zusammengeschlagen zu werden oder zumindest die Apparate zusammengeschlagen zu bekommen. Hätte ich das in einem Ostblockstaat gemacht, dann hätte man mir ganze TV-Stäbe mitgeschickt, und die Perfektion der Nachricht wäre gewährleistet gewesen. Stattdessen kommt ein Hammerschmidt, der so etwas im Ostblock für jederzeit richtig und notwendig gehalten hätte, und sagt in einer Spießermentalität – und das ist nicht die Mentalität eines Schreibtischtäters –: Das ist genauso, als wenn hier skandinavische Journalisten kommen und sich nackt an unsere Badestrände legen würden, um damit zu provozieren, zu welcher Polizeieinschreitung das führen wird; oder wenn amerikanische Journalisten kommen und sich unangemeldet, also ohne ihre Anmeldeformulare ausgefüllt zu haben, in ihre Hotels begeben, um zu sehen, was dann passiert; jedes Land hat seine eigenen Sitten und Gebräuche, die wir respektieren müssen, wir können doch nicht einfach usw. Das kam dann wörtlich in einem Kommentar im „Sonntagsblatt" und auf der ARD-Intendantenkonferenz. Etwas umstrittener – und wo ich selbst abwägen würde, ob es richtig gelaufen ist oder ob da nicht wirklich ein Show-Moment zu sehr im Vordergrund war – ist das im Falle meiner Gerling-Reportage gewesen. Aber auch da muß ich sagen: Hätte ich dieses filmische Moment nicht auch berücksichtigt – und es war ein Risiko, das zu machen, wenn wir aufgeflogen wären, dann wäre das ein ganz mieser Hausfriedensbruch gewesen und Gerling hätte die Oberhand gehabt –, dann hätte ich diese ganze Sache nicht so ins Bewußtsein rücken können.

A.: Ich wollte auch gerade da einhaken, um von Ihrer Arbeitsmethode zu sprechen. Sie sagten vorhin, daß Sie nicht als Künstler angefangen haben; ich bin der Meinung, daß Sie in diesem doch etwas spielerischen Sinne auch kein Künstler geworden sind. Sie sprachen vom Einzelkämpfer: Das war ja immer Ihr Prinzip, sich als Einzelner einzugliedern in einen Arbeitsprozeß und unerkannt im Betrieb Erfahrungen zu sammeln und Erkundigungen einzuziehen, um Erkenntnisse vermitteln zu können, die man von außen gar nicht gewinnen kann, und die auch von anderen Arbeitern so nicht artikuliert werden können, weil die Ihre anderen Erfahrungen als Schriftsteller nicht haben. Das ging ja eine ganze Zeit lang gut, die Methode hat sich bewährt, obgleich sie in der Öffentlichkeit skandalumwittert war – aber die Erkenntnisse, die Sie mit ihrer Hilfe vermitteln konnten, waren bedeutungsvoller als die sogenannte Regelverletzung: Die Öffentlichkeit entschied so gleichsam auf dem Wege der Güterabwägung für Sie und Ihren aufklärerischen Einsatz. Dann kam die Geschichte mit dem Gerling-Konzern: Sie verdingten sich dort als Bote und ließen sich, auf dem Schreibtisch des obersten Chefs Gerling im Schneidersitz posierend, im Allerheiligsten der Großfirma vom schwedischen Fernsehen filmen. Da nun war doch die Unmittelbarkeit des Fernsehens nicht so wichtig wie in der Griechenland-Aktion, die auf die Gerling-Reportage folgte; denn im Falle Gerling wurden doch eher clowneske Züge verfilmt. Und das hat doch wohl kaum weiterführende Erkenntniswerte gehabt.

W.: Ich glaube doch. Und zwar war es ein adäquates Mittel, diesen Feudalstil des Konzerns zu entlarven.

A.: Aber das weiß man doch, daß die Chefs in feudalen Etagen in Leder und Mahagoni wohnen und ...

W.: Es war das Allerheiligste, darüber raunte nur jedermann in der Firma, da hatte niemand einen Blick hineingeworfen, es war den Blicken entzogen, man wußte nichts davon.

A.: Gut, aber Günter Wallraff im Schneidersitz auf dem Schreibtisch macht das nicht sichtbar, sondern er verunglimpft dies Allerheiligste für einen kleinen Kern von ohnehin Wissenden. In der erwähnten Güterabwägung spricht hier doch das Interesse der Öffentlichkeit gegen Wallraff und – allerdings negativ – allein für das

Clowneske, also gegen eine weiterführende Erkenntnis, die Sie vermitteln wollten.

W.: Diese Handlung symbolisiert etwas, sie bringt ein Denkmal zum Wackeln, auch wenn sie es nicht umstürzt. Seitdem hat der Gerling mich symbolisch und stellvertretend immer im Nacken gespürt. Er war da oben eigentlich nie mehr so ganz allein, er war seither viel stärker unter Kontrolle.

A.: Überschätzen Sie das nicht?

W.: Es war die Inbesitznahme eines tabuisierten Bereichs, und dadurch wurde deutlich, was da wirklich ablief; ein riesiges, saalartiges Büro, das nur alle vierzehn Tage einmal benutzt wird, um ein paar Unterschriften zu leisten – und dagegen steht dann, daß es in diesem riesigen Gebäude nicht einmal Unterrichtsräume für Lehrlinge gab; überall dort, wo produktiv gearbeitet wurde, fehlte es an Platz.

A.: Das kommt dann in der Reportage auch zum Ausdruck, im Gedruckten.

W.: Aber viele glauben nicht, was sie lesen – nicht umsonst sagt man: Er lügt wie gedruckt. Man mißtraut dem Wort, dem Geschriebenen.

A.: Nun können Sie ja im Film nicht die Abwesenheit von Unterrichtsräumen für Lehrlinge zeigen, jedenfalls nicht so, wie Sie es versucht haben.

W.: Die Leute vom Konzern wußten es aber alle, und da hat es auch die Hauptwirkung gehabt; im Konzern wurde ein wichtiges kritisches Potential freigesetzt.

A.: Zugegeben, innerbetrieblich hat auch die Schreibtischaktion gewirkt – aber nach außen hin, über Gerling hinaus, auf Symptomatisches verweisend?

W.: Auch die Sache mit diesem in goldenen Buchstaben gestanzten Leitspruch: „Fortes fortuna adiuvat" – den Starken steht das Glück bei –, das ist ja ein kapitalistischer Leitsatz; ich habe da einen Zettel daneben gelegt, auf dem mit Bleistift stand: „Aber nicht mehr lange." Das hat auch jeder kapiert. Oder ich habe ein paar Utensilien verändert usw. Natürlich ist das keine Methode, die man fortsetzen kann.

A.: Das eben meine ich. Und als ich das las, war ich erschrocken und dachte: Ob sich Günter Wallraff mit dieser Aktion nun nicht selbst ausmanövriert hat? Ist er vielleicht selbst unzufrieden gegenüber seiner Methode, die er doch so oft erfolgreich angewendet hat, und wollte er hier einen sichtbaren Schlußpunkt mit clownesken Zügen setzen?

W.: Das Motiv war anders. Gerade weil sich Massenmedien gegen Veröffentlichungen von mir stemmen und das Ganze abschirmen, habe ich doch über diesen Umweg eine gewisse Massenpresse gezwungen, diesen Vorgang, wenn auch nur über diesen Gag, ins öffentliche Bewußtsein zu rücken. Dem Durchschnittsleser, der sonst nur die Bildzeitung liest, dem ist das eingegangen, und der hat angefangen, über diese clowneske Sache hinaus weitere Fragen zu stellen. Das ist ein starkes Symbol.

A.: Also die Clownerie nur als Transportmittel.

W.: Nur als Transportmittel und Aufhänger, und ich meine wirklich, daß es nicht darin steckenblieb. Wir haben durch diesen Effekt auch erreicht, daß später 1200 Angestellte des Konzerns sich im größten Kölner Saal, direkt gegenüber dem Gerlingkonzern, versammelten und aus ihrer Versammlung eine Art Tribunal entwickelten, vor dem sie ihre tagtäglichen Erfahrungen und die Mißstände im Konzern zur Sprache brachten, und plötzlich redeten sie, bewirkt durch die große Zahl der Versammelten und durch die Übereinkommen, die da erzielt wurden.

A.: War das nachweislich eine Wirkung Ihres Einsatzes?

W.: Es war eine unmittelbare Wirkung dieses Einsatzes. Wir hatten Plakate verteilt, wo auch wiederum mit solchen Gags gearbeitet wurde und der Konzern karikiert und satirisch dargestellt wurde – die hingen danach in den Büros, bis sie schließlich entfernt werden mußten. Der Bote auf dem Tisch des Herrn – das ist eigentlich das Symbol. Auch dies Sich-Zugesellen zu dem Herrschaftstisch der Direktoren – das ist nun ein einfaches, banales Mittel, das jedermann begreift.

A.: Das wiederum empfand ich als sehr viel wirkungsvoller: Wie Sie sich selbstverständlich an den Mittagstisch der Herren Direktoren setzen, als Bote, und dasselbe sorgfältig zubereitete Essen fordern, weil Sie magenkrank seien. Das war, finde ich, eine unmittelbar wirkungsvolle und erkenntnisträchtige Sache. Mich hat das mehr überzeugt als die Szene in der Chefetage. Ich war der Meinung, Sie nähmen mit diesem Gag Abschied von Ihrer Methode. Dann kam auch sehr bald Griechenland. Und entschiedener als in Griechenland können Sie Ihre Person ja kaum ins Spiel bringen und aufs Spiel setzen.

W.: Griechenland hatte für mich natürlich auch existenziell eine Bedeutung.

A.: Bereits vorher oder erst danach?

W.: Vorher schon. Die Aktion ist zu einem Zeitpunkt gemacht worden, als ich einen riesigen Erfolg hatte, als ich plötzlich ein Bestseller-Autor war, als man mir Schlagzeilen widmete. Ich merkte, wie ich entrückt wurde von meinem Ausgangspunkt, wie ich prominent wurde, und das hat auch immer etwas mit Prostitution zu tun und mit Korruption. Ich wollte mich da hinauskatapultieren. Ich rechnete mit ein, zwei Jahren Gefängnis. Nun war es auch nicht ganz so, daß ich es mir ausgesucht habe. Ich gehörte zu dem Solidaritätsausschuß Griechenland und wurde als Mitglied einer Delegation benannt. Und so ergab es sich. Ich wußte von vornherein, was die Delegation erreichen würde: gar nichts, es würde ein Goodwill-Besuch zur Beruhigung des eigenen schlechten Gewissens sein. Deshalb habe ich versucht, mehr daraus zu machen. Ich bin hier gründlich mißverstanden worden und zum Teil von der großen Presse mit bösartiger Infamie behandelt worden. Die haben mir einfach Motive unterstellt, um den Faschismus beim NATO-Partner Griechenland nicht zur Kenntnis nehmen zu müssen. Das ging bis zur Entschuldigung des Faschismus dort. Damit hatte ich nicht gerechnet, daß es so infam ablaufen würde. Aber ich habe daraus gelernt: Ich würde einen solchen Alleingang nicht mehr machen. Allerdings habe ich auch hierbei vorher vergeblich versucht, andere zum Mitmachen zu bewegen.

A.: Haben Sie auch die Härte erwartet, mit der Sie dort dann geprügelt und im Gefängnis gefoltert wurden?

W.: Ich hatte eine Woche vorher mit ehemals Inhaftierten, Gefolterten Kontakt gehabt, und die haben mir bis in Einzelheiten ausgemalt, was ich zu erwarten hätte. Das größte Risiko war, daß man mich allzu früh als Ausländer erkannt hätte; dann hätte man mich abgeschoben und dann wäre genau der falsche Eindruck entstanden, man hätte sagen können: So schlimm ist es doch gar nicht, hinterher bekommt der noch eine Rückfahrkarte und wird zum Flughafen geleitet, das ist doch ein ganz menschliches, liberales

System. Und so wurde es hier auch immer dargestellt, wenn CDU-Politiker als KZ-Touristen nach Jaros fuhren und zurückkamen und sagten: Die Gefangenen werden umsorgt und umhegt. Oder als Heck aus Chile zurückkam: Die Situation im Stadion ist bei Sonne recht angenehm – solche Entschuldigungen wurden doch veröffentlicht. Diesen Eindruck hätte ich verstärkt, wenn ich sogleich als Ausländer erkannt worden wäre. Deshalb habe ich mich, wie es auch sonst ein Prinzip meiner Arbeit ist, anonymisiert. Ich habe aus meiner Jacke das Etikett ‚Made in Germany' herausgetrennt, habe keine Papiere bei mir gehabt und habe am Anfang ganz verbissen geschwiegen, kein Wort gesagt, so daß nachher, als ich unter der Folter sagte – und irgendwann fängt man an zu sprechen, auch wenn man schmerzstillende Mittel nimmt –: ich sei Deutscher, man mir das nicht glaubte. Die dachten, ich sei als Gastarbeiter eine Zeitlang in Deutschland gewesen und wollte auf diese Weise nun eine mildere Behandlung herausschinden. Da hatten die mich aber schon dermaßen ramponiert, daß die Spuren so sichtbar waren, daß sie mich erst einmal dabehalten mußten.

A.: Welche Erfahrungen haben Sie denn aus dem griechischen Gefängnis mitgenommen – politisch und persönlich?

W.: Daß man vor allem den Begriff Faschismus nicht so inflationär gebrauchen sollte, wie es zum Teil von bestimmten Linken geschieht. Daß man früh genug alle noch mobilisiert, die sich hier antifaschistisch engagieren, und das reicht bis zu progressiven Christen und bis zu Leuten im Lager der CDU, die man gewinnen sollte. Das, was man dort erlebte, war eine Stufe der Barbarei, die ich bis dahin nicht für möglich gehalten hatte. Alles, was man bis dahin an Kriterien und Prinzipien hatte, war weg, war völlig gegenstandlos, es zählte nur die nackte Gewalt, jedes Argument stieß auf taube Ohren. Bis zuletzt waren es ja nur 3 bis 5% der Griechen, die die Junta unterstützten, alle anderen gehörten zum passiven oder aktiven Widerstand. Und trotzdem konnte sich dieses Regime über sieben Jahre hinweg behaupten: durch blanken Terror. Und es waren letztlich hundertfünfzig Offiziere, die sich einig waren und die von heute auf morgen die Demokratie exekutierten, obgleich es auch innerhalb der Gesellschaft Kräfte gab, die die Junta unterstützten: Onassis z.B. hat kräftig mitgewirkt, hat Papadopoulos bis zuletzt eine Villa finanziert und sich selbst 160 Millionen Dollar ohne Gegenleistung aus dem Staatshaushalt genommen – also es war auch das Großkapital, das hier am Faschismus partizipiert und von ihm profitiert hat. Und so müßten wir hier versuchen, unter dem Motto „Gefahr erkannt, Gefahr gebannt" möglichst viele darüber aufzuklären, was in Krisensituationen unter ungünstigsten Konstellationen auch hier mal blühen könnte. Es war damals in Griechenland immerhin ein NATO-Plan, den man zur Exekution der Demokratie eingesetzt hat, der NATO-Plan „Prometheus" – auch ein Sinnbild: der gefesselte Prometheus, das gefesselte Volk; und dann kam sehr schnell von Papadopoulos die Definition: Wir müssen das Volk in Gips und die Demokratie auf den Operationstisch legen, und die Gesetze müssen wir erst einmal außer Kraft setzen. Das war damals zu einem Zeitpunkt, als ein Wahlerfolg der Linken bevorstand, auf demokratischem Wege. Und wenn hier einmal das, was sich bei den Jungdemokraten und den Jungsozialisten als Politik abzeichnet, parlamentarisch Gestalt annimmt, dann müssen wir Vorsorge treffen, daß wir nicht irgendwelchen rechten Kräften Putschmöglichkeiten in die Hand geben. Wo z.B. sind die Instanzen, die die Bundeswehr kontrollieren? Wir haben einen Radikalenbeschluß, der aber fast nur, fast ausschließlich gegen Linke angewandt wird; in der Bundeswehr aber sind kaum Linke, besonders nicht diejenigen, die an den hochtechnisierten Geräten die Hand am Drücker haben, das sind in der Regel Offiziere.

A.: Oft auch Technokraten, die funktionieren.

W.: Obgleich, und das entstammt einer demoskopischen Untersuchung, zur Zeit der Erfolge der NPD jeder vierte Berufssoldat NPD gewählt hat. Heute braucht man nicht mehr NPD zu wählen, um diese Interessen vertreten zu lassen. Da ist also wenig transparent. Es gibt ein paar Leute, SPD-Abgeordnete im Verteidigungsausschuß, die da schon mal kritisch gefragt haben, und über die ist man in einem Maße hergefallen, daß sie hinterher selbst wie Verfassungsfeinde dastanden. Es hat eine Untersuchung von Professor Kriele in der *Zeit* gegeben, daß heute schon im Medienbereich der Presse die Voraussetzungen da sind, daß nämlich 80% der Zeitungen versuchen, faschistische Putschsysteme zu entschuldigen und zu legitimieren, daß wir hier also schon die flankierenden Maßnahmen der Presse hätten, die, wenn es einen Putsch gäbe, versuchen könnte, ihn als legal darzustellen.

A.: Auch aufs eigene Land übertragen, würden Sie mutmaßen?
W.: Ja, aufs eigene Land übertragen.
A.: Also diese politische Erkenntnis: mehr Wachsamkeit gegenüber den Organen hier, die nicht kontrolliert werden und die zum Putschen dienen können, ohne hier schon ganz konkrete Verdächte auszusprechen.
W.: Und der Versuch, größere Bündnisbereitschaft früh genug zu suchen; also nicht sogleich sagen: Das hier ist ein Konservativer, der ist faschistoid usw. Ich habe im Gefängnis erlebt, daß da von Kommunisten über Sozialdemokraten bis zu Liberalen und Königstreuen alle möglichen politischen Schattierungen einsaßen, also alles, was sich im weitesten Sinne demokratisch gab. Ich habe z.B. den konservativen letzten Ministerpräsidenten getroffen, Kanellopoulos, das war bestimmt kein linker Mann, ein Mann, der hier einen Typus wie Schröder darstellt, der aber innerhalb der Diktatur einen ganz unbeirrten antifaschistischen Standpunkt einnahm. Ich habe erlebt, wie er riskierte, inhaftiert zu werden, als er Angehörige von Gefolterten empfing, wie er ihnen Ratschläge und Hilfestellungen gab; er wurde selbst auch immer wieder unter Hausarrest gestellt – und das hat mich unwahrscheinlich beeindruckt.
A.: Konservative haben gegen den Faschismus oft entschiedener gestanden als opportunistische und wankelmütige Liberale. Der Konservativismus hat eben auch seine Moral, und der Faschismus predigt unmoralisch die nackte Gewalt. – Was hat Sie persönlich an diesem griechischen Erlebnis beeindruckt, verändert?
W.: Mir kann nichts Schlimmeres mehr passieren. Ich bin durch etwas hindurchgegangen, was mich irgendwie freier macht. Seither nehme ich viel weniger Rücksichten auf gewisse Sachen. Ich habe allerdings noch über ein halbes Jahr an den Folgen gelitten, psychisch und physisch, und bin jetzt erst seit ein, zwei Monaten so weit, daß ich wieder konzentriert arbeiten kann und nicht mehr nur durchhänge. Aber es hat mich schon verändert, auch hinsichtlich neuer Sachen, die ich mir vornehme.
A.: Hinsichtlich der Arbeitsweise, oder der Komplexe, der Stoffe der Arbeit?
W.: Ich glaube, daß ich mich aus einer bestimmten Geschäftigkeit, aus einer gewissen Schnellebigkeit, aus einer Hektik heraushalten kann und mich wieder langfristiger Themen aussetzen kann, als ich

es vorher konnte. Wenn man ein paar Monate in einer Zelle sitzt, also in einer Isolation sich befindet, dann sammelt man sich wieder, dann gewinnt man wieder Durchblick. Ich habe wieder angefangen zu lesen, konnte ja Bücher lesen, und habe in den zweieinhalb Monaten mehr gelesen als in den letzten drei Jahren.

A.: Sie haben, wenn ich das richtig beobachtet habe, kein rechtes Privatleben, sondern Sie stehen fast ununterbrochen unter dem Druck Ihrer Arbeit, und das heißt Ihrer spezifischen Arbeit: ein paar Monate als Arbeiter im Betrieb, ein paar Monate in der Trinkerheilanstalt usw., um nur zwei Beispiele von einigen Dutzend zu nennen. Ist das auch etwas, was Sie ändern wollen nach Griechenland, um zu mehr Ausgeglichenheit zu kommen? Oder haben Sie vielleicht gemerkt, daß der Rückzug auf sich selbst wieder andere Kräfte für die Arbeit freisetzt und mobilisiert?

W.: Das weiß ich im Moment selbst noch nicht. Diese Arbeit ist so einschneidend und auch so total bestimmt, daß dabei einerseits auch meine Ehe in die Brüche gegangen ist, wobei ich selbst die Verantwortung zu tragen habe; daß ich andererseits versuche, Kontakte herzustellen, die nicht diese Zwanghaftigkeit einer Zweierbeziehung, bei allem Für und Wider, haben; ich versuche da so eine Art korrespondierender Kontakte – das hört sich zwar großartig an, aber anders geht das bei dieser Arbeit nicht.

A.: Sie stehen ganz unter dem Gebot dieser Arbeit, der Sie sich stellen.

W.: Das ist von der Praxis her gar nicht anders möglich: Man ist lange Zeit irgendwo in einem Betrieb oder in einem anderen Bereich und kommt wie ein Mann auf Montage oder ein Seemann nur alle paar Monate mal wieder nach Hause. Deshalb kann man das, was einmal als Ehe, als Zweierbeziehung eingegangen wurde, nicht aufrechterhalten. Das hat natürlich auch Vorteile: Man fährt nicht so schnell fest in seinen Gewohnheiten, man ist offener, auch dem jeweiligen Menschen gegenüber, man ist kontaktbereiter gegenüber denen, die man neu kennenlernt – man soll das nicht nur negativ sehen; nur hat man natürlich auch seine bestimmte Vergangenheit, seine bürgerliche Erziehung, und irgendwo sind da noch Widerstände, die man überwinden muß, um nicht immer zu meinen, man versäume etwas, Geborgenheit oder einen Schutz, nach dem man auch wiederum eine bestimmte Sehnsucht hat.

A.: Die Ehe ist aber doch keine Erfindung des Bürgertums.
W.: Die Zweierbeziehung schon. Ich kann mir schon eine Gesellschaft vorstellen, wo sich viel mehr Menschen offener, auch im privaten und sexuellen Sinne, gegenüberstehen – das muß nicht unbedingt eine Kommune sein. Warum ist denn die bürgerliche Ehe so in Frage gestellt? Überall, wo man hinschaut, wo ein Paar mehr als fünf bis zehn Jahre zusammenlebt: Wo funktioniert das denn noch? Das kommt doch nicht von ungefähr. Es liegt auch daran, daß man nicht mehr offen ist, daß man sich anderen gegenüber verschließt. Und irgendwann hat man sich dann auch nichts mehr zu sagen. Es ist in dieser ungesicherten Gesellschaft eine verständliche Reaktion, daß sich zwei aneinanderklammern und nun glauben, das einzig Verläßliche gefunden zu haben; aber das ist doch eine Illusion.
A.: Wie so vieles Illusion ist und einen dennoch aufrechterhalten kann.

Man hört immer wieder den Vorwurf, das, was Sie produzieren, sei nicht Literatur. Stört Sie dieser Vorwurf? Er kommt meist aus einer konservativen Ecke und von Leuten, denen vor allem die Inhalte, die Sie mit Ihren Reportagen vermitteln, mißfallen.
W.: Zuerst habe ich diesen Vorwurf von Unternehmern gehört, die damit kamen: Das ist Bildzeitungsschmiere. Das waren diejenigen, die sonst ihre Interessen und Ideologie über die Bildzeitung verbreiten ließen. Mich hat es eigentlich nie bekümmert, obwohl man schon ein bißchen getroffen ist, keiner kann sich freimachen von einer gewissen Eitelkeit. Es ist umgekehrt auch zu beobachten, daß Dissertationen innerhalb der Germanistik über meine Arbeit gemacht werden, daß Seminare stattfinden über diese Arbeiten. Es sollte einen also nicht bekümmern. Man sollte allerdings schon versuchen, die besten formalen Mittel zu benutzen, um diese Arbeit am dichtesten zu machen. Aber das liegt auch immer daran, wie sehr man betroffen ist, wie total man in einer solchen Sache auch existentiell drin steckt. Es ist eine Form des Schreibens, die auf Vervielfältigung, auf Fortsetzung, auf Weitermachen aus ist, die andere ermutigt, sich ähnlich zu verhalten und ähnlich zu schreiben; das ist also keine Literatur, die einen Ewigkeitsanspruch erhebt. Je schneller diese Art der Literatur mithilft, gesellschaftliche Verhältnisse zu

verändern, um so eher wird sie auch von einer sich fortentwickelnden Gesellschaft als historisch empfunden werden. Es ist Literatur, die ganz konkret für die jeweilige Zeit geschrieben worden ist.

A.: Sie will eingreifen in die Wirklichkeit.

W.: Ja, und mit dran drehen, mit verändern, ein Stück voranträumen. Und Literatur muß diese Schrittmacherfunktion haben, wenn sie nicht grad den zehnten Schritt vor dem ersten tut.

A.: Sie wollen ja gar nicht zur Literatur und zum Literaturbetrieb gehören, sondern den engen traditionellen Literaturbegriff formal und inhaltlich aufbrechen, also mit dem, was Sie machen, nicht in die Literaturgeschichte eindringen, sondern in die aktuelle Geschichte.

W.: Also nicht museal irgendwann einmal abgehandelt und konserviert werden, sondern immer Reibungsflächen bieten – oder eben vorbei sein, wenn die Zeiten sich positiv verändert haben.

A.: In diesem Sinne muß es Ihnen doch sehr viel angenehmer, eine Bestätigung fast, sein, auf den politischen Seiten der Presse statt in den Feuilletons behandelt zu werden.

W.: Ja. Und wenn das geschieht, merke ich, daß ich etwas erreicht, bewirkt, in Bewegung gesetzt habe. Applaudierende Rezensionen in Feuilletonspalten bringen nichts.

A.: Was Sie schreiben, wird immer im Zusammenhang der Dokumentarliteratur diskutiert. Man wird aber wohl als gesichert ansehen dürfen, daß auch Dokumentarliteratur mit ästhetischen Mitteln arbeitet, also mit Arrangement und Gestaltung von Fakten, und auch Ihre Reportagen arbeiten mit solchen Mitteln, etwa der Konfrontation von verschiedenen Fakten aus jeweils anderen Perspektiven. Wo gleitet eigentlich das Dokumentarische ins Fiktionale über – oder gibt es das Dokumentarische überhaupt nicht? Kann man Literatur überhaupt durch die Realität ersetzen? Auch Erika Runge hat die Gespräche, die sie aufgenommen und dann gesendet und gedruckt hat, beschnitten, arrangiert, und da beginnt sich doch eine Wirklichkeit in etwas zu verwandeln, was nicht mehr reine Wirklichkeit ist, sondern eben ein neues, nach ästhetischen Prinzipien geordnetes Wirklichkeitsbild – immerhin noch nahe genug an der Realität, um unmittelbar etwas davon zu vermitteln.

W.: Das, was in der Literatur das formale Element ist, ist hier das Arrangieren, das Vorbereiten, die Hebelwirkung, andere zum Reagieren, zum Sprechen zu bringen, jene auch, die sonst alles tun, um sich der Kontrolle zu entziehen, d.h. sie so zu provozieren, daß sie Farbe bekennen, daß sie reagieren, daß man ihnen die Masken herunterreißt. Das ist das formale Prinzip und Kriterium: die Sache erst einmal so in den Griff zu bekommen, daß man eindringen kann, daß man dann aber auch diejenigen ins Blickfeld rückt, die sonst versuchen, ihre Herrschaftsmethoden als Symbole von honorigen Leuten auszugeben. Die Gestaltung setzt ein, wenn man das ganze Material unvoreingenommen gesammelt hat, alles, was überhaupt erreichbar ist; ich versuche es z.B. manchmal mit Zeitungsanzeigen: Journalist sucht für Firmengeschichte über dieses und jenes Werk noch Zeugenaussagen, Erlebnisberichte, Dokumente usw. Es gibt Zeitungen, die sich erstmal weigern, solche Annoncen aufzunehmen; das war hier in Köln ein großes Problem, daß der „Stadtanzeiger" das überhaupt brachte. Dann kommen doch sehr viele Beteiligte, die ein Problembewußtsein haben, die inzwischen dort ausgeschieden sind und es sich leisten können, hier Bericht zu erstatten. Wenn das alles mal da ist, dann ist das ein riesiges Sammelsurium, oft sind es stundenlange Tonbandgespräche, die erst einmal ausgewertet werden müssen. Und dann fängt der Autor an, mit einer bestimmten Tendenz, unter einer bestimmten Blickrichtung im Sinne der dort Beschäftigten seine Auswahl zu treffen; und er versucht auch, seine Personen nicht auszubeuten, indem er sie auf unfreiwillige Versprecher festlegt, sie also nicht kulinarisch vorstellt, weil dann ja auch so ein unfreiwilliger Manger-Humor hineinkommt. Also muß der Autor auch Sprachhilfe leisten und das herausholen, was sprachlich als Waffe, als ein Sich-Wehren, als Artikulation stark ist. Man kann auch das bringen, was falsches Bewußtsein spiegelt, ganze Passagen, die falsches Bewußtsein darstellen, weil er keinen Durchblick hat – denn er wurde immer für dumm verkauft; dies sollte aber erkenntlich für den Leser mit eingearbeitet werden: Warum das so ist, muß deutlich werden, der Autor darf damit niemanden identifizieren oder lächerlich machen. Das ist die Verantwortung des Autors auch beim dokumentarischen Schreiben. Oft ist es auch noch mehr Arbeit, die Sachen nachher juristisch abzusichern, als sie zu schreiben; das ist ein Manko bei der Arbeit. Ein fiktiv-schreibender Autor kann das in die beste Form bringen, was er weiß und was er für richtig hält; ich kann nur das in die Form bringen, was ich im Notfall auch vor Gericht belegen kann – und deshalb muß ich oft auf dichteste, stärkste Momente verzichten.

A.: Also tritt die Frage der Literarisierung auch bei Ihren Arbeiten auf.

W.: Selbstverständlich, das ist ein Gestalten nach formalen Prinzipien, nur daß hier die Form nie überwiegt; man kann sich hier kaum so in die Form verlieben, daß sie zum Selbstzweck wird, denn sie hat immer die Funktion des Transportmittels. Der Inhalt ist das wichtigste, und die Form hat sich dem Inhalt anzupassen, nicht umgekehrt.

A.: Sie arbeiten mit Ihren Reportagen immer an ganz konkreten Einzelfällen, während die Literatur, auch die sogenannte Arbeiterliteratur, auch die Literatur des sogenannten sozialistischen Realismus, immer mit dem Beispielhaften, dem Typischen arbeitet, Dinge fiktiv und exemplarisch darstellt, auf ihren Verweisungscharakter baut. Ich bin sicher, daß auch Sie mit Ihren Reportagen die typischen Verhältnisse in dieser Gesellschaft aufdecken wollen. Aber verhindert nicht auch die Konkretisierung auf den Einzelfall dieses Verallgemeinernde, allgemeiner Wirkende, das Übertragbar-Exemplarische? Kann der Einzelfall noch sensibilisieren, oder wird er letzten Endes nur noch skandalisieren? Wird er also auch nicht mehr für die Gesamtzustände genommen, sondern bewirkt er nicht im Gegenteil, daß viele denken: Na ja, ein Einzelfall, aber gottseidank sind sie nicht alle so?

W.: Das Problem ist da, und der Vorwurf wird oft gemacht. Ich glaube, daß man durch die Summierung von Einzelfällen so etwas wie eine Struktur, wie ein Mosaik zusammensetzen kann. Innerhalb unserer Massenmedien wird ja nur personifiziert, z.B. in der Bildzeitung – über 36% unserer Arbeiter lesen nur dieses Massenblatt, d.h. dieses Blatt gegen die Massen –, so daß man an der Personifizierung nicht vorbeikommt. Jeder ist gewohnt, alles personifiziert zu sehen – und nun muß man die richtigen, die typischen Personen finden. Oft kann man auch über Extreme auf das Typische zurückschließen. Eine Gesellschaft, die sich demokratisch nennt, muß es sich gefallen lassen, auch an extremen skandalösen Bereichen gemessen zu werden. Wenn aber etwas so sehr Extremes schon zum Alltag gehört, daß jeder es hinnimmt, daß man sich gar nicht mehr darüber aufregt, dann muß man doch sagen: Warum ist das nicht mehr zu verhindern, warum ist das so etwas Selbstverständliches? Es muß also möglich sein, von den Einzelfiguren, die ja auch Repräsentanten sind, auf die Strukturen zu schließen. Das Gefährliche ist, daß man dämonisiert; man darf nicht in die Gefahr kommen, hier böse Menschen darzustellen; man muß es schaffen, sie mit dem Mittel der Verfremdung als funktionierende Charaktermasken eines Systems, einer Struktur darzustellen.

A.: Weil es sonst Ideologie und keine Wahrheit mehr wird.

W.: Ja. Da gibt es vielleicht auch Schwächen in meiner Arbeit; ich merke manchmal am Leserverhalten, daß die Leser die Schlußfolgerung ziehen, man müsse jetzt an das Gute im Unternehmer appellieren, damit es besser wird. Das ist illusionär.

A.: Sie haben einmal als einen wesentlichen Begriff Ihres Literaturverständnisses das Wort von der „sozialen Wahrheit" geprägt, die in der Literatur enthalten sein müsse. Was meinen Sie ganz konkret damit, und wie ist dieser Begriff literarisch zu vermitteln?

W.: Es geht darum, daß man ein Unrechtsempfinden entwickelt, daß man das zur Gewohnheit gewordene alltägliche Unrecht, sozusagen die kleinen Katastrophen des Alltags, die die meisten ja als viel einschneidender und als existentiell viel bedrohlicher empfinden als die großen politischen Entscheidungen, noch sieht und erkennt; daß man so sensibilisiert wird, daß man das auch unmittelbar als Unrecht empfindet, daß man sich dagegen auflehnt und sich mit anderen zusammentut und sich dagegen wehrt. Je dichter man am Geschehen ist, je exakter man diese Winzigkeiten festhält und diagnostiziert, um so eher finden sich Möglichkeiten, sich dem entgegenzustellen. Auch die Gewerkschaften, die sich lange Zeit nur um die Pfennige gekümmert haben, die Tarif- statt Bildungspolitik gemacht haben, denken um; denn das ausgehandelte Geld für Humanität wird von der Lohn-Preis-Spirale, an der die mächtigen Konzerne, die Wirtschaftsblöcke, entscheidend drehen, aufgefressen. Und da findet, glaube ich, doch ein Umdenken statt. Da sind Appelle von Schriftstellern, Psychologen, Soziologen und Sozialdiagnostikern auch in diesen Kreisen positiv aufgenommen worden. Man fing erstmals bei Tarifauseinandersetzungen in Baden-Württemberg an, bessere Arbeitsbedingungen auszuhandeln.

A.: Das waren die vor allem von den Arbeitgebern am schärfsten umkämpften Fragen.

W.: Ganz genau.Bei Lohnerhöhungen, wenn die nicht gerade über 10% liegen, kann man sich immer noch einigen.

A.: Also Tarifpolitik als eine Art Schauturnen. Und hier wurde es konkret.

W.: Ja. Daß man plötzlich anfing zu fordern: mehr Pausen zwischen den Fließband-Takten, Möglichkeiten von Ablösung, vielleicht sogar die Abschaffung von Fließbandsystemen. Das alles war plötzlich in der Diskussion, und ich glaube, da können Autoren sehr viel zu beitragen, diese Sachen noch mehr ins öffentliche Bewußtsein zu rücken. Und da kann sich auch ein Konservativer nicht versperren. Das sind humanitäre Prinzipien jenseits der Ideologien, denen sich sehr viele anschließen können. Wenn alle wüßten, was läuft, und die Ursachen erkennen, und wenn das wirklich vermittelt würde auch über die Massenmedien, wenn die Presse nicht so abhängig wäre von wenigen Konzerninteressen, dann wäre die Gesellschaft ein ganzes Stück weiter. Da ist meine Arbeit zu verstehen als eine permanente Gegeninformation. Wenn das, was ich mache, und noch viel mehr, in allen Zeitungen stünde, würde ich mich erübrigen oder würde eine ganz andere Arbeit machen. Aber das wird dort ausgeklammert, man muß es auf allen möglichen Umwegen immer wieder ins Bewußtsein rücken.

A.: Ihr Begriff von der „sozialen Wahrheit" – und dieses Gespräch ist dafür ein Beispiel – impliziert einen Satz wie „Die Wahrheit ist konkret": Das Detail ist das wichtige, nicht der große Spruch, nicht die Ideologie, die bis in Details hinein zu verfälschen vermag.

W.: Ich halte gar nichts von großen Sprüchen, sie schlagen oft die Wirklichkeit tot, obgleich man gewisse Begriffe in der Interpretation solcher Sachverhalte gebrauchen sollte; man sollte schon eine bestimmte Terminologie haben. Es gab ja einmal eine Zeit der Arbeiterbewegung, da soziologische, wissenschaftliche Termini allgemein gebraucht, angewandt und für den Kampf benutzt wurden. Das ist weithin abhandengekommen, auch durch den in die Köpfe hineingehämmerten Antikommunismus.

A.: In einer Kampfzeit wichtige ideologische Korsettage kann sich überleben, und wenn das, was sie trug, zur Macht gekommen ist, muß sie und ihr Inhalt ebenso in Frage gestellt werden wie sie selbst das ihr Voraufgehende in Frage gestellt und bekämpft hat. So verläuft doch der gewünschte dialektische historische Prozeß.

W.: Es gibt auch keinen Endzustand. Es gibt Linke, die träumen vom Tag X, an dem gibt es einen Knall und plötzlich hat man das gelobte Land erreicht. Ich glaube eher, dann fängt es erst an; oder wie Brecht es einmal gesagt hat: Dann kommen die Mühen der Ebene.

A.: Rückwärtsgewandte Utopie, die Sehnsucht nach dem verlorenen Paradies, immer vorhanden und unerreichbar.

W.: Man muß dann um so mehr die Dinge in Frage stellen. Und meine Arbeit ist sehr viel mehr auf Fragenstellen aus als auf vorschnelles Antwortgeben, obwohl man da die Funktion auch teilen sollte. Es gibt viele, die erwarten vom Autor im alten großbürgerlichen Sinne die Rolle des Propheten; für sie ist es derjenige, der um die letzten Dinge weiß.

A.: Nicht nur den Diagnostiker, sondern auch den Prognostiker erwarten sie: aber auch die Rolle des Heilenden, der die Lösungen kennt.

W.: Und was ganz schlimm ist: die Rolle des absegnenden Wundertäters. Selbst bei Linken, die einem immer wieder vorwerfen: Du bringst die Sachverhalte ganz richtig heraus, aber nun gib uns endlich die Rezepte. Sie erwarten Lösungen im Schnellverfahren: Man nehme das und das, rühre das so und so, und heraus kommt das und das.

A.: Auch ich will natürlich auf solche Fragen nicht verzichten. Auch ich möchte außer der Analyse des Vorhandenen Ihre Erwartungen auf Lösungsmöglichkeiten kennenlernen und dementsprechend fragen. Die Arbeitsprobleme im Zusammenhang mit Akkord- und Fließbandsystemen gibt es nicht nur im Westen, sondern auch im Osten, und weder hier noch dort zeichnet sich eine Lösung dieser Probleme ab. Ihre Arbeiten zielen im wesentlichen auf die Abschaffung der Entwürdigung des Menschen durch solche Systeme. Wie nun können diese Probleme möglicherweise gelöst werden – ist die Lösung eine Frage der Ideologie oder der Technologie? Wer im Augenblick ein Interesse an der Beibehaltung solcher Systeme hat, scheint klar zu sein: jene, die ein Interesse an der Produktion haben und nicht an einer Sensibilisierung der Produzierenden, jene, die für die Erhaltung des Status quo sind, ob als Staats- oder Privatkapitalismus.

W.: Das muß man sehr genau untersuchen. Und man sollte vor allem nicht auf Gesellschaftssysteme verweisen, in denen diese Probleme gelöst seien, obwohl man gar nicht unter solchen Systemen gearbeitet hat. Ich habe immer wieder versucht, in Staaten des Ostblocks eine Arbeitserlaubnis zu bekommen, ich habe es bisher vergeblich versucht in Jugoslawien, der Tschechoslowakei, der DDR. Ich brachte vorhin die Beispiele, die ich jetzt nicht zu wiederholen brauche, wie notwendig auch im Ostblock eine solche Arbeit wie die meine wäre und wie sie dort angewandt wird und wie auch die Methode dieser Arbeit dort ins Bewußtsein rückt, und nicht, wie es vordergründige Propagandisten und Funktionäre gerne gebrauchen: als Ablenkung auf Schlimmeres im Westen. Die Leser dort differenzieren sehr. Ich bekomme Briefe von Schülern, jungen Arbeitern, Studenten aus sozialistischen Staaten, die dort anfangen, die Probe aufs Exempel zu machen und ihren eigenen Bereich an diesen Kriterien zu messen und die dann auch auf Widersprüche stoßen. Es ist natürlich schwierig, man muß das genauer untersuchen. Es läuft da vieles besser, es läuft vieles anders auf Grund der anderen Voraussetzungen; es gibt dort nicht diese totale Leistungsschraube, es wird nicht in dem Maße wie hier ausgepreßt bis aufs Letzte; das drückt sich z.B. darin aus, daß die Unfallzahlen in der DDR nur halb so groß sind wie bei uns. Die Antreiber-, die Managerschicht ist nicht in dem Maße wie hier verselbständigt und nicht dermaßen mit Statussymbolen ausgestattet. Sie verdienen nicht wesentlich mehr als ein Arbeiter und haben eine wesentlich höhere Verantwortung, sie haben in der Regel zwei- bis dreitausend Mark, waren meist vorher selbst Arbeiter und sind auch etwas stärker kontrollierbar; man kann bei Willkür durch Mehrheitsbeschluß durchaus jemanden absetzen. Ich habe in einem VEB-Betrieb mal Beschwerdebücher eingesehen, Betriebstagebücher; da wurde doch ziemlich respektlos mit Vorgesetzten umgegangen. Das alles muß man sehen. Und trotzdem gibt es da, technologisch bedingt, Akkordsysteme, Fließbandsysteme, die stark entfremdete Arbeit produzieren und auch Menschen extrem auslaugen. Dann fragt man sich: Wie kommt das? Inzwischen sind die Wirtschaftsmärkte so ineinander verzahnt, daß Rückkoppelungen zu erkennen sind.

A.: Meine Frage: Ist das nur technologisch lösbar oder kann das auch auf politischem Wege gelöst werden. Und welche Rolle kann bei einer solchen Frage auch die Literatur spielen als ein sensibilisierendes Element?

W.: Die Literatur hatte ja in den Anfängen der DDR eine Art Kontrollfunktion, z.B. durch die Brigadetagebücher, die allenthalben geschrieben wurden, die kritische Bestandsaufnahmen über das brachten, was an der Basis los war; und die dann so kritisch waren, daß man sie nachher abgewürgt und mehr auf Erbauungs-, Feierabend- und Beschönigungsliteratur umgemünzt hat. Danach wurden die Brigaden ermutigt und bekamen Belobigungen und Orden dafür, daß sie Betriebsfeiern gestalteten, Betriebsfeste organisierten, daß sie also die schönen ablenkenden Seiten herausbrachten. Auch da wurde die Literatur entschärft, wurden der Literatur die Zähne gezogen. Aber auch da wächst eine neue Generation heran. Vor allem in der UdSSR ist es, bestimmt von der dortigen Tradition, ganz stark spürbar: Wenn da ein Arbeiter im Betrieb Talent verrät, anfängt, sich in seiner Situation umzusehen und sie kritisch zu beschreiben, dann wird er ganz schnell aus seinem Bereich hinausgelobt, dann kommt er auf eine Schriftstellerschule, bekommt er Privilegien, wird irgendwo in einen Schriftstellervorort in eine Datscha gesetzt, und irgendwann landet er bei der Lyrik – das ist dann die Krone der Kunst, und damit ist er dann am weitesten weg von seinem Ausgangspunkt. Hinzu kommt, daß das Durchschnittsalter der dortigen Schriftstellerfunktionäre bei 60 liegt; also die, die an der Basis durch Literatur etwas verändern könnten, werden herausgeholt, und die Literatur erhält diesen Erbauungs- und Ablenkungscharakter.

A.: Literatur allein kann doch diese Probleme nur zur Sprache bringen und möglicher Erkenntnis zuführen. Es muß hier aber doch ganz konkret etwas geschehen, um diese Akkordsysteme abzulösen; vielleicht indem man tatsächlich nur noch Sequenzen von vier Stunden Arbeit am Fließband zuläßt. Denn gerade auch ein – vielleicht sogar durch Literatur – sensibilisierter Arbeiter hat es doch sehr viel schwerer, acht Stunden lang am Fließband auszuhalten als jemand, der in eine geistige Stumpfheit hineingebracht worden ist.

W.: Oder es ist eine Literatur, die eben nur ablenkt und in Träume einmündet. Ich glaube, hier muß tatsächlich der Blick frei werden für eine Erkenntnis, daß ein Mensch nicht länger als etwa vier Stunden oder zwei Jahre eine solche Arbeit bestehen kann und daß eine Lösung dieses Problems durch Umschichtungen gefunden werden muß, solange diese Art von Arbeit technologisch nicht abgeschafft werden kann durch Roboter usw. Und auch die Literatur muß diese Forderungen ins Bewußtsein rücken. In Schweden haben wir es erlebt, in Schweden hat die Literatur auch einen ganz anderen Stellenwert, dort haben viel mehr Autoren diese Dinge durch eine dokumentarische Literatur ins Bewußtsein gerückt; die meisten Autoren von Rang haben sich dort der Wirklichkeit ausgesetzt. Plötzlich gab es im Fall *Volvo* einen Erfolg – gleichgültig, welche Gründe das Management hatte: daß sich ein Auto, das menschenfreundlicher, menschengerechter gestaltet wird, in progressiven Kreisen vielleicht auch besser verkaufen läßt; – aber das ist doch nur gut, das ist doch nichts Negatives. Wenn dann Linke kommen und sagen: Das ist ja wieder nur ein Werbeeffekt, das ist abzulehnen – so halte ich das für falsch. Natürlich trugen auch andere Dinge dazu bei, das Fließbandsystem bei *Volvo* abzuschaffen: Die Fluktuation wurde so stark, daß es keiner mehr länger als ein Jahr aushielt, die Fehlzeiten wurden zu groß und die Krankheitsraten zu hoch. Aber hinzu kam auch, daß diese Frage im öffentlichen Bewußtsein war und sehr kontrovers diskutiert wurde. Ich habe bei VW jetzt Gespräche gehabt, und da sagten mir Betriebsräte und Vertrauensleute, bei ihnen sei die Humanisierungsfrage vor der Rezession stark im Gespräch gewesen, orientiert am Beispiel *Volvo*; aber seit die Angstmacherei da sei, seit auch wieder kurzgearbeitet werde, sei das alles von der Tagesordnung verschwunden.

A.: Weil die Existenzangst übermächtig wird.

W.: Und weil die Firmen eiskalt operieren können: Seid froh, daß ihr überhaupt eure Arbeitsplätze habt.

A.: Fühlen Sie sich einer politischen Gruppe oder Partei verbunden?

W.: Ich sympathisiere mit verschiedenen politischen Gruppen: innerhalb der Jungsozialisten, bei den Jungdemokraten. Doch man kann das auch nicht so prinzipiell sehen: In Hamburg z.B. haben die Jungdemokraten eine wesentlich progressivere Funktion als die SPD, die da schon so etabliert ist, daß sie zum Teil eine abwiegelnde Funktion bekommt. In anderen Bereichen sind es die Jungsozialisten. In Betrieben ist es z.B. die DKP, die die klarste arbeiterfreundliche Politik macht – da arbeite ich mit kommunistischen Betriebsräten zusammen, ohne mich mit ihnen ideologisch auf ein enges DKP-Konzept zu einigen, weil ich gerade da zum Teil wesentliche

Differenzen sehe, vor allem was ein vordergründiges Nachbeten von DDR- und UdSSR-Positionen angeht. Es widerstrebt mir, daß ich mich irgendwo fast religiös einer Sache verschreibe. Ich verlange, daß jeder sich kritisch engagiert und sich kritisch auch dem jeweiligen System gegenüber verhält. Und ich könnte mir vorstellen, daß, wenn ich in einem sozialistischen Staat leben würde, ich nicht unbedingt zu den gedruckten Autoren gehörte.

A.: Sie sprachen von Zusammenarbeit mit solchen politischen Gruppen. Wie gestaltet sich diese Zusammenarbeit?

W.: Einmal über den Informationsaustausch; es ist, wenn man wie ich arbeitet, wichtig, daß man nicht so ganz allein auf sich gestellt ist, sondern daß man etwa bereits im Werk befindliche Lehrlingsgruppen kontaktiert und wenigstens ein oder zwei Leute einweiht in das, was man macht; sonst gerät man sehr schnell ins Schwimmen und man verliert jede Orientierung; oft weihe ich auch niemanden ein, weil ich erst nach einer bestimmten Zeit merke, wem man vertrauen kann. Diese Zusammenarbeit sieht so aus, daß man auch etwas vorbereitet, was nach dem Ausscheiden aus diesem Betrieb stattfindet; daß man nicht nur in einen Betrieb hineingeht und hinterher die Sache auf sich beruhen läßt und lediglich veröffentlicht, sondern daß man Mitverantwortung trägt und dafür sorgt, daß diese Dinge an Ort und Stelle bekanntgemacht werden und daß daraufhin politische Arbeit einsetzt: daß sich durch solche Veranstaltungen z.B. Leute gewerkschaftlich organisieren, für mehr Rechte eintreten und mehr Kontrolle in diesem Betrieb schaffen. Solche Veranstaltungen werden von Gewerkschaftsgruppen oder politischen Gruppen mitgetragen, und die führen auch die Arbeit weiter.

A.: Also sind jene, die zuerst auf Ihre Arbeit reagieren, meist auch jene, die in dem Betrieb arbeiten, in dem Sie selbst gearbeitet haben.

W.: Da ist die Wirkung oft auch am stärksten, am unmittelbarsten und auch wirklich nachweisbar. Viele fangen an, auf Veränderungen zu drängen. Ich habe z.B. erreicht, daß in einem Werk, in dem vorher die Gewerkschaft nicht geduldet war, ein Betriebsrat gebildet wurde. In einem anderen Fall ist es zu einer spontanen Arbeitsniederlegung gekommen, zum ersten Streik in der Geschichte dieses Betriebs: Die Ausländer, denen ihre schlechtere Bezahlung und ihre schlechteren Arbeitsbedingungen drastisch deutlich gemacht wurden, verlangten dieselben Arbeitsbedingungen wie die deutschen Arbeiter, verlangten bessere sanitäre Bedingungen in den Werkswohnungen; oft wird auch das Gewerbeaufsichtsamt gezwungen, auf den Plan zu treten.

A.: Also alles konkrete Reaktionen auf Grund Ihrer Recherchen und Ihrer vermittelnden Arbeiten.

W.: Ja. Die aber nicht immer genau vorauszuplanen sind, oft braucht man Glück, um solche Wirkungen zu erzielen. Aber ich habe eine Reihe von Belegen für solche konkreten Wirkungen. Und das macht Mut. Da können meinetwegen Linke kommen und sagen: Das ist doch nur wieder so eine systemimmanente Retusche, warum eigentlich? Aber das ist zynisch gegenüber denen, die hier so völlig in der Scheiße stecken und für die jede graduelle Verbesserung wichtig ist.

A.: Die Wahrheit steckt eben nicht in der Ideologie – sondern im konkreten Detail.

W.: Und für denjenigen, der auf diese Weise Erleichterungen erreicht, wird der Blick vielleicht erst frei für weitergehende Forderungen. Es ist ja nicht so, daß der, der nichts zu verlieren hat als seine Ketten, unbedingt viel wagt; der ist oft am resigniertesten, am niedergedrücktesten, am abgestumpftesten. Wir erleben ja, daß die, die schon mehr Rechte sich erkämpft haben und dadurch auch Erfolge erlebt haben, die Gesellschaft weiterbringen. In Kuba z.B. war vor der Revolution das Analphabetentum am niedrigsten in Lateinamerika.

A.: Sie wirken bei diesen Menschen nicht nur unmittelbar, sondern Sie haben auch eine vermitteltere Wirkung als Schriftsteller. Ihre Bücher sind sogar auf die Bestsellerlisten gelangt. Wissen Sie eigentlich, welche Leser das sind und welche Leserschichten Sie ansprechen? Und welches Publikum wollen Sie erreichen?

W.: Ich merke an den Zuschriften, daß ich zunehmend die erreiche, auf die es mir ankommt: die Bücher werden zu über 60% von Arbeitern, Lehrlingen und Angestellten gelesen.

A.: An dieses Publikum denken Sie auch, wenn Sie schreiben?

W.: Bei jedem Satz, den ich schreibe. Es ist oft schwieriger, einen Sachverhalt auf den einfachsten Nenner zu bringen und auszudrükken, als zu einer abstrakten halbsoziologischen Formulierung zu greifen. Denn dort, wo es ganz konkret wird, ist es auch am ehesten nachprüfbar; da kann dann am ehesten der Finger draufgelegt werden mit dem Hinweis: Da stimmt aber etwas nicht. Verständlichkeit ist also ein wichtiges Prinzip meiner Arbeit. Es kam mal vor, daß mir ein Arbeiter gesagt hat: Dich versteht man, das ist das erste Buch, das ich gelesen habe, du schreibst ja wie die Bildzeitung. So wie er das meinte, war das ein Kompliment, er meinte damit nämlich: Man kann dich verstehen, das andere verstehe ich nicht. Es war nicht gemeint: Du manipulierst so wie die Bildzeitung.

A.: Wie würden Sie denn, um zum Schluß zu kommen, Ihr politisches Selbstverständnis definieren? Und wie wollen Sie es künftig verwirklichen?

W.: Es ist schwierig, sich da auf einen Nenner bringen zu lassen. Ich bin nicht so leicht mit einem Etikett zu versehen. Man könnte diese Arbeit vielleicht im weiten Sinne mit dem Wort Humanpropagandist umschreiben. Ich habe natürlich sozialistische Kriterien, aber wiederum auch christliche. Ich habe mich nicht umsonst bei meiner Kriegsdienstverweigerung auf christliche Prinzipien berufen. Ich glaube, es ist ein Kriterium dieser Arbeit, daß sehr viele sie sich zunutze machen können, jene, die guten Willens sind, die noch nicht auf Grund ihrer großen Privilegien so verhärtet und verknöchert sind, daß sie eigentlich nur noch Erfüllungsgehilfen des jeweiligen Systems sind. Es ist eine Form des Infragestellens, der Skepsis, der Aufklärung, der Kontrolle von unten, die nicht von einem Einzelnen gemacht werden sollte, sondern die sich sehr viele in dieser, in jeder Gesellschaft zu eigen machen sollten. Diese Arbeit verlangt nach Vervielfältigung, nach Fortsetzung, sie ist ein ständiger Appell an andere, das Gleiche zu machen. Ich arbeite eigentlich daran, mich zu erübrigen, mich überflüssig zu machen. Wenn das der Fall wäre, dann hätte ich meine Aufgabe erfüllt.

Beck'sche Schwarze Reihe

1 *Theologie heute.* Hrsg. L. Reinisch

5 E. Preiser, *Nationalökonomie heute.* Eine Einführung in die Volkswirtschaftslehre

8 *Theologen unserer Zeit.* Hrsg. L. Reinisch

9 K. A. Horst, *Das Spektrum des modernen Romans*

15 *Der Sinn der Geschichte.* Hrsg. L. Reinisch

16 E. Franzen, *Formen des modernen Dramas*

17 H. de Terra, *Mein Weg mit Teilhard de Chardin*

19 L. Pesch, *Die romantische Rebellion* in der modernen Literatur und Kunst

20 R. Tucker, *Karl Marx.* Die Entwicklung seines Denkens von der Philosophie zum Mythos

21 G. Anders, *Kafka – Pro und Contra.* Die Prozeß-Unterlagen

26 H. Lipfert, *Einführung in die Währungspolitik*

27 G. Anders, *Wir Eichmannsöhne.* Offener Brief an Klaus Eichmann

28 H. Richtscheid, *Philosophieren tut not*

29 B. Delfgaauw, *Teilhard de Chardin und das Evolutionsproblem*

30 *Einwände gegen das Christentum.* Hrsg. A. R. Vidler

33 J. Robinson, *Doktrinen der Wirtschaftswissenschaft*

34 *Das Menschenbild in der Dichtung.* Hrsg. A. Schaefer

35 R. Zippelius, *Das Wesen des Rechts*

36 G. Anders, *Philosophische Stenogramme*

37 H. Richtscheid, *Existenz in dieser Zeit*

38 M. Hochgesang, *Mythos und Logik im 20. Jahrhundert.* Eine Auseinandersetzung mit der neuen Naturwissenschaft, Literatur, Kunst und Philosophie

40 T. B. Bottomore, *Elite und Gesellschaft*

41 *Arzt und Recht.* Hrsg. H. Göppinger

42 G. Barraclough, *Tendenzen der Geschichte im 20. Jahrhundert*

43 *Perspektiven Teilhard de Chardins.* Hrsg. H. de Terra

44 *Die Gesellschaft der nächsten Generation.* Hrsg. H. J. Netzer

45 Ch. Perelman, *Über die Gerechtigkeit*

46 L. Diez del Corral, *Asiatische Reise*

48 H. Coing, *Epochen der Rechtsgeschichte in Deutschland*

49 A. Buchan, *Der Krieg in unserer Zeit*

51 E. Preiser, *Wirtschaftspolitik heute.* Grundprobleme der Marktwirtschaft

52 Han Suyin, *Das China Mao Tse-tungs*

53 W. Strombach, *Natur und Ordnung.* Eine naturphilosophische Deutung des wissenschaftlichen Welt- und Menschenbildes unserer Zeit

54 A. Gosztonyi, *Der Mensch und die Evolution.* Teilhard de Chardins philosophische Anthropologie

55 *Goethe und seine großen Zeitgenossen.* Hrsg. A. Schaefer

56 H. Seiffert, *Information über die Information.* Verständigung im Alltag, Nachrichtentechnik, Wissenschaftliches Verstehen, Informationssoziologie, Das Wissen des Gelehrten

59 N. Harris, *Die Ideologien in der Gesellschaft*

60 H. Seiffert, *Einführung in die Wissenschaftstheorie 1:* Sprachanalyse – Deduktion – Induktion in Natur- und Sozialwissenschaften

61 H. Seiffert, *Einführung in die Wissenschaftstheorie 2:* Geisteswissenschaftliche Methoden: Phänomenologie – Hermeneutik und historische Methode – Dialektik

62 Ph. Lersch, *Der Mensch als Schnittpunkt.* Fragen der Psychologie und Anthropologie der Gegenwart

63 *Menschenzüchtung.* Das Problem der genetischen Manipulierung des Menschen. Hrsg. F. Wagner

65 W. Strombach, *Die Gesetze unseres Denkens.* Eine Einführung in die Logik

66 *Ironie und Dichtung.* Hrsg. A. Schaefer

67 F. Wagner, *Weg und Abweg der Naturwissenschaft*

68 *Vom Sinn der Tradition.* Hrsg. L. Reinisch

69 E. Preiser, *Politische Ökonomie im 20. Jahrhundert*

70 A. Gosztonyi, *Der Mensch in der modernen Malerei.* Versuche zur Philosophie des Schöpferischen

72 R. Zippelius, *Geschichte der Staatsideen*

73 H. Richtscheid, *Verteidigung der Philosophie* als Kunst der Selbstbehauptung

74 *Politische Wissenschaft heute.* Hrsg. L. Reinisch

75 H. Seiffert, *Marxismus und bürgerliche Wissenschaft*

76 W. Killy, *Bildungsfragen*

77 E. Forsthoff, *Der Staat der Industriegesellschaft,* dargestellt am Beispiel der Bundesrepublik Deutschland

78 K.-G. Faber, *Theorie der Geschichtswissenschaft*

79 W. Strombach, H. Emde, W. Reyersbach, *Mathematische Logik.* Ihre Grundprobleme in Theorie und Anwendung

80 R. Zippelius, *Einführung in die juristische Methodenlehre*

81 G. Ionescu, I. de Madariaga, *Die Opposition.* Ihre politische Funktion in Vergangenheit und Gegenwart

82 J. Robinson, *Die Gesellschaft als Wirtschaftsgesellschaft*

83 R. Hepp, *Selbstherrlichkeit und Selbstbedienung.* Zur Dialektik der Emanzipation

84 *Gott in dieser Zeit.* Hrsg. L. Reinisch

85 J. P. Mayer, *Alexis de Tocqueville*

86 G. Anders, *Endzeit und Zeitenende.* Gedanken über die atomare Situation

87 *Chinas große Wandlung.* Revolutionäre Bewegungen im 19. und 20. Jahrhundert. Hrsg. P. J. Opitz

88 H. Friedrich, *Im Narrenschiff des Zeitgeistes.* Unbequeme Marginalien

89 *Philosophische Anthropologie heute.* Hrsg. R. Roček und O. Schatz

90 R. Goll, *Der Evolutionismus.* Analyse eines Grundbegriffs neuzeitlichen Denkens

91 A. Gosztonyi, *Grundlagen der Erkenntnis*

92 E. Knaul, *Glanz und Elend des Fortschritts*

93 *Weltliteratur und Volksliteratur.* Hrsg. A. Schaefer

95 K.P. Hensel, *Grundformen der Wirtschaftsordnung.* Marktwirtschaft – Zentralverwaltungswirtschaft

96 G. Schiwy, *Strukturalismus und Zeichensysteme*

97 H. W. Koch, *Der Sozialdarwinismus*

98 R. W. Füßlein, *Mensch und Staat.* Grundzüge einer anthropologischen Staatslehre

99 J. Tern, *Der kritische Zeitungsleser*

100 A. Hauser, *Kunst und Gesellschaft*

101 *Berufsbilder heute.* Hrsg. L. Reinisch

102 W. Förster, *Das Rassenproblem in den USA*

103 R.R. Pokorny, *Grundzüge der Tiefenpsychologie.* Freud – Adler – Jung

105 H. Schelsky, *Systemüberwindung, Demokratisierung und Gewaltenteilung.* Grundsatzkonflikte der Bundesrepublik

106 A. von Martin, *Soziologie der Renaissance*

107 P. Krauß, *Medizinischer Fortschritt und ärztliche Ethik*

108 *Gastarbeiter in Gesellschaft und Recht.* Hrsg. T. Ansay und V. Gessner

109 *Kritik der Verhaltensforschung.* Konrad Lorenz und seine Schule. Hrsg. G. Roth

110 T. Viehweg, *Topik und Jurisprudenz.* Ein Beitrag zur rechtswissenschaftlichen Grundlagenforschung

111 *Geschichtswissenschaft in Deutschland.* Traditionelle Positionen und gegenwärtige Aufgaben. Hrsg. B. Faulenbach

112 W. Toman, *Familienkonstellationen.* Ihr Einfluß auf den Menschen und sein soziales Verhalten

113 *Arbeiterselbstverwaltung in Jugoslawien.* Ökonomische und wirtschaftspolitische Probleme. Hrsg. H. Hamel

114 W. Wesiack, *Grundzüge der psychosomatischen Medizin*

115 *Urbanistik.* Neue Aspekte der Stadtentwicklung. Hrsg. H. Glaser

116 R. König, *Die Familie der Gegenwart.* Ein interkultureller Vergleich

117 H. Klages, *Die unruhige Gesellschaft*

118 W. L. Bühl, *Einführung in die Wissenschaftssoziologie*

119 H. Arndt, *Wirtschaftliche Macht.* Tatsachen und Theorien

120 W. Röd, *Dialektische Philosophie der Neuzeit 1:* Von Kant bis Hegel

121 W. Röd, *Dialektische Philosophie der Neuzeit 2:* Von Marx bis zur Gegenwart

122 K.D. Opp, *Soziologie der Wirtschaftskriminalität*

123 R. Schmid, *Das Unbehagen an der Justiz*

124 *Sozialistische Marktwirtschaften.* Hrsg. H. Leipold

125 F. Pollock, *Stadien des Kapitalismus*

126 G.E. Moore, *Grundprobleme der Ethik*

127 H. Lefèbvre, *Der Marxismus*

128 H. Richtscheid, *Philosophische Exerzitien*

129 W. Büchel, *Gesellschaftliche Bedingungen der Naturwissenschaft*

130 R.-R. Grauhan, *Grenzen des Fortschritts?* Kosten und Nutzen der Rationalisierung

131 E. Meistermann-Seeger, *Familiendiagnose und Familientherapie*

132 E. Wiehn, K. U. Mayer, *Soziale Schichtung und Mobilität*

133 W. von Simson, *Die Verteidigung des Friedens.* Beiträge zu einer Theorie der Staatengemeinschaft

Verlag C. H. Beck München

edition text + kritik

Im Gespräch: Heinrich Böll
66 Seiten mit 8 Fotos,
7,50 DM

Dieses Gespräch ist laut Heinrich Böll das erste, das in dieser Ausführlichkeit auf die verschiedensten Aspekte seines schriftstellerischen Interesses eingeht. Das Gespräch porträtiert Heinrich Böll von den Anfängen seines Schreibens bis hin zu seinem letzten Roman »Gruppenbild mit Dame«.

Reihe text + kritik
Heft 33 / 2. Auflage
Heinrich Böll
71 Seiten, 8,– DM

Heinrich Böll: Deutsche Meisterschaft, Über das Angemessene. Hanno Beth: Notizen zum politischen Publizisten Böll. Heinrich Böll: Gegen die Notstandsgesetze. Heinz Hengst: Das Erzählwerk Bölls. Jochen Vogt: Vom armen H. B., der unter die Literaturpädagogen gefallen ist. Heinz L. Arnold: Bölls Roman »Gruppenbild mit Dame«. Thomas B. Schumann: Auswahlbibliographie.